ŒUVRES
COMPLÈTES
DE CONDILLAC.

TOME XVIII.

A PARIS,

Chez
{
GRATIOT, cul-de-sac Pecquay, rue des Blancs-Manteaux.
HOUEL, rue du Bacq, N°. 940.
GUILLAUME, rue de l'Eperon, N°. 12.
POUGIN, rue des Pères, N°. 61.
GIDE, place St.-Sulpice.
}

Et A STRASBOURG,
Chez LEVRAULT, libraire.

ŒUVRES
DE CONDILLAC,

Revues, corrigées par l'Auteur, imprimées sur ses manuscrits autographes, et augmentées de LA LANGUE DES CALCULS, ouvrage posthume.

COURS D'ÉTUDES
POUR L'INSTRUCTION
DU PRINCE DE PARME.

HISTOIRE MODERNE.
TOME IV.

A PARIS,
DE L'IMPRIMERIE DE CH. HOUEL.

AN VI. — 1798. (E. vulg.)

HISTOIRE MODERNE.

LIVRE ONZIÈME.

CHAPITRE PREMIER.

Des principaux états de l'Europe, depuis l'avénement de Charles-Quint à l'empire, jusqu'au concile de Trente.

LES électeurs étoient assemblés à Francfort, et l'Europe, dans une profonde paix, ou plutôt dans un calme trompeur, attendoit avec inquiétude quel seroit l'empereur élu. Deux concurrens briguoient l'empire, François et Charles, roi d'Espagne; l'un et l'autre en apparence, comme deux rivaux généreux, qui veulent vaincre sans jalousie et sans haine.

François I et Charles-Quint, briguent l'empire.

Charles, maître de l'Espagne, de Naples, des Pays-Bas, de l'Autriche et de plusieurs

Celui-ci paroissoit un chef moins redoutable.

autres provinces d'Allemagne, paroissoit un chef redoutable. Mais tous ses états étoient bien séparés, il n'y jouissoit que d'un pouvoir limité, et on ne soupçonnoit pas encore son ambition.

François, absolu dans un royaume puissant, pouvoit vouloir l'être dans l'empire. Son ambition s'étoit déjà montrée : on connoissoit son courage; et la gloire qu'il avoit acquise sembloit devoir le rendre plus audacieux, et lui promettre de nouveaux succès.

Il est élu. Les électeurs, partagés entre ces deux princes, les exclurent d'abord comme étrangers, et se réunirent en faveur de Frédéric, électeur de Saxe, le protecteur de Luther : Frédéric, qu'on surnommoit le Sage, refusa, et parla pour Charles, qui fut élu.

Les électeurs lui font jurer une capitulation. Une puissance aussi grande que celle de Charles-Quint, c'est ainsi que nous le nommons, menaçoit la liberté du corps germanique. Les électeurs qui lui avoient vendu leurs suffrages, ne l'ignoroient pas; mais en lui faisant jurer une capitulation, ils se flattèrent de prévenir le danger auquel ils s'étoient exposés par avarice. Pour vous faire juger si cette confiance étoit fondée, il suffit de remarquer qu'un des articles de cette capitulation porte, que l'empire ne sera pas héréditaire, et cependant il n'est plus sorti de la maison d'Autriche. Chaque empereur a pourtant toujours juré d'en observer tous les articles. Nous aurons occasion de remarquer bientôt les causes qui, malgré la faute des électeurs, maintiendront les princes de l'Allemagne dans leurs droits.

Vous pouvez penser, si François fut sensible à la préférence donnée à son rival. Ce n'étoit plus le temps des procédés généreux : il y avoit trop de sujets de guerre entre les deux princes. D'un côté, on pouvoit demander que la Navarre fût restituée à la maison d'Albret, et former des prétentions sur le royaume de Naples : de l'autre, on pouvoit réclamer toute la succession de Marie de Bourgogne, et prendre le Milanès sous sa protection.

Sujets de guerre entre François et Charles.

Léon X avoit certainement plus d'esprit que les papes, dont on avoit jusqu'alors vanté la politique : mais, trop foible entre François et Charles-Quint, il est dans le

Embarras de Léon X, entre ces deux princes.

cas de n'oser jamais se déclarer, et de céder cependant tour-à-tour à l'un d'eux. Il voit des dangers de tous côtés, et s'il en évite un, il tombe dans un autre.

L'un et l'autre recherchent Henri VIII, qui peut faire pencher la balance.

Henri VIII pouvoit seul tenir la balance entre ces deux monarques : aussi le recherchent-ils l'un et l'autre. Le roi de France desire d'avoir avec lui une entrevue près de Calais : Wolsei, qu'il a gagné, la sollicite : elle est acceptée, et les deux cours attendent avec impatience le moment où elles vont disputer de magnificence : on ne fera que cela. Cependant l'empereur, qui craint quelque chose de plus, et qui sait mieux que François, flatter la vanité de Henri, débarque tout-à-coup à Douvres, en passant d'Espagne dans les pays-Bas. Il caresse le roi d'Angleterre, et plus encore Wolsei : il montre la perspective de la tiare à ce cardinal ambitieux ; et il part, bien assuré de l'avoir mis dans ses intérêts.

Entrevue de François I et de Henri VIII.

Une tente, dressée entre Ardres et Guines, fut le lieu où François et Henri s'embrassèrent ; après avoir pris toutes les mesures que demande le cérémonial, c'est-à-dire, après avoir réglé le nombre des gardes que chacun conduiroit, et avoir si bien mesuré les distances, que l'un ne fît pas plus de pas que l'autre.

Si François vouloit faire une visite à la reine d'Angleterre, il falloit que Henri en fît une en même temps à la reine de France; qu'ils partissent de leurs quartiers l'un et l'autre au même instant; qu'ils passassent au même instant la ligne de séparation; et qu'au même instant encore que François entroit dans Guines, Henri entrât dans Ardres : il faut convenir qu'il y a des choses bien difficiles pour les princes.

François, franc et généreux chevalier, dégoûté le premier de ce cérémonial méfiant et barbare, le supprima tout-à-coup; et sans en avoir prévenu Henri, il se rendit à Guines, accompagné seulement de deux gentilshommes et d'un page. Le monarque anglais, surpris et enchanté, vint le lendemain le voir à Ardres, ayant aussi laissé toute sa suite et ses gardes. Vous voyez que ces rois commençoient à se civiliser. Ils se séparèrent, après avoir passé plusieurs jours en fêtes et en tournois, et donné quelques momens aux affaires sérieuses, sur lesquelles on n'arrêta rien.

Charles-Quint gagne la confiance de Henri et de Wolsei.

Henri rendit ensuite une visite à l'empereur à Gravelines, et l'emmena à Calais, où il le garda quelques jours. Charles-Quint acheva de gagner la confiance du maître et du ministre : du premier, en lui offrant de le prendre pour arbitre de tous les différends qu'il auroit avec la France ; et du second, en lui promettant de nouveau le souverain pontificat, et en lui donnant les revenus de quelques évêchés. Wolsei, que Henri et les puissances étrangères enrichissoient à l'envi, avoit alors des revenus qui égaloient presque ceux de la couronne.

Troubles dans les états de Charles-Quint.

Pendant que ces choses se passoient, il y eut en Autriche des mouvemens qui, à la vérité, n'eurent pas de suite : l'Espagne se souleva par la crainte qu'elle eut de devenir province de l'empire, et que toutes les graces ne fussent pour les Allemands ou pour les Flamands : la Basse-Saxe et la Suabe étoient troublées par des guerres civiles : enfin Luther, dont la doctrine se répandoit, préparoit de nouveaux troubles ; et déjà plusieurs princes avoient saisi le prétexte de la réforme pour s'emparer des biens des églises.

Dans la vue d'assurer la paix et l'ordre en Allemagne, l'empereur convoqua une diète à Worms pour le mois de janvier de 1521. Cette assemblée rétablit la chambre impériale, qui n'avoit pas subsisté longtemps : elle créa un conseil de régence pour gouverner l'empire en l'absence de Charles-Quint : elle cita Luther, qui comparut, et ne se rétracta pas : elle confirma un pacte que les électeurs avoient fait pour la défense commune de leur dignité et de leurs priviléges : et elle s'engagea à les maintenir dans tous leurs droits. Quelques mois après cette diète, Ferdinand épousa Anne, fille du roi de Hongrie et de Bohême ; et Charles-Quint, son frère, lui céda tous les états que la maison d'Autriche avoit en Allemagne, ne se réservant que les Pays-Bas. *Il tient une diète à Worms; il cède l'Autriche à Ferdinand son frère.*

La révolte des Espagnols, et les affaires qui occupoient Charles-Quint en Allemagne, facilitèrent au roi de France la conquête de la Navarre. Cette conjoncture paroissant promettre de nouveaux succès, André de Foix, son général, pénétra jusques *État des choses en 1524.*

dans la Castille. Il ne fit que réunir contre lui les forces d'Espagne, où la sédition commençoit à s'éteindre. Il fut repoussé, et reperdit le royaume de Navarre. Dans le même temps, François soutenoit Robert de la Marck, duc de Bouillon et prince de Sédan, qui avoit pris les armes contre Marguerite, gouvernante des Pays-Bas. Cependant il ne se passoit rien de bien considérable de ce côté. Le roi se dédommagea de la perte de Tournai par la prise de Hesdin : il laissa échapper l'occasion de défaire l'armée de l'empereur : mais il fut plus malheureux en Italie, car il perdit le Milanès. Telle étoit la situation des choses à la fin de 1521.

Charles-Quint, occupée de ses affaires pendant que François est à ses plaisirs, forme une ligue de toutes les puissances.

La France avoit fait bien des fautes, et elle devoit en faire encore : car le roi, qui vouloit être conquérant, donnoit souvent à ses plaisirs et le temps et l'argent, qu'il auroit dû donner à ses affaires. Cependant Charles-Quint, quoique plus jeune, étoit occupé des siennes, et les conduisoit jusques-là en homme habile.

Comme il étoit avantageux pour lui d'avoir un pape dévoué à ses intérêts, il éleva son précepteur, Adrien VI, sur la chaire de S. Pierre. Il est vrai que, par ce choix, il offensa Wolsei : mais dans un nouveau voyage qu'il fit en Angleterre, il le regagna d'autant plus facilement, que le grand âge d'Adrien ne permettoit pas aux espérances du cardinal de s'évanouir tout-à-fait. Il n'eut donc pas de peine à déterminer Henri VIII à déclarer la guerre à la France. Ses négociations réussirent également auprès des Vénitiens, qu'il attira dans son parti : il s'attacha les Italiens, en donnant le duché de Milan à François Sforze, frère de Maximilien, qui étoit à Paris. En un mot, il ménagea si bien toutes les puissances, que son ennemi ne conserva d'alliés que les Suisses, sur lesquels on ne pouvoit guère compter. François eut à se défendre contre une ligue, dans laquelle entroient le pape, l'empereur, le roi d'Angleterre, Ferdinand archiduc d'Autriche, le duc de Milan, les Vénitiens, les Florentins et les Génois.

Le roi de France se laissoit gouverner par sa mère, Louise de Savoie, duchesse douairière d'Angoulême, femme fausse, intrigante, qui sacrifioit tout à ses passions,

<small>La confiance que François donne à sa mère est funeste à la France.</small>

et dont l'avarice avoit été une des causes de la perte du Milanès. Ayant malheureusement conçu de la haine contre le connétable de Bourbon, le plus grand capitaine de son temps, elle ne cessa de le persécuter jusqu'à ce qu'elle en eût causé la ruine entière; en sorte que ce prince, qui jusqu'alors avoit bien servi sa patrie, en devint l'ennemi pour se venger. C'est à lui sur-tout que la France devoit le succès de la journée de Marignan : mais il lui fera payer cher cet avantage passager, et trop brillant. Trop brillant, dis-je, parce qu'il entretenoit dans François Ier., une ambition, qui ne pouvoit qu'être funeste à la France.

<small>Il devoit se tenir sur la défensive, dans l'assurance de diviser bientôt ses ennemis.</small>

Par les mesures que le roi de France avoit prises, les confédérés ne firent que de vains efforts en Picardie, en Flandre et du côté des Pyrénées. Il paroît donc qu'il falloit continuer à s'en tenir à la défensive, et songer aux moyens de diviser les ennemis. Leur union ne pouvoit durer : ils avoient des intérêts trop contraires. Les peuples d'Italie ne devoient pas voir longtemps, sans inquiétude, la puissance de l'empereur. Les Vénitiens avoient été entraînés dans la ligue malgré eux. Adrien étoit mort en 1523, et Clément VII, de la famille des Médici, occupoit sa place. Etoit-il impossible de lui faire abandonner les vues de son prédécesseur? Henri VIII, dont les trésors étoient épuisés depuis long-temps, agissoit avec lenteur, parce que ses revenus ne pouvoient suffire aux frais de la guerre. Enfin Wolsei, trompé deux fois par Charles-Quint, qui ne l'avoit pas fait pape, étoit facile à gagner. Il y avoit donc bien des raisons, pour espérer de rompre cette ligue formidable.

Mais François veut conquérir : son armée, mal payée, passe les Alpes : elle est commandée par l'amiral Bonnivet, mauvais général ; et Bourbon commande les troupes de l'empereur. Les Français sont défaits : les impériaux pénètrent dans la Provence : Bourbon assiége Marseille. Le roi, qui marche lui-même, fait lever le siége, et les ennemis se retirent, après avoir perdu beaucoup de monde.

<small>Pour avoir tenu une conduite différente, il est vaincu et fait prisonnier.</small>

François porte encore la guerre en Italie ; le pape et les Florentins se déclarent pour lui. Tout cède d'abord sous l'effort de ses armes, jusqu'à l'arrivée de Bourbon, qui étoit allé lever des troupes, et qui amène douze mille Allemands. Alors le roi, qui assiégeoit Pavie, est vaincu, fait prisonnier, et conduit en Espagne. *Tout est perdu, fors l'honneur*, écrivit-il à sa mère. Il avoit raison, si l'honneur ne consiste que dans le courage : mais le véritable honneur d'un roi demande plus de sagesse. François parloit en gentilhomme.

<small>1525.</small>

<small>La France se trouvoit épuisée.</small>

Pour suffire aux plaisirs du roi, à l'avarice de la duchesse d'Angoulême et à cette guerre malheureuse, on avoit vendu des charges de conseillers au parlement de Paris; François avoit aliéné ses domaines, ce qu'aucun de ses prédécesseurs n'avoit encore fait ; il avoit augmenté les impositions; il avoit fait enlever une grille d'argent massif, dont Louis XI avoit entouré le tombeau de S. Martin ; en un mot, on avoit fait de l'argent par tous les moyens qu'on pouvoit imaginer. Où seront donc actuellement les ressources de la France?

<small>Mais l'empereur étoit sans ressources.</small>

Elles seront dans la situation même de l'empereur. Ce prince manquoit d'argent comme Maximilien son grand-père. Si ses états étoient vastes ; ses peuples étoient pauvres en général, car il n'y avoit encore de commerce et d'industrie que dans quelques villes des Pays-Bas. D'ailleurs il n'étoit pas assez absolu, pour arracher, par des impôts arbitraires, le peu d'argent qui circuloit mal parmi ses sujets. Il n'avoit pas pu lever une armée pour faire une invasion en France du côté des Pyrénées, ou du côté de la Flandre. Il n'étoit pas même en état de payer les troupes qu'il avoit en Italie, et cependant elles n'excédoient pas vingt mille hommes. Bourbon avoit engagé toutes ses pierreries, pour lever douze mille Allemands, et il ne lui étoit pas possible de les entretenir bien long-temps. Il n'est donc pas douteux que tous ces soldats mercenaires et mal payés, ne se fussent bientôt débandés, si François, au lieu de s'obstiner au siége de Pavie, se fût retiré à Milan et eût attendu : mais il avoit le caractère de ces braves chevaliers, pour qui le danger étoit un attrait, et qui auroient cru se déshonorer par la prudence, parce qu'ils y voient de la timidité. Ce n'est pas là le courage que doit avoir un roi.

Après les plus grands succès, il ne peut rien entreprendre.

La France sans roi, sans argent, sans armées, sans généraux, étoit ouverte de toutes parts aux armes de l'Angleterre, de l'empire et de l'Espagne. Cette situation est effrayante. Il semble en effet que Charles-Quint n'avoit qu'à marcher pour conquérir. Il ne marcha pas : son impuissance le retenoit en Espagne, et on auroit dit qu'il étoit lui-même prisonnier à Madrid.

Des princes, qui forment de grandes entreprises avec des petits moyens, qui n'ont que des troupes mercenaires, et qui sont toujours sans argent; qui sont épuisés avant d'avoir rien fait, et qui n'ont plus de ressources après les plus grands succès ; voilà le spectacle que nous offre le temps où nous sommes, et l'Europe nous donnera souvent de pareilles scènes.

Il craignoit Soliman II, qui avoit eu des succès.

La guerre avec la France n'étoit pas la seule chose qui demandât de l'argent et des soins. Un ennemi redoutable s'élevoit depuis peu contre l'empire : c'étoit Soliman II, conquérant célèbre, et le plus grand prince qu'aient eu les Turcs. Il avoit pris Belgrade en 1521, et enlevé Rhodes, l'année suivante, aux chevaliers de S. Jean de

Jérusalem. Tout ce que put faire l'empereur, fut de donner à ces moines guerriers un rocher, sur lequel ils sont aujourd'hui, et d'où on les appelle chevaliers de Malte.

Soliman formoit de nouveaux projets sur l'Allemagne, où les progrès du luthéranisme, et des sectes qu'il avoit produites, causoient les plus grands désordres. Pendant la dernière campagne de Lombardie, tous les paysans s'étoient généralement révoltés dans la Suabe, la Franconie, la Thuringe, et sur le Rhin. Ce soulèvement fut suivi d'une confédération entre les électeurs de Saxe et de Brandebourg, le landgrave de Hesse, le duc de Prusse, et les villes d'Ulm et de Nuremberg, qui avoient embrassé la prétendue réforme, et qui se liguoient contre quiconque les troubleroit dans l'exercice de leur religion, et entreprendroit de les forcer à rentrer dans la communion de l'église.

Et à qui les troubles de l'Allemagne paroissoient en préparer de nouveaux.

Telle étoit depuis long-temps en Allemagne, la disposition des esprits. On étoit si près d'y voir naître une guerre civile, que la diète de Spire, tenue au mois de juin

1526, fut obligée de permettre la liberté de religion, en attendant que les matières controversées eussent été jugées dans un concile général.

L'Italie forme une ligue contre lui.

L'Italie, qui ne savoit ni obéir, ni se soustraire à l'étranger, donnoit à l'empereur d'autres sujets d'inquiétude. La victoire même de Pavie en étoit le principe : elle le rendoit trop puissant pour ne pas armer contre lui des puissances jalouses. Le pape, les Vénitiens, et Sforze, duc de Milan, se liguèrent pour lui enlever le royaume de Naples, et ils invitèrent la France à entrer dans la confédération. Le secret de cette ligue fut découvert à temps, de sorte que Charles-Quint en arrêta pour cette fois les effets.

Il aliène Henri VIII, qui fait alliance avec la France.

Il semble que ce prince devoit au moins compter sur l'Angleterre ; car certainement les circonstances ne pouvoient pas être plus favorables à l'ambition de Henri. Mais le monarque anglais, effrayé de l'ascendant que prenoit l'empereur, crut de sa politique de rétablir l'équilibre. Il étoit d'ailleurs offensé contre Charles-Quint, qui, ébloui de sa gloire depuis la bataille de Pavie, ne lui écrivoit plus de sa main, et qui signoit simplement *Charles*, au lieu de signer, comme auparavant, *votre affectionné fils et cousin*. Voilà les minuties, qui règlent quelquefois le sort des états. D'autres minuties concoururent avec celles-là, c'est-à-dire, les chagrins de Wolsei, qui s'appercevoit tous les jours que l'empereur le caressoit moins. Henri, déterminé par tous ces motifs, ne fut plus sensible qu'au dessein généreux de relever un ennemi abattu. Il dissimula cependant, il affecta même d'entendre parler avec plaisir de la journée de Pavie; cependant il négocioit avec la duchesse d'Angoulême, à qui François avoit donné la régence du royaume. Il s'engagea, non seulement à procurer la liberté du roi, mais il exigea encore de cette princesse, que, pour l'obtenir, elle ne consentiroit au démembrement d'aucune province. La régente, de son côté, reconnut le royaume de France débiteur de Henri, pour la somme d'un million huit cent mille écus, payables en cinquante mille écus tous les six mois et lui promit de plus, qu'après ce paiement, il conserveroit pendant sa vie une pension de cent mille écus. Wolsei ne s'oublia pas dans cette négociation.

Le roi d'Angleterre, cherchant ensuite un prétexte de rompre avec Charles-Quint, lui demanda d'armer pour le mettre en possession de la Guienne, et de lui rembourser les sommes qu'il lui avoit prêtées. Il savoit bien que l'empereur n'avoit ni armée, ni argent, et que d'ailleurs il ne voudroit pas le rendre maître d'une province aussi voisine de l'Espagne.

En jetant donc un coup-d'œil sur l'Europe, on voit que Charles-Quint étoit bien éloigné d'être aussi puissant qu'il le paroissoit ; et l'on n'est plus étonné de son inaction. Il est temps de nous transporter à Madrid.

Conduite de Charles-Quint, avec son prisonnier. A la nouvelle de la victoire de Pavie, l'empereur affecta de cacher sa joie ; il plaignit le sort de son captif; et il ne permit point de réjouissance, disant qu'un roi catholique ne devoit se réjouir que des victoires remportées sur les infidelles.

Il refusa long-temps, sous différens prétextes de voir le roi. François en fut d'autant plus fâché, qu'il s'étoit flatté qu'en traitant avec ce prince, il en obtiendroit des conditions plus douces que celles qu'on lui avoit faites. Il est vrai que jusqu'alors l'empereur lui en avoit fait faire de bien dures : il exigeoit pour lui le duché de Bourgogne, et une renonciation aux états d'Italie : il demandoit pour Henri toutes les provinces sur lesquelles l'Angleterre avoit des prétentions ; et pour le duc de Bourbon, non seulement la restitution de ses domaines, mais encore le Dauphiné et la Provence, pour les posséder à titre de royaume, et sans hommage.

La négociation n'avançoit point, et le roi tomba malade. Sa mort eût enlevé à l'empereur le fruit de sa victoire. Il en fut inquiet, et ne doutant point que le chagrin ne fût une des causes de sa maladie ; il l'alla voir pour l'assurer qu'il pourroit retourner en France, quand il le jugeroit à propos. Ce langage équivoque parut contribuer au rétablissement de sa santé.

On conclut enfin un long traité, dont le principal article étoit la cession de la Bourgogne. Le roi partit de Madrid au mois de février, après un an de captivité ;

Le roi recouvre la liberté.

1526.

et sur les frontières des deux royaumes, il donna ses deux fils aînés en otage, pour assurer l'exécution du traité.

<small>Les états de Bourgogne réclament contre l'aliénation de cette province.</small> Les états de Bourgogne, ayant été assemblés, réclamèrent contre l'aliénation de leur province. Ce fut la réponse au ministre, qui vint au nom de l'empereur, demander la ratification du traité de Madrid. On lui apprit encore la nouvelle de la sainte ligue faite pour abaisser la puissance de l'empereur en Italie. Au mot *sainte*, vous jugez que le pape y entroit. Les autres confédérés étoient les rois de France et d'Angleterre, les Vénitiens, et Sforze, duc de Milan.

<small>La guerre finit par la désunion des ligués.</small> François et Charles-Quint en vinrent aux reproches, se donnèrent des démentis, et se firent mutuellement des défis. Ces puissances formidables en étoient donc réduites à se dire des injures. La sainte ligue continua cependant la guerre, et il en fut de cette ligue comme de toutes les autres : heureusement sa désunion amena la paix. <small>1529.</small> Le roi renonça à ses droits sur les états de Milan et de Naples, à toute suzeraineté sur la Flandre et l'Artois, et donna deux

millions d'écus d'or pour la rançon de ses deux fils.

Pendant la sainte ligue, funeste à l'Italie et à la France, le duc de Bourbon, qui commandoit les troupes impériales en Lombardie, n'avoit point d'argent. Il offrit donc en paie à ses soldats le pillage de Rome, quoique le pape vînt de faire une trève de quelques mois avec l'empereur. Il marche, il pille en chemin quelques villes, il arrive, il donne l'assaut, il est tué ; mais Rome est prise, et les ravages que commettent les Chrétiens surpassent toutes les horreurs des Barbares. *Mort du duc de Bourbon. Sac de Rome.*

1527.

Clément VII étoit assiégé dans le château S. Ange. L'empereur, affligé de cette nouvelle, prit le deuil, fit faire des processions pour la délivrance du pape : il ne songeoit pas qu'il pouvoit lui-même le délivrer, et il fallut que les Français forçassent ses propres troupes à lever le siége. Il me semble que depuis la victoire de Pavie, Charles-Quint est moins grand que lorsqu'il négocioit pour armer l'Europe contre la France. L'impuissance où il se trouve, auroit dû le rendre plus politique que ja- *Depuis la victoire de Pavie, Charles-Quint est moins gr* mais : cependant il aliène l'Angleterre : il impose à son prisonnier des conditions dures, auxquelles il sera obligé de renoncer ; et il finit par jouer une comédie ridicule.

La diversion que Soliman II faisoit en Hongrie, avoit forcé Charles-Quint à la paix.

1516.

1529.

Pendant que les princes troubloient l'occident par des projets au-dessus de leurs forces, Soliman ravageoit la Hongrie, et en conquéroit une partie. Louis, roi de Hongrie et de Bohême, ayant perdu la vie dans la bataille qu'il livra aux Turcs, l'archiduc d'Autriche, qui n'avoit pas défendu ces royaumes, prétendit qu'ils lui appartenoient, en vertu de quelques traités faits avec les rois précédens. Mais les Hongrois élurent Jean Zapolski, jugeant que la couronne appartenoit à la nation, et que leurs souverains n'avoient pu en disposer. Cependant Jean, hors d'état de résister à l'archiduc, demanda des secours à Soliman, qui entra de nouveau en Hongrie, se rendit maître de ce royaume, passa dans l'Autriche, et assiégea Vienne. Ce conquérant, forcé de se retirer après avoir perdu à ce siége près de soixante mille hommes, pouvoit garder la Hongrie ; et il eut la générosité de mettre Jean en possession de cette couronne, sans lui imposer aucune condition. Ces événemens se passoient en Allemagne pendant la guerre de la sainte ligue, et sont au nombre des causes qui forcèrent Charles-Quint à se relâcher.

Après la retraite de Soliman et la conclusion de la paix, il restoit les troubles de l'église. Une diète, qui venoit de se tenir à Spire, n'avoit fait qu'aigrir les esprits. Les électeurs de Saxe et de Brandebourg, le landgrave de Hesse, plusieurs autres princes et quatorze villes impériales, avoient protesté contre un décret qui ne laissoit pas une entière liberté de religion, et on avoit été obligé de les satisfaire. C'est de cette protestation que les Luthériens ont pris le nom de Protestans.

Les Luthériens protestent dans la diète de Spire.

1529.

L'année suivante, dans une autre diète tenue à Augsbourg, et à laquelle l'empereur se trouva, les Protestans présentèrent une confession de foi, qu'on nomme pour cette raison, *la confession d'Augsbourg*. On disputa sans rien conclure. Charles-Quint ordonna aux Protestans de rentrer dans la communion de l'église. Il menaça, il voulut

1530.
Ils présentent leur confession de foi à celle d'Augsbourg.

employer la violence, et il fut obligé de céder. On arrêta seulement qu'on inviteroit le pape à convoquer un concile général, et qu'en attendant, chacun se régleroit sur le culte d'après sa conscience.

Ils forment la confédération de Smalcalde.

Les Protestans n'ignoroient pas que l'empereur n'avoit cédé qu'à la nécessité. Prévoyant donc les persécutions dont ils étoient menacés, ils travaillèrent à rendre leur union tous les jours plus étroite. Dans cette vue, ils formèrent une confédération à Smalcalde, et ils cherchèrent des secours hors de l'empire. François et Henri accédèrent à cette confédération.

1532.

Ils font la loi à Charles-Quint.

Il fallut alors le ménager d'autant plus, que Soliman ravageoit l'Autriche. On négocia : après bien des conférences, on convint de permettre généralement à tout le monde d'embrasser le luthéranisme, et que si l'empereur ou tout autre inquiétoit les Protestans, il seroit regardé et puni comme infracteur de la paix publique. Ce décret, ayant été publié dans la diète de Ratisbonne, rétablit le calme : l'empereur obtint des secours contre les Turcs, et Soliman fut obligé d'évacuer l'Autriche.

Dans les siècles où les peuples s'occupoient séparément chacun de leurs désordres, une famille dans laquelle l'empire se seroit conservé, auroit pu profiter des divisions pour subjuguer peu-à-peu tous les vassaux les uns par les autres : la France en est un exemple. Il n'en est plus de même depuis que les puissances, tranquilles ou moins agitées au-dedans, commencent à regarder au-dehors, et à se lier par des négociations et par des ligues. Vouloir, dans de pareilles circonstances, entretenir les divisions, et se flatter d'élever une monarchie sur les ruines qu'elles laissent, c'est appeler les puissances étrangères au secours du parti le plus foible, et le rendre égal en forces, ou supérieur. C'est ce que Charles-Quint ne paroît pas avoir connu. Rempli du vain projet de soumettre les Protestans auxquels il est obligé de céder, il croit déjà prévoir le moment où les catholiques seront forcés de plier sous son joug. Il auroit mieux prévu, s'il eût jugé que les puissances voisines de l'Allemagne seroient toujours prêtes à se déclarer pour le parti qu'il voudroit opprimer. Voilà ce qui conservera la liberté du corps germanique : mais parce que la maison d'Autriche n'abandonnera pas sitôt la politique de Charles-Quint, il y aura encore bien du sang répandu ; et malheureusement la religion ne servira que de prétexte à l'ambition des empereurs.

Progrès du luthéranisme en France. Circonstances qui lui sont favorables.

Il falloit enfin que l'hérésie infectât la France, pour y préparer de nouvelles guerres et de nouvelles révolutions. Dans un temps où l'église elle-même avouoit ses abus, il n'étoit pas possible que le bruit d'une réforme, qui se faisoit en Allemagne, n'excitât la curiosité des Français. Le public, qui parle, qui juge sans connoître, approuvoit, condamnoit, suivant son penchant, ou son éloignement pour les nouveautés. Cependant les progrès du luthéranisme en Allemagne, lui faisoient sourdement des partisans en France, et l'alliance du roi avec les Protestans, sembloit les enhardir à se montrer. Ils se répandirent bientôt dans le Béarn et dans la Guienne, où ils furent ouvertement protégés par Marguerite, sœur de François et femme d'Albret, roi de Navarre.

François I fait

Le roi de France, qui crut étouffer la

mal dans sa naissance, ordonna que tous ceux qui seroient convaincus d'hérésie, fussent condamnés à mort ; et on brûla six Luthériens à Paris, au mois de janvier 1535. Mais comme on ne pouvoit pas les brûler tous, ceux qui restèrent n'en eurent que plus de fanatisme. Jean Calvin, le plus célèbre de ces novateurs, s'échappa. Il se retira à Genève, où il introduisit sa doctrine, et d'où il gouverna les Prétendus Réformés de France. Cependant le roi, qui brûloit les Protestans à Paris, eut bien de la peine à se justifier auprès de ceux qu'il protégeoit en Allemagne : ils n'approuvèrent pas non plus l'alliance qu'il projetoit avec Soliman. Pourquoi faut-il que les princes, tombant en contradiction avec eux-mêmes, montrent du zèle pour la religion, et la sacrifient en même temps à des vues politiques? Ne prévoient-ils pas les suites funestes de ces contradictions ? Ce n'est pas que je blâme les alliances avec les hérétiques ou avec les infidelles, lorsque ce sont celles d'où l'on retire le plus d'avantages. Alors l'intérêt de l'état doit en être l'unique motif : ce n'est pas assez que la religion n'y entre pas, elle doit même ne pas paroître y entrer. Mais lorsque François Ier s'engageoit à prendre les armes pour assurer en Allemagne la liberté de conscience aux Luthériens, pouvoit-on présumer qu'il les feroit brûler en France? et n'étoient-ils pas en droit de lui reprocher cette conduite contradictoire?

Le luthéranisme avoit aussi des partisans en Angleterre, et l'ouvrage de Henri VIII contre Luther, en augmente le nombre.

Les erreurs de Luther, parvenues de bonne heure en Angleterre, firent bientôt des prosélytes, sur-tout parmi les Lollards, dont la doctrine avoit quelques rapports avec celle de cet hérésiarque, et qui étoient encore en grand nombre dans ce royaume. Henri, alors zélé pour l'église catholique, s'opposa de tout son pouvoir aux progrès de l'hérésie. Comme il se piquoit d'être théologien, que S. Thomas étoit son auteur favori, et que Luther avoit mal parlé de ce docteur, il se crut fait pour défendre la foi et le docteur angélique. Il réfuta donc cet hérésiarque, dans un ouvrage qu'il envoya à Léon X. Je ne sais si ce pape le lut : mais il en parla avec estime, et donna à l'auteur le titre de *Défenseur de la foi*. Quant à Luther, il le parcourut au moins ;

car il répondit au roi avec la même aigreur qu'il auroit fait à un moine. Le public, dit-on, lui donna la victoire : il est cependant vraisemblable que la plus saine partie ne lisoit guère ni l'un ni l'autre. Quoi qu'il en soit, un champion, tel que Henri, attira l'attention ; et sa défaite, vraie ou fausse, fit de nouveaux partisans au luthéranisme. Vous voyez par conséquent, qu'un roi théologien n'est pas ce qu'il faut pour la défense de la religion : mais il est bien dangereux quand il la combat ; c'est ce que Henri va faire.

Catherine, fille de Ferdinand et d'Isabelle, tante par conséquent de Charles-Quint, avoit épousé Arthur, fils aîné de Henri VII. Ce prince étant mort quelques mois après, le roi d'Angleterre obtint la dispense de Jules II, pour la marier avec son second fils, Henri VIII, alors âgé de douze ans. Il les fiança. Il en témoigna à la vérité dans la suite quelque scrupule ; néanmoins après sa mort, Henri VIII épousa Catherine solennellement. *Henri VIII avoit épousé Catherine, veuve de son frère, et tante de Charles-Quint.*

Il vivoit avec elle depuis dix-huit ans, et ne laissoit voir aucune inquiétude. Ce- *1521. Il a des scrupules sur son mariage.*

pendant la reine, qui avoit au moins six ans de plus, se flétrissoit ; le roi commençoit à sentir des dégoûts, et les dégoûts produisirent enfin les scrupules. Malheureusement pour Catherine, il remarqua dans le Lévitique ce qui lui étoit échappé jusqu'alors, la loi qui défend d'épouser la veuve de son frère. Il vit encore dans S. Thomas, que cette loi est naturelle, divine, d'obligation pour tous les hommes, et que le pape n'en peut dispenser : enfin l'amour acheva de lui ouvrir les yeux.

Il devient amoureux d'Anne de Boulen. Anne de Boulen, depuis peu fille d'honneur de la reine, étoit dans la fleur de l'âge et de la beauté. Henri, qui la voyoit souvent, en devint amoureux, et connut bientôt qu'elle ne seroit jamais sa maîtresse. Il falloit donc rompre son premier mariage, et il ne lui resta d'espérance que dans le Lévitique et dans S. Thomas.

Alors plus scrupuleux, il sollicite son divorce. Alors éclatèrent ses scrupules, devenus plus grands par les obstacles que sa passion rencontroit. Peut-être même n'avoient-ils commencé qu'alors : mais s'il en faut croire ce qu'il disoit lui-même, il en étoit tourmenté depuis long-temps. Des trois enfans qu'il avoit eus de Catherine, il ne lui restoit que Marie, que nous verrons sur le trône. Les droits de cette princesse devenoient équivoques, depuis que la conscience timorée de Henri jetoit des doutes sur son mariage. Toute la nation, qui craignoit que la succession ne fût la cause d'une guerre, desiroit impatiemment que le roi prît un parti qui dissipât toute inquiétude. Il songea donc à solliciter son divorce auprès de Clément VII.

Il n'étoit pas honnête de fonder la nullité du mariage, sur l'abus que Jules II avoit fait de son autorité, en donnant la dispense. Il y avoit un moyen pour conserver les droits du saint siége, et pour laisser à un pape la liberté de casser ce que son prédécesseur avoit fait, c'étoit de déclarer que la bulle avoit été accordée sur un faux exposé. C'est ce qu'on fit.

Clément, alors assiégé dans le château Saint-Ange, parut d'abord favorable aux propositions qui lui furent faites; car il n'attendoit de secours que de l'Angleterre et de la France. Mais lorsqu'il eut recouvré la liberté, on ne trouva plus en lui que les

<small>Situation embarrassante de Clément VII.</small>

protestations vagues d'un homme qui ne veut qu'éluder.

Ce pontife étoit dans une situation embarrassante. D'un côté, Henri, mécontent, pouvoit se déclarer pour la nouvelle réforme, et l'église perdoit une de ses plus belles provinces : de l'autre, l'empereur menaçoit de convoquer un concile général, pour corriger les abus de la cour de Rome. Clément y pouvoit être déposé, soit parce qu'on prétendoit avoir contre lui des preuves de simonie, soit parce qu'on ne pouvoit douter qu'il ne fût bâtard, puisque Léon X son oncle avoit constaté ce défaut de naissance, en le déclarant légitime par une bulle (1). Enfin Florence, où, depuis Charles VIII, il y avoit toujours eu des troubles, venoit de chasser les Médici; et cette république s'étoit alliée des Vénitiens, de la France et

───────────────────

(1) C'est encore là un droit que les papes s'étoient arrogé. Leur puissance avoit une force rétroactive, et pouvoit faire que ce qui avoit été, n'avoit pas été. Au reste, la bâtardise pouvoit être un prétexte pour déposer un pape, puisqu'elle est une raison pour ne pas promouvoir aux ordres sacrés.

de l'Angleterre. La famille du pape ne pouvoit donc attendre aucun secours de ces puissances : l'empereur étoit le seul objet de toutes ses espérances et de toutes ses craintes.

Sacrifiant tout à sa sûreté et à l'agrandissement de sa maison, Clément résolut de se refuser à la demande de Henri : mais il voulut ne se déclarer qu'à propos, et faire traîner cette négociation jusqu'à ce qu'il fût assuré de se faire un mérite de son refus auprès de l'empereur, et d'en obtenir ce qu'il desiroit. *Il songe à se faire un mérite de son refus auprès de l'empereur.*

Sollicité vivement par les ambassadeurs de Henri, il leur donna une commission pour Wolsei, par laquelle il autorisoit ce cardinal, conjointement avec quelques autres évêques, à juger de la validité du mariage de Catherine. Il joignit à cela verbalement, toutes les promesses et permissions qu'on exigea de lui. Ce n'étoit pas assez : comme la cour de Londres n'ignoroit pas les ménagemens du pape pour Charles-Quint, on n'eut garde de s'engager plus avant sur de simples paroles, qui pouvoient être désavouées. Il fallut donc faire partir *Pour cela il feint de se prêter au divorce.*

de nouveaux ambassadeurs. Il s'agissoit de lier le pape, de façon qu'il fût forcé à confirmer la sentence des commissaires, et qu'il ne pût révoquer la commission, ni évoquer l'affaire à Rome.

Il nomma une nouvelle commission, qui joignoit le cardinal Campeggio à Wolsei : il s'engagea par une lettre à ne la pas révoquer ; mais en termes équivoques, qui ne lioient point : enfin il donna à Campeggio une bulle, qui annulloit le mariage, dans le cas où il seroit jugé invalide.

Le cardinal italien trouva des prétextes, pour différer son départ pendant cinq ou six mois ; et quand il fut arrivé, il fit naître des incidens pour retarder le jugement définitif, jusqu'à ce que Clément eût terminé son traité avec Charles - Quint.

Mais il s'y refuse, lorsqu'il a obtenu de Charles - Quint tout ce qu'il desire.

Le pape, qui ne vouloit pas s'engager trop avant, étoit néanmoins bien aise de paroître entrer dans les vues du roi d'Angleterre. C'étoit en effet le moyen d'obtenir de l'empereur ce qu'il pouvoit desirer : car ce prince vouloit absolument le détacher de la sainte ligue, et il prenoit avec chaleur les intérêts de Catherine sa tante. Par le traité qui fut conclu au mois de juin, le pape devoit avoir pour lui, Cervia, Ravenne, Modène, Reggio et Rubiera; et pour Alexandre Médici son petit-neveu, la souveraineté de Florence et Marguerite, fille naturelle de Charles-Quint. Mais Florence étoit une conquête à faire. Les Florentins, privés de tout secours, se défendirent comme des citoyens déterminés à s'ensevelir sous les ruines de leur patrie. Trop foibles enfin contre l'empereur et le pape, ils perdirent leur liberté pour toujours; et Alexandre, avec le titre de duc, régna dans un pays ruiné. Aussitôt après la conclusion de ce traité, Clément évoqua l'affaire du divorce.

{1530.}

Henri étoit accoutumé à vouloir que ses ministres fussent les garans du succès de toutes ses entreprises. Wolsei n'avoit pas réussi. Il fut donc disgracié. Il mourut quelques mois après, lorsqu'on venoit de l'arrêter, comme criminel de haute trahison : toutes les accusations portoient cependant sur des choses vagues ou sans preuves.

Henri, n'ayant pas négocié heureusement avec le pape, tenta une voie plus fa-

{Henri consulte les universités sur son divorce.}

cile : il consulta les universités ; c'est-à-dire, qu'il leur demanda un avis conforme à son amour. L'empereur n'oublia pas de les solliciter, pour en obtenir une décision favorable à sa tante : et François, qui vouloit fomenter la division entre ces deux princes, joignit ses sollicitations à celles du premier. Vous jugez par-là que les universités d'Angleterre et de France, se déclarèrent pour la nullité du mariage. Ce ne fut pas cependant sans difficultés, dans quelques-unes au moins. Celles d'Espagne, d'Allemagne et des Pays-Bas, ne furent pas consultées, ou jugèrent différemment. Les Protestans mêmes furent contraires aux desirs de Henri : mais Pavie, Ferrare, Padoue et Bologne, quoique dans les états du pape, lui furent tout-à-fait favorables.

Il casse son mariage, et le pape l'excommunie.

Ceux qui soutenoient la validité du mariage, opposoient, à la loi du Lévitique, celle du Deutéronome, qui ordonne d'épouser la veuve de son frère. On disputa beaucoup, pour savoir si les lois des Juifs sont faites pour les Anglais, et pour juger laquelle de ces deux lois contraires devoit être regardée comme une exception. On cita plus qu'on ne raisonna. Enfin Henri, appuyé des suffrages qu'il avoit obtenus, fit casser son mariage, et déclara celui qu'il avoit déjà fait secrètement avec Anne de Boulen. Le pape l'excommunia.

Il y avoit déjà long-temps qu'on se plaignoit en Angleterre des abus de la cour de Rome et des désordres du Clergé. Les droits du saint siége et les ecclésiastiques, étoient des sujets ordinaires de conversation : les parlemens tentoient déjà d'introduire quelque réforme : ils abolissoient les bulles, les dispenses et toutes les impositions de la chambre apostolique : on prêchoit que le pape n'a point d'autorité hors de son diocèse. En un mot, à force de s'entretenir de ces choses, on s'accoutumoit à parler avec plus de liberté; et on applaudissoit à tel propos, dont on eût été scandalisé quelque temps auparavant. Tout préparoit donc une révolution, et l'excommunication ne pouvoit que la hâter. En effet, un nouveau parlement déclara le roi chef suprême de l'église anglicane, reconnoissant en lui, comme inhérent, le pouvoir d'examiner, de réprimer, de rectifier, de réformer, de punir toutes les hérésies, offenses, abus, profanations, crimes, comme étant du ressort de sa jurisdiction spirituelle. Il lui donna encore les annates et les décimes, qui se payoient auparavant à la cour de Rome. Ainsi le roi eut dans son royaume une puissance supérieure à celle que l'église accorde au pape.

On applaudit en général à ce changement; mais les plus sages en prévoient les conséquences.

L'ivresse de la nation, qui ne songeoit qu'à secouer le joug du saint siége, et le pouvoir absolu de Henri, à qui les parlemens ne pouvoient rien refuser, furent les causes d'une révolution aussi subite. Le clergé même s'y prêtoit en général, parce qu'il voyoit cesser les exactions, qui le révoltoient depuis long-temps contre la cour de Rome. En un mot, tous les ordres, excepté les moines, applaudirent au changement, tant qu'on ne fut occupé que des avantages temporels qu'on en voyoit naître. Mais lorsque ce premier enthousiasme fut un peu diminué, et qu'on se demanda avec plus de sang-froid, jusqu'à quel point il falloit se séparer du saint siége, ce qu'il falloit croire, s'il convenoit de recevoir indifféremment tous les dogmes de l'église romaine, ou d'en rejeter quelques-uns, on sentit l'embarras où l'on se trouvoit, et les plus sages commencèrent à prévoir que le pas qu'on avoit fait, pouvoit conduire à de terribles conséquences. En effet, on n'avoit point de règles pour juger où l'on devoit s'arrêter.

Le clergé étoit dans une profonde ignorance. Le peuple jusqu'alors avoit suivi aveuglément les opinions reçues, les superstitions comme les dogmes. Si on le faisoit raisonner, si on le dépouilloit une fois de sa prévention pour quelques-unes de ses superstitions, n'étoit-il pas à craindre qu'après avoir abandonné des erreurs auxquelles il ne tenoit que par habitude, il n'abandonnât bientôt des vérités qu'il adoptoit par instinct? Or c'étoit là l'artifice des Protestans qui se répandoient alors en Angleterre. Ils commençoient par combattre les abus les plus grossiers. Le peuple, séduit, s'accoutumoit donc à rejeter une partie de ce qu'il avoit cru, et se préparoit insensiblement à rejeter dans la suite une partie de ce qu'il croyoit encore.

Il étoit à craindre que le peuple séduit, n'abandonnât la vérité comme l'erreur.

Les papes avoient usurpé, ils avoient

Les Angla

n'ont point de plan de réforme, et s'accordent seulement à rejeter l'autorité de l'église. introduit de nouveaux usages ; ils avoient établi de nouvelles maximes. Il y avoit donc des abus : mais il y avoit aussi des usages et des maximes qui, par la tradition, remontoient jusqu'aux apôtres. Il auroit fallu faire la différence de ces choses pour réformer sagement ; on n'en savoit pas assez. On retrancha d'abord ce qui déplut ; faute de savoir où s'arrêter, on retrancha encore. Bientôt ce que la tradition la plus ancienne avoit conservé, fut confondu avec ce que les siècles d'ignorance avoient produit. En conséquence, on rejeta toute tradition : on cessa de reconnoître l'autorité de l'église : on n'eut plus d'autre règle que l'écriture.

Alors chacun devient juge de la doctrine. Mais lorsque l'écriture est susceptible de différentes interprétations, à qui appartiendra-t-il d'en déterminer le sens ? Les réformateurs prétendus nioient que ce fût l'église. Aucun d'eux cependant n'osoit, ni ne pouvoit en pareil cas décider souverainement. Ils sentoient bien qu'ils n'avoient pas droit de forcer à voir dans les livres saints ce qu'ils y voyoient, et à n'y voir rien de plus. Ce fut donc une nécessité de dire, que chaque particulier peut lire et juger par lui-même. Voilà l'absurdité où l'on fut entraîné de conséquence en conséquence. Je dis *absurdité ;* car dans ce système, ceux qui n'ont pas assez d'intelligence ou assez de temps, sont condamnés à ne savoir que penser. C'est néanmoins le plus grand nombre : mais le peuple fut flatté d'être juge de la doctrine.

Les choses en étant venues à ce point, vous jugez combien la religion sera flottante : elle variera comme les esprits. Sous prétexte d'ôter des préjugés, on niera les dogmes, on substituera des erreurs : les sectes se multiplieront ; elles s'armeront les unes contre les autres ; et il y aura des troubles jusqu'à ce que chacun, ayant enfin renoncé au droit d'examiner, s'accoutume à croire ce qu'on lui a enseigné dans l'enfance, et à tolérer ceux qui ne pensent pas comme lui. Il arrivera donc que les novateurs n'auront dépouillé l'église de son autorité, qu'afin qu'on croie un jour sur l'autorité de sa nourrice. Mais ce moment de calme n'arrivera que quand on sera las de s'égorger.

<small>Chacun se fait une profession de foi, ou croit d'après sa nourrice.</small>

> Cependant Henri se proposoit de conserver la foi catholique.

Henri ne songeoit pas à pousser la réforme aussi loin. Quoique séparé du pape, il vouloit conserver la foi catholique. Il la regardoit comme sa cause, depuis qu'il avoit écrit contre Luther. Il étoit de son amour propre de penser comme son livre. Il croyoit d'ailleurs les Protestans toujours prêts à se révolter, parce qu'il en jugeoit par la populace, qui s'étoit soulevée en Allemagne. Il se proposoit de sévir contre eux par le fer et par le feu.

> Le parti des Catholiques, et le parti des Protestans, flattent Henri, chacun dans l'espérance de le gagner.

C'étoit une chose assez difficile que de conserver la foi catholique, en se séparant de l'église romaine. Henri s'étoit seul mis dans cette position. Aucun de ses ministres ni de ses courtisans ne pensoit comme lui; et, peu d'accord entre eux, ils formoient encore différens partis; les uns restoient intérieurement attachés à la communion de Rome, les autres desiroient d'introduire la nouvelle réforme. Tous cependant cachoient au roi leur façon de penser, et cherchoient les moyens de le gagner. Ceux qui vouloient favoriser les Luthériens, nourrissoient son ressentiment contre la cour de Rome, tandis que ceux qui desiroient de rétablir la religion catholique, applaudissoient en apparence à sa suprématie, voulant le porter à s'opposer de tout son pouvoir à l'établissement du luthéranisme.

C'est ainsi que, pendant tout ce règne, la cour de Londres parut incertaine entre l'ancienne et la nouvelle croyance. Henri, qui tenoit la balance entre les deux partis, laissoit à l'un et à l'autre l'espérance de le gagner. Ce n'est pas qu'il employât pour cela aucun artifice; au contraire il étoit franc, on le savoit : mais on savoit aussi que la fougue de ses passions étoit d'ordinaire le mobile de ses démarches, et c'est pourquoi chaque parti se flattoit de l'attirer à soi. En cela, son caractère le servit mieux que la politique la plus profonde : car il lui soumettoit également les Catholiques et les novateurs. C'est ainsi que tout contribuoit à l'accroissement de son autorité.

Plus ils montrent de déférence, plus il accroît son autorité,

Placé entre ces deux partis, qu'il condamnoit également, il sévissoit indifféremment contre l'un et contre l'autre. Aucun soulèvement n'étoit à craindre pour lui ; parce que les deux partis, séduits par le même espoir, s'empressoient à lui montrer

Et il sévit impunément contre les uns et contre les autres.

la même soumission ; et chacun l'excitoit et l'armoit tour-à-tour. Ainsi, pendant que les Protestans étoient poursuivis, qu'on étoit accusé d'hérésie sur les plus légères apparences, et que plusieurs périssoient par le feu, les Catholiques qui refusoient de reconnoître la suprématie du roi, perdoient la tête sur un échafaud, comme criminels de haute trahison. De la sorte périt le chancelier Thomas Morus, connu dans toute l'Europe par sa sagesse, sa vertu et son savoir. Henri qui, pendant vingt-cinq ans, n'avoit puni de mort personne pour crime d'état, devint sanguinaire, lorsqu'il fut armé de la puissance spirituelle. Effrayé lui-même du sang qu'il répandoit, il prit le deuil pour montrer sa douleur : cependant il continua de sévir. Il portoit le deuil quand Thomas Morus fut exécuté.

Imposture d'Élisabeth Barton, nommée sainte fille de Kent. Il se tramoit depuis quelque temps une intrigue, qui mérita d'attirer enfin l'attention du roi. Élisabeth Barton, de la province de Kent, étant sujette à des convulsions qui mettoient autant de désordre dans son esprit que dans son corps, avoit paru inspirée au peuple, et croyoit l'être sur la parole du peuple même. Jusques-là ce n'étoit qu'une illusion : mais un prêtre voulant mettre en vogue une chapelle de la vierge, Élisabeth contrefit les convulsions et les extases, et dit que Dieu lui avoit promis sa guérison, si on la transportoit dans cette chapelle. Le miracle se fit, il fut divulgué : on ne parla plus que de la sainte fille de Kent, c'est ainsi qu'on la nommoit.

Alors d'autres ecclésiastiques voulurent tirer un plus grand parti de ces extases. Élisabeth, inspirée par eux, déclama contre les innovations qui se faisoient dans le gouvernement, et contre le divorce de Henri : elle osa prédire que, si le roi épousoit une autre femme, il perdroit la couronne en moins d'un mois, qu'il seroit abandonné de Dieu en moins d'une heure, et qu'il mourroit de la mort des scélérats. Elle fut arrêtée, elle avoua son crime, sans être mise à la question, et tous ses complices furent convaincus. Cet événement fournit au roi l'occasion d'attaquer les moines. Trois monastères furent supprimés; et comme ce coup d'autorité excita peu

Elle fut l'occasion de la suppression des ordres monastiques.

de murmures, il n'en resta plus quelques années après. Tel étoit l'état de la religion en Angleterre, vers l'année 1535.

<small>A la naissance du luthéranisme il faut connoître les royaumes du nord.</small>

Le luthéranisme demande que nous jetions un coup-d'œil sur les royaumes du nord, parce que leurs intérêts commencent depuis cette révolution à se mêler avec ceux des autres puissances de l'Europe. Si je remontois bien haut, je ne ferois que mettre sous vos yeux des désordres semblables à ceux que vous avez vus ailleurs : car dans ces siècles barbares, l'histoire de tous les peuples se ressemble.

<small>Ils étoient électifs. 1376.</small>

Waldemar III, roi de Danemarck, étant mort et n'ayant point laissé de fils, les états mirent sur le trône Olaüs, fils de Haquin, roi de Norwège et de Marguerite fille de Waldemar. Ce prince avoit des droits sur la Suède, comme petit-fils de Magnus, que les Suédois avoient déposé; et Albert de Mécklenbourg, qui avoit été donné pour successeur à Magnus, avoit aussi des droits sur le Danemarck, parce qu'il étoit fils de la sœur aînée de Marguerite. Cependant ces droits de part et d'autre étoient fort équivoques : car les couronnes de Suède et de Danemarck étoient proprement électives. Mais les nations sont condamnées à se faire la guerre, pour les droits que les princes se font et qu'elles désavouent.

Olaüs étoit âgé de douze ans. Marguerite, qui avoit eu l'habileté de le faire élire, se fit donner la régence ; et son fils étant mort, elle conserva la couronne, quoique les Danois ne fussent pas dans l'usage d'obéir à une femme : elle avoit su gagner le clergé et la noblesse.

Marguerite la Sémiramis du nord. 1385.

Sollicitée par les peuples à leur donner un roi, mais ambitieuse de gouverner, elle choisit le plus jeune de ses petits-neveux, Eric fils de Wratislas, duc de Poméranie. C'est cette princesse qu'on nomme la Sémiramis du nord.

Elle conquit la Suède. Alors projetant de faire une seule monarchie des trois royaumes, elle en convoqua les états-généraux à Calmar. On pensa, comme elle, que cette réunion devoit terminer toutes les guerres, qui divisoient ces peuples depuis long-temps. Son projet fut donc unanimement approuvé, et on convint que le roi seroit élu tour-à-tour en Suède, en Danemarck, en Norwège;

Dans les états de Calmar, elle fait la réunion des trois royaumes.

qu'il feroit aussi tour-à-tour sa résidence dans chacun des trois royaumes; que chaque nation conserveroit ses lois, ses usages, ses priviléges; et que les dignités seroient données, dans chaque royaume, aux naturels du pays.

Après elle cette réunion est une source de guerres.

Ce projet, beau dans la spéculation, réussit tant que vécut l'héroïne qui l'avoit formé, parce qu'elle sut maintenir l'union. Après elle, ce fut une source de guerres, parce que, bien loin d'observer la loi fondamentale de la réunion, les rois affectèrent de résider en Danemarck, et de traiter la Norwège et la Suède comme des provinces.

La Suède rompt l'union. 1573.

Les troubles ne furent jamais plus grands, que lorsque Christian II monta sur le trône de Danemarck. La Suède, lasse d'être opprimée, s'étoit séparée depuis quelque temps. Elle n'avoit point élu de roi; elle étoit gouvernée par Steensture, avec le titre d'administrateur.

Léon X l'excommunia.

Troll, archevêque d'Upsal, ayant tramé une conspiration en faveur de Christian, fut découvert, déposé; et s'étant retiré à la cour de Danemarck, il porta ses plaintes à Léon X, qui excommunia la Suède, et invita Christian à y porter ses armes.

Le roi de Danemarck eut d'abord peu de succès. Il vit même périr presque toute son armée, dans la première expédition qu'il fit. Forcé à traiter, il offrit de se rendre à Stockholm, si on lui donnoit en otages six personnes de la première distinction, du nombre desquelles étoit Gustave Ericson Vasa; mais dès qu'il les eut sur son vaisseau, il mit à la voile, manquant à sa parole et au droit des gens. *Perfidie de Christian II, le Néron du nord.*

Il vainquit enfin. L'administrateur étant mort de ses blessures, la Suède sans chef fut obligée de se soumettre. L'armée victorieuse désola tout sur son passage. Christian prenoit la bulle du pape pour prétexte de ses cruautés, et se disoit le ministre des vengeances de Rome. *Après la victoire, il s'autorise de la bulle de Léon pour commettre des cruautés.*

Reconnu et couronné, il donna dans le château de Stockholm des fêtes, auxquelles il invita les principaux du sénat et de la noblesse. Les deux premiers jours se passèrent en jeux, en festins : le roi lui-même ne montra que de la joie, et parut affable à tout le monde : mais le troisième jour, l'ar- *Il fait égorger quatre-vingt-quatorze sénateurs ou gentilshommes de Suède.*

chevêque d'Upsal vint demander l'exécution de la bulle du pape, et la réparation de l'injure qui lui avoit été faite. Aussitôt des satellites, qu'on avoit préparés, égorgèrent quatre-vingt-quatorze sénateurs ou gentilshommes qui étoient alors dans le château : leurs valets furent pendus, et on livra la ville à la fureur des soldats.

<small>Gustave Vasa dans la Dalécarlie.</small>

C'est ainsi que Christian devenoit l'horreur de ses nouveaux sujets ; tandis que Gustave Vasa, échappé de la prison où il avoit été renfermé, erroit déguisé dans la Dalécarlie, attendant le moment de venger sa patrie, la mort de son père et la captivité de sa famille. Il étoit fils d'Eric Vasa, un des sénateurs qui venoient d'être égorgés, petit-neveu de Canutson qui avoit été roi de Suède, et cousin-germain de l'administrateur Steensture.

<small>Il se rend maître de la Suède.</small>

<small>1521.</small>

Confondu avec des paysans qui travailloient aux mines, il attendoit tout de son courage. Il se fit connoître à eux, se mit à leur tête ; et les mécontents ayant grossi son parti, il se vit bientôt maître d'une partie de la Suède. Le lâche Christian fit mourir la mère, les sœurs de Gustave, et tous les Suédois qu'il avoit faits prisonniers.

Ce monstre ne pouvoit pas aller en Suède, pour s'opposer aux progrès de son ennemi ; car il n'osoit quitter le Danemarck, où il n'étoit pas moins odieux. Il convoqua les états pour en obtenir des secours, et il devoit s'y rendre avec une troupe de soldats étrangers, se proposant d'user de violence, si l'on résistoit à ses volontés. Son dessein fut connu : les Danois s'assemblèrent à Wibourg : ils le déposèrent ; et Magnus Munce, chef de la justice du Jutland, osa lui porter l'acte de sa déposition. *Mon nom*, disoit ce magistrat, *devroit être écrit sur la porte de tous les méchans princes.* J'ajoute, qu'il faudroit encore leur faire lire souvent le manifeste que publièrent les états de Danemarck.

Ce Néron du nord, c'est ainsi qu'on le nomme, ne montra que de la foiblesse et de la lâcheté. Son oncle, Frédéric, duc de Holstein, fut élu roi de Danemarck et de Norwège. Gustave eut la couronne de Suède.

C'est sous Christian, Gustave et Frédéric, que le luthéranisme fut répandu dans le nord. Plusieurs causes en rendirent les progrès rapides. Ces peuples s'étoient convertis dans les temps où l'on prêchoit les prétentions des prêtres et des papes, confusément avec les articles de foi. Plus ils avoient eu la simplicité de croire qu'ils ne pouvoient rien refuser de ce qu'on leur demandoit au nom de la religion, plus ils avoient été opprimés ; et l'oppression étant venue au point qu'ils ne pouvoient plus la supporter, ils ne songeoient qu'à secouer un joug qui les tyrannisoit. Chez eux, le clergé jouissoit sans contradiction de tous les droits qu'on lui contestoit ailleurs. Sa puissance, odieuse à la noblesse, étoit redoutable aux souverains. Ses biens suffisoient pour enrichir des rois. Les personnes qui commençoient à penser, étoient scandalisées du trafic que le nonce Arcemboldi faisoit des indulgences. Enfin, les esprits se révoltoient en général contre la cour de Rome, depuis que Christian s'étoit autorisé d'une bulle de Léon pour massacrer les sénateurs de Suède.

<small>Comment il s'établit dans le nord.</small>

Dans ces circonstances, les rois du nord

étoient vivement sollicités par les princes protestans d'Allemagne. Trop ignorans pour distinguer parmi eux-mêmes l'erreur de la vérité, ils traitoient la religion comme une affaire de politique. Ils ne voyoient que de l'avantage à protéger le luthéranisme : tandis que les ecclésiastiques, qui n'étoient pas mieux instruits, étoient moins capables de défendre le dogme que leur temporel. Ils voulurent soulever le peuple, et ils animèrent davantage les souverains contre eux. Frédéric et Gustave sentirent seulement la nécessité de ne rien précipiter. Ils affectèrent de ne pas laisser paroître leur sentiment : mais bien loin de persécuter les Luthériens, ils les autorisèrent secrètement à prêcher leur doctrine. Il paroît que les progrès de l'hérésie furent prompts : car en 1527 les états de Danemarck réglèrent que personne ne pourroit être inquiété pour fait de religion ; ils permirent aux moines et aux religieuses de sortir de leurs cloîtres, et même de se marier ; ils ordonnèrent que désormais les évêques ne s'adresseroient plus à la cour de Rome, mais seulement au roi. Vous voyez que parmi les protestans, le prince devenoit par-tout le chef suprême de la religion. Enfin la Suède, dans l'assemblée même de tout le clergé du royaume, reçut la confession d'Augsbourg comme règle de foi, et abolit le culte de l'église romaine.

Depuis 1535 jusqu'à la mort de François I. la France n'offre rien d'important.

Ce qu'il faut avoir sur-tout observé pour la suite de l'histoire, c'est l'état de la religion vers l'année 1535, où nous nous sommes arrêtés. Depuis ce temps jusqu'en 1547 que François mourut, il n'y a rien d'important à remarquer pour la France. Ce prince eut encore la guerre avec Charles-Quint ; il l'eut même avec Henri, qui devint allié de l'empereur : il s'occupa davantage des affaires, il protégea les lettres.

Henri VIII fait périr sur l'échafaud Anne de Boulen, et épouse Jeanne Seymour. 1536.

Henri accoutumé au sang depuis quelques années, fit périr sur l'échafaud Anne de Boulen, trois à quatre ans après l'avoir épousée. Le crime de cette princesse fut d'être moins aimée depuis son mariage, et d'avoir une fille d'honneur qui sut plaire. Son enjouement, qui ressembloit assez à la coquetterie, et qui la rendoit quelquefois trop peu circonspecte, permit au roi jaloux de la supposer plus criminelle, et d'envelopper dans ses soupçons plusieurs complices prétendus qu'il fit aussi périr. Le roi fit encore casser son mariage avec elle, et déclarer illégitime Élisabeth, qu'il avoit eue de cette reine malheureuse. Jeanne Seymour, qu'il épousa, lui donna un fils l'année suivante, et mourut quelques jours après ses couches.

Peu de temps après, Henri, devenu amoureux d'Anne de Clèves, sur un portrait flatté de cette princesse, se maria pour la quatrième fois. Bientôt dégoûté, il fit encore casser ce mariage. Ce divorce souffrit d'autant moins de difficultés, qu'Anne de Clèves y parut peu sensible.

Il casse son mariage avec Anne de Clèves.
1539.

Catherine Howard, qu'il épousa aussitôt après, avoit eu une mauvaise conduite avant son mariage. Il en fut instruit : il eut même lieu de croire que ses mœurs n'étoient pas devenues meilleures. Cette malheureuse laissa donc aussi sa tête sur un échafaud.

Il fait périr Catherine Howard.
1540.

1541.

Catherine Par, la dernière femme de Henri, fut sur le point d'être condamnée comme luthérienne ; parce que dans des conversations avec ce prince, elle avoit montré du penchant pour la réforme. L'or-

Il épouse Catherine Par.

dre étoit donné pour lui faire son procès: elle para le coup dans un nouvel entretien, où elle lui fit entendre que si elle paroissoit quelquefois le contredire, c'étoit dans le dessein de tirer des lumières d'un homme fait pour éclairer l'Europe ; l'assurant qu'elle n'avoit garde de penser autrement que lui.

<small>Ses décisions capricieuses et changeantes en matière de religion ne trouvent point de résistance.</small>

Henri traitoit les affaires de religion avec le même emportement et le même caprice, qu'il en agissoit avec ses femmes. Il avoit donné, sous le titre d'*institution du Chrétien*, un système d'opinions pour fixer la croyance du peuple. Ce système étoit déjà bien différent de ce qu'il avoit ordonné de croire quelque temps auparavant. Cependant il ne tarda pas d'en publier un nouveau qu'il appeloit l'*érudition du Chrétien*, et dans lequel il fit encore des changemens considérables. Il vouloit que sa façon de penser fût la règle de la nation: mais il ne prétendoit pas se fixer à une façon de penser; jugeant qu'il ne devoit dépendre d'aucune autorité, pas même des réglemens qu'il avoit faits. Les parlemens acquiesçoient aveuglément à cette doctrine changeante, déclarant qu'ils reconnoissoient la volonté absolue du roi comme l'unique règle dans les choses spirituelles, ainsi que dans les temporelles. Ils donnèrent force de loi à tous les édits, et à toutes les déclarations qu'il pourroit publier: ou plutôt ils osèrent dire que cette plénitude de puissance, émanée de Dieu, étoit par elle-même une prérogative de la royauté. C'est ainsi que la servitude donnoit une autorité sans bornes à un prince qui n'avoit de règles que ses passions.

Plus Henri fut puissant, et plus il fut jaloux de son pouvoir. Voilà pourquoi il devint injuste, cruel, sanguinaire. Né franc, sincère, généreux, brave, ferme, intrépide, il eut des vertus, qui le garantirent de la haine d'un peuple esclave : mais il eut tous les vices, et quoiqu'il n'en ait porté aucun jusqu'aux derniers excès, il doit être mis au nombre des tyrans. Il mourut deux mois avant François Ier. *Avec des vertus, il n'a été qu'un tyran.*

Charles-Quint dans ses vastes états, formoit sans doute de grands projets : et cependant celui auquel il devoit le plus penser, étoit celui auquel il pensoit le moins : c'é- *1547. Fausse politique de Charles-Quint.*

toit d'établir l'ordre et la tranquillité. Au contraire, il étoit bien aise qu'il y eût des troubles; et si nous en croyons le père Barre, il affectoit quelquefois de négliger l'Italie et l'Allemagne, afin d'enhardir ses ennemis à tenter quelque entreprise, bien assuré d'en tirer avantage : ce seroit-là une étrange politique. Si c'étoit ainsi qu'il vouloit parvenir à la monarchie universelle, comme on le lui reproche, il se faisoit des idées bien confuses; et si ce projet chimérique a fait peur aux autres puissances, elles voyoient tout aussi confusément que lui. Il eut un succès brillant en 1535.

Ses succès en Afrique. Horadin Barberousse, fameux pirate, qui avoit enlevé le royaume de Tunis à Mullei-Hassem, ne cessoit de ravager les côtes d'Espagne et d'Italie. Charles-Quint passa en Afrique, défit Barberousse, rétablit Hassem, et délivra tous les Chrétiens, qui étoient captifs à Tunis. Il est vrai cependant qu'il dut la prise de cette ville à six mille prisonniers Chrétiens, qui ayant brisé leurs chaînes, se rendirent maîtres de la citadelle.

Ses revers dans Sur ces entrefaites le duc de Milan étant

mort, François. demanda l'investiture du Milanès, se fondant sur ce que, par le traité de 1529, il n'en avoit fait la cession qu'en faveur de Sforze. On arma. Charles-Quint comptant, dit-on, sur de grandes conquêtes, menoit son historien Paul Jove pour écrire la campagne qu'il alloit faire. La voici : trente mille hommes, qui attaquèrent la France du côté des Pays-Bas, ne firent rien. Cinquante mille, que l'empereur conduisit en Provence, y périrent presque tous, après avoir inutilement tenté le siége de Marseille ; les débris de cette grande armée repassèrent et Italie avec le général et l'historien. Alors l'empereur consentit à une trève de dix ans, que le pape avoit ménagée.

Quelque temps après Charles-Quint demanda passage par la France, pour aller soumettre les Gantois, qui s'étoient révoltés. Il offrit de donner l'investiture du Milanès au duc d'Orléans, second fils du roi, mais seulement après être sorti du royaume, afin de ne pas paroître y avoir été forcé. Il passa. François Ier n'eut à se reprocher que quelques imprudences, que sa franchise lui fit commettre, en s'ouvrant trop sur ses projets avec un ennemi. On est étonné de la démarche de l'empereur, quand on ne songe pas à la probité du roi de France. Cependant que pouvoit faire le roi? forcer ce prince, comme son prisonnier, à s'engager par un traité? mais avec ce traité n'auroit-il pas encore fallu conquérir le Milanès? De toute façon, François fit bien. Ce qui n'étonna personne, c'est que Charles-Quint manqua à sa parole, et abusa de la confiance que François lui avoit témoignée.

{Il perd une flotte, pendant que son frere est défait par les Turcs.}

L'année suivante, l'empereur s'occupa sans succès des moyens de concilier les Protestans d'Allemagne avec les Catholiques. Il revint ensuite en Italie, d'où il se proposoit de passer en Afrique pour faire la conquête d'Alger. Il auroit mieux fait de mener son historien en Hongrie, où Soliman étoit alors avec toutes ses forces. Il

1541.

voulut laisser l'honneur de cette expédition à son frère Ferdinand, qui fut défait par les Turcs, pendant qu'il voguoit lui-même avec vingt-quatre mille hommes sur une grande flotte, dont il ne ramena que les débris.

Ferdinand tint une diète à Spire pour obtenir des secours contre Soliman. Ce fut-là qu'on indiqua la ville de Trente pour le lieu d'un concile général. Mais ces deux objets auroient demandé que la paix eût été parmi les Chrétiens. Cependant le roi de France déclara la guerre à l'empereur, et perdit l'alliance de Henri. Cette guerre fut terminée en 1544, après des succès variés, quoique l'empereur eût d'avance partagé la France avec le roi d'Angleterre. Par le traité de paix que firent Charles-Quint et François, ils convinrent enfin de travailler à la paix de l'église. C'est ce qui fut cause que Paul III, alors sur le saint siége, se hâta de publier une bulle, par laquelle il convoqua un concile général à Trente, pour le mois de mars 1545.

1541.
Nouvelle guerre bientôt terminée. Convocation du concile de Trente.

CHAPITRE II.

Du luthéranisme vers les temps du concile de Trente.

<small>Il étoit facile de prévenir les erreurs où Luther n'étoit pas encore tombé.</small> LORSQUE Luther, respectant le saint siége, et ne s'élevant que contre les abus des indulgences, n'avoit pas encore la témérité de se porter pour juge du dogme, c'étoit le moment d'étouffer l'hérésie dans sa naissance. Il falloit alors convoquer un concile général, et songer sérieusement à réformer l'église. Il y avoit lieu de croire que les premiers cris contre la cour de Rome n'auroient pas eu de suites dangereuses pour la religion, puisque les esprits n'étoient pas encore aigris par la dispute. Mais Léon X, qui craignoit qu'un concile n'entreprît de le réformer lui et sa cour, voulut imposer silence par sa seule autorité, condamnant Luther, et demandant qu'il fût puni, ou qu'il lui fût livré.

Ce pape ne pouvoit pas ignorer que depuis long-temps les puissances d'Allemagne souffroient impatiemment les extorsions de la cour de Rome. Il ne devoit donc pas juger qu'elles lui sacrifieroient un homme, dont la doctrine, bien loin de scandaliser, étoit alors conforme aux vœux de tout le monde. Il devoit craindre, au contraire, qu'enhardi par les applaudissemens du public, et par la protection de l'électeur de Saxe, Luther ne formât de nouvelles entreprises ; et que, communiquant insensiblement sa hardiesse au peuple ignorant, il ne conduisît les esprits de changement en changement, jusqu'à oser saper les fondemens de la religion.

Léon devoit prévoir que la persécution porteroit à tout oser un homme que les diètes approuvoient, et que l'électeur de Saxe protégeoit.

Ayant été condamné par le pape, Luther répondit d'une manière fort injurieuse : cependant il reconnoissoit encore un juge, puisqu'il appeloit au futur concile général, auquel il offroit de se soumettre. Érasme et tous les bons esprits pensoient qu'il ne falloit pas pousser les choses à l'extrémité, jugeant que le feu qui consumèroit les livres de Luther, seroit pour l'Allemagne le commencement d'un incendie. Ils de-

Au lieu d'un concile, qui pouvoit encore étouffer l'hérésie, on fait brûler les livres de Luther.

mandoient donc un concile. Mais les nonces pressèrent si vivement l'empereur, que les écrits de Luther furent brûlés dans plusieurs villes. Luther écrivit encore avec plus d'emportement, et fit brûler à Wirtemberg la bulle de Léon avec les décrétales.

C'est alors qu'il devient hérésiarque.

Sous prétexte de combattre des abus, Luther enseignoit déjà plusieurs erreurs. Toujours plus obstiné, à proportion que les contradictions et les applaudissemens croissoient, il comparut à la diète de Worms, où il avoit été cité, et il ne rétracta rien. Au contraire, il déclara qu'il ne reconnoîtroit ses sentimens pour faux, que lorsqu'on le convaincroit par des passages de l'écriture : car, ajoutoit-il, je ne me crois pas obligé de croire au pape ni aux conciles, puisqu'il est constant qu'ils ont erré plusieurs fois, et qu'ils se sont contredits. Il nioit donc déjà la tradition, par conséquent il est évident que la dispute alloit multiplier les questions, et produire de nouvelles erreurs. Avant que la diète se séparât, l'empereur fit publier la sentence du ban de l'empire contre Luther et contre tous ses adhérents : mais l'électeur de saxe, voulant sauver ce novateur, le fit enlever secrètement, et conduire dans un château où il le garda une année entière, inconnu à tout le monde, même à ses gardes.

Cette condamnation fit de nouveaux partisans à Luther, qui continua d'écrire du fond de sa retraite : c'est tout l'effet qu'elle produisit. On ne sévit point, soit parce que les puissances n'approuvoient pas toutes cette condamnation, soit parce que, considérant le nombre des Luthériens, on craignoit de causer de nouveaux désordres. *Le nombre de ses partisans est si grand qu'on n'ose plus sévir.*

La bulle du pape et la sentence de l'empereur n'ayant pas été exécutées, Adrien VI en porta ses plaintes à la diète de Nuremberg. Persuadé qu'en sévissant on éteindroit l'hérésie, il employa les motifs les plus pressans. Il chargea même son nonce d'avouer que les abus, les excès et les abominations de la cour de Rome, où tout se trouvoit perverti, étoient une des causes des maux de l'église. Il promettoit de travailler à une réforme : et il demandoit seulement du temps, remar- *Adrien VI demande que la diète de Nuremberg sévisse contre Luther. Aveux de ce pape. 1522.*

quant que la maladie étoit si invétérée ; qu'en voulant tout réformer à la fois, on s'exposeroit à renverser tout.

La diète répond par un mémoire, qui contient cent griefs contre la cour de Rome.

On pouvoit lui répondre qu'en peu de temps l'hérésie s'étoit si fort invétérée, qu'on n'étoit pas moins embarrassé à la détruire tout-à-coup, qu'il le paroissoit lui-même à réformer l'église. En effet, c'est sur les inconvéniens de sévir que porta la réponse de la diète. Elle proposa, comme le remède le plus convenable, un concile libre, que le pape convoqueroit, avec le consentement de l'empereur, dans quelques villes d'Allemagne. Voulant ensuite concourir à la réforme de la cour de Rome, elle donna ce mémoire dont j'ai parlé, et qui contenoit cent griefs; et pour y concourir plus efficacement, elle déclara que si on ne lui faisoit pas justice, elle ne souffriroit pas plus long-temps les vexations dont elle se plaignoit.

Luther se prévaut des aveux d'Adrien VI.

Adrien VI est le seul qui ait eu véritablement le dessein de réformer la cour de Rome : mais elle ne voulut pas se laisser réformer. Il vit avec chagrin qu'il n'étoit pas assez puissant pour faire un aussi grand bien. Trop âgé pour achever cet ouvrage, il ne put seulement pas le commencer : et les aveux qu'il fit en cette occasion, fournirent des armes à Luther : il les publia pour faire voir que les papes mêmes reconnoissoient la vérité des reproches qu'il faisoit au saint siége.

Clément VII et Paul III furent plus occupés de l'agrandissement de leur famille, que des maux de l'église. Leur ambition n'étoit pas propre à ramener les peuples, qui se soulevoient : car on ne devoit pas être trop édifié, quand on considéroit qu'ils ne se donnoient des soins que pour assurer des principautés, l'un à son neveu, l'autre à son fils.

Clément VII et Paul III, s'occupoient peu des maux de l'église.

Il est vrai que les guerres de l'Europe n'étoient pas une conjoncture favorable à la tenue d'un concile général ; et il est vrai aussi que ni le pape, ni l'empereur, ne vouloient sérieusement le convoquer, le pape parce qu'il s'agissoit de réformer l'église dans son chef, comme dans ses membres, et que rien n'étoit plus contraire aux vues ambitieuses de Léon X, de Clément VII et de Paul III ; l'empereur, parce qu'il

Ni le pape, ni l'empereur, ne vouloient sérieusement un concile.

vouloit retenir les papes dans ses intérêts, en les menaçant d'un concile ; et encore parce qu'il s'imaginoit que les troubles et les divisions seroient favorables à l'accroissement de sa puissance. Car il se proposoit d'abattre les partis les uns par les autres, et de rester seul maître de l'empire, ou du moins de n'y trouver plus de vassaux capables de lui résister.

L'ambition de Charles-Quint entretenoit tous les désordres.
Pour assurer que Charles-Quint ait eu cette ambition, il n'est pas nécessaire d'avoir son aveu ; car les princes n'avouent pas de pareils desseins : mais toute sa conduite en est une preuve. Les princes protestans en étoient bien persuadés, puisqu'ils crurent devoir se liguer pour leur défense commune. Ils firent leur première ligue à Torgau en 1526 : ils en firent une autre à Smalcalde en 1530 ; ils la renouvelèrent dans le même lieu en 1536 et en 1540. L'ambition de Charles-Quint pouvoit seule entretenir leur crainte aussi long-temps : il n'auroit tenu qu'à lui de gagner leur confiance, en écartant tout ce qui pouvoit leur paroître suspect.

Temps où
Cependant il devoit arriver un temps

où un concile entreroit dans les vues de Charles-Quint : c'est lorsqu'il auroit lieu de juger que les protestans ne se soumettroient pas ; et que, par conséquent, un jugement de l'église paroîtroit l'autoriser à prendre les armes contre eux. Or, dès que l'empereur voudroit un concile, les papes ne pourroient plus s'y refuser : cependant il survenoit d'autres difficultés.

Charles-Quint vouloit un concile.

Il s'agissoit de savoir de quelle manière se tiendroit le concile, et dans quel lieu : car c'est ce dont les Protestans et le pape vouloient également décider. Le jugement paroissoit dépendre de la méthode qu'on suivroit dans l'examen des questions, et la méthode dépendoit du lieu. Si le concile se tenoit en Allemagne, les protestans se flattoient d'y avoir plus d'influence ; et le pape n'ignoroit pas qu'il en auroit davantage lui-même, s'il se tenoit en Italie. Il étoit bien difficile de concilier des vues aussi contraires.

Difficultés sur le lieu où se tiendroit le concile.

Clément VII, sollicité par l'empereur, consentit, en 1533, à convoquer un concile libre, où tout seroit réglé comme dans les premiers conciles de l'église ; et il offrit de

Les Protestans ne veulent pas qu'il se tienne en Italie, parce que le pape seroit juge et partie;

le tenir à Mantoue, à Bologne ou à Plaisance, au choix des Allemands. Les Protestans, assemblés à Smalcalde, conférèrent sur ces propositions, et déclarèrent que le concile ne pouvoit être libre en Italie, parce que le pape y présideroit par lui-même ou par ses nonces, que cependant il n'étoit pas raisonnable qu'il y eût aucune autorité, puisque, étant partie, il ne pouvoit pas être juge; qu'ils demandoient donc que le concile se tînt en Allemagne, et que tout y fût décidé, non par les maximes et par les usages de la cour de Rome, mais par l'écriture seule.

Et ils veulent qu'il se tienne en Allemagne, où ils seront juges et parties.

Vous voyez que les Protestans qui étoient parties vouloient être juges; quoiqu'ils prétendissent que le pape ne pouvoit pas être juge, parce qu'il étoit partie. Cependant il falloit bien que ceux qui entreroient au concile, fussent tout-à-la-fois juges et parties, puisqu'ils ne pouvoient être que Catholiques ou Protestans. Cela suffit pour faire prévoir que les décrets du concile, quelque part qu'on le tienne, ne seront jamais généralement reçus.

Imprudence de Clément VII étant mort l'année suivante, Paul III proposa, en 1535, la ville *Paul III, qui le convoque à Mantoue.* de Mantoue pour le lieu du concile ; et il l'y convoqua pour le mois de mai 1537, sans avoir égard aux oppositions des Protestans. Comme il avoit déclaré dans sa bulle qu'il l'assembloit pour extirper l'hérésie luthérienne, ils s'obstinèrent plus que jamais à vouloir un concile, qui fût indépendant du pape, et qui se tînt en Allemagne. Il me semble que Paul III se seroit conduit avec plus de prudence, s'il eût parut suspendre son jugement : car le moment où il convoquoit un concile pour juger leur doctrine, n'étoit pas celui qu'il falloit prendre pour les déclarer hérétiques, quoiqu'ils le fussent en effet.

Les rois de France et d'Ecosse n'ayant *Il s'ouvre à Trente, mais les Protestans ne le reconnoissent pas.* pas approuvé le lieu qui avoit été choisi, et le duc de Mantoue lui-même ayant refusé sa ville, le pape indiqua le concile à Vicence pour l'année 1538. Les légats s'y rendirent pour en faire l'ouverture, et ils ne la firent pas. Comme il n'y vint pas un évêque, on fut obligé de le proroger. Enfin après avoir été convoqué à Trente pour l'année 1532, il s'ouvrit en 1545 : mais les

Protestans déclarèrent, dans toutes les diètes, qu'ils ne le reconnoissoient point pour légitime.

Si le concile n'extirpe pas l'hérésie, quel parti faudra-t-il prendre ?

Si ce concile, comme il y a lieu de le présumer, n'extirpe pas l'hérésie, quel parti faudra-t-il prendre, Monseigneur? faudra-t-il tolérer, ou sévir par le feu? Tolérer, seroit un mal sans doute ; car nous devons haïr l'hérésie autant que le mahométisme, autant que l'idolâtrie : cependant il nous est défendu de haïr l'hérétique, le musulman et l'idolâtre, et la charité nous invite à travailler à leur conversion.

Faut-il exterminer les Turcs, les Perses, les Indiens et les Chinois, parce qu'ils ne sont pas Chrétiens ?

Si vous étiez souverain quelque part, et qu'un novateur entreprît de répandre une fausse doctrine parmi le peuple, vous le puniriez avec raison, et même du dernier supplice, si la nature de son crime le méritoit : la tolérance, en pareil cas, vous rendroit coupable. Mais parce qu'on prêche l'alcoran en Turquie, entreprendrez-vous de faire la guerre aux Turcs jusqu'à ce que vous les ayez convertis ou exterminés? marcherez-vous ensuite avec le même zèle contre les Perses, contre les Indiens, contre les Chinois dont on vante la sagesse ? enfin, toujours vainqueur, parcourrez-vous toute la terre, ne laissant après vous que des ruines ? Vous serez donc le fléau de tous les peuples, qui n'auront pas, comme vous, le bonheur d'être nés dans la vraie religion. Par conséquent on peut vivre en paix avec les Turcs, sans avoir à se reprocher une tolérance coupable.

Or, Monseigneur, vers le milieu du seizième siècle, ce n'étoit pas un seul novateur qui enseignoit l'hérésie ; c'étoient des peuples entiers qui l'avoient embrassée, et qui la professoient sous la protection de leurs souverains. Les hérétiques étoient donc alors en Allemagne, par rapport aux Catholiques, comme les Turcs par rapport aux Chrétiens : c'étoient des nations. *Du temps du concile de Trente les Protestans étoient des nations.*

Cependant on va prendre les armes contre les Protestans. Des princes, des factieux feront servir à leur ambition le zèle, la crédulité, le fanatisme des peuples. Vous verrez l'Europe souillée de tous les crimes de la superstition armée, et Henri le Grand tomber sous les coups de ce monstre, lorsqu'il alloit faire le bon- *On armera contre les Protestans, et l'événement fera voir si on a eu raison.*

heur de son peuple. Ce sont vos ancêtres qui, par un zèle aveugle, auront été la première cause de tous les maux, et vous les verrez au moment de perdre leur couronne.

Mais suspendez votre jugement, jusqu'à ce que l'événement vous ait éclairé. Si après des guerres longues et sanglantes, il n'y a plus d'hérésie..... Mais cela n'arrivera pas. Au contraire, il faudra finir par tolérer les Protestans, comme les Turcs. Le nombre en sera même augmenté : car la persécution fera des martyrs, et les martyrs feront des prosélytes. Si la tolérance est un mal, elle est un mal nécessaire, toutes les fois que le sang qu'on répand, au lieu de détruire l'erreur, n'est qu'un mal de plus. Mais venons à ces temps malheureux, et jugez d'après l'événement.

CHAPITRE III.

Depuis l'ouverture du concile de Trente jusqu'à la mort de Henri II, roi de France.

NON SEULEMENT Charles-Quint voyoit avec plaisir les troubles qui s'étoient formés ; mais encore il n'étoit pas même fâché de la guerre que les Turcs faisoient à l'Allemagne. Elle lui fournissoit des prétextes pour épuiser les puissances de l'empire auxquelles il ne cessoit de demander des secours ; et il croyoit déjà prévoir le moment, où il les écraseroit avec les forces qu'il tireroit de ses autres états. Ce projet chimérique n'étoit pas assez grand pour lui. Il portoit encore ses prétentions sur les couronnes du nord, il en vouloit au moins disposer ; et dans la dernière guerre qu'il avoit faite à François I, il avoit partagé la France avec Henri VIII. Une poli-

Ambition personnée de Charles Quint.

tique aussi fausse ne pouvoit avoir de plan ; et en effet, Charles-Quint n'en a point. Ses entreprises ne se préparent jamais, elles ne tiennent point ensemble : ses idées paroissent éparses comme ses états ; et ses tentatives sont presque toujours au-dessus de ses forces. C'est sur-tout l'argent qui lui manquoit : car l'Espagne portoit avec peine les impôts dont elle étoit chargée, et les trésors de l'Amérique s'étoient épuisés sans succès. Sa principale ressource étoit donc de demander aux Allemands des subsides sous prétexte de la guerre des Turcs ; et il en obtenoit en offrant de terminer les disputes de religion dans la première diète, ou en accordant la liberté de conscience jusqu'au futur concile, qu'il promettoit de faire tenir en Allemagne.

Charles-Quint et Paul III, ne pouvoient ni l'un ni l'autre donner la paix à l'église.
Le pape, ayant su que Charles-Quint et François Ier. devoient le presser d'assembler un concile, s'étoit hâté de le convoquer afin de ne pas paroître y avoir été forcé. L'empereur fut offensé de cette précipitation, parce qu'il auroit voulu passer pour le seul promoteur du concile, qu'il faisoit attendre depuis si long-temps. Voulant au moins

faire penser qu'il régleroit lui-même les matières qui seroient traitées, il fit publier trente-deux articles, qui avoient été rédigés par les docteurs de Louvain; et il ordonna de s'y conformer jusqu'à la décision des évêques. C'est à-peu-près comme s'il eût dit : je ne sais pas ce qui sera décidé ; je ne sais, par conséquent, ce qu'il faudra croire : cependant voici ce que j'ordonne de croire en attendant. Cette démarche inconséquente étoit à contre-temps dans le moment où le concile alloit s'assembler : mais il vouloit donner de l'inquiétude au pape et des espérances aux Protestans. Paul III, qui n'ignoroit pas que Charles-Quint desiroit moins de terminer les affaires de religion, que de profiter des circonstances qu'elles feroient naître, lui offroit le secours de ses armes spirituelles et temporelles pour soumettre les Protestans ; et, comme l'empereur, il songea moins aux moyens de faire cesser les troubles, qu'aux avantages qu'il espéroit en retirer.

« Pendant que les nonces attendoient à Trente les évêques pour faire l'ouverture du concile, on tenoit à Worms une diète, *Mars 1545. Conduite équivoque de Charles-Quint, avec la diète de*

Worms et avec le concile de Trente. dans laquelle l'empereur avoit promis qu'on traiteroit, d'abord et principalement, des moyens de terminer les différens sur le dogme et sur la discipline. Mais, croyant alors devoir laisser au concile la décision de ces choses, ou prenant ce prétexte pour éluder les engagemens qu'il avoit pris, il se borna à demander des subsides, après avoir assuré que, si les pères de Trente ne s'occupoient pas sérieusement de la réforme, on seroit toujours à temps d'y suppléer dans une autre diète.

Les Protestans déclarèrent qu'ils ne reconnoissoient pour légitime ni le concile de Trente, ni tout autre qui seroit sous la dépendance du pape ; et ils demandèrent qu'on traitât d'abord les affaires de religion, puisque c'étoit le principal objet pour lequel ils avoient été convoqués. L'empereur, voyant qu'après de longues contestations il ne gagnoit rien sur eux, rompit la diète et en indiqua une autre à Ratisbonne pour le mois de janvier de l'année suivante. Son dessein étoit de tenir les choses en suspens, et de laisser entrevoir qu'il se déclareroit pour ou contre le concile de Trente, suivant qu'il auroit lieu d'être content ou mécontent de la diète de Ratisbonne. D'un autre côté il ménageoit si fort le pape, qu'il paroissoit quelquefois regarder comme indifférent que le concile se tînt en Allemagne, à Trente ou même à Rome.

Cependant les évêques de Trente étoient scandalisés que l'empereur, dans la supposition que le concile ne travailleroit pas à la réforme, eût promis d'abandonner à une diète la décision des points controversés. Étonnés que ce prince usurpât sur le sacerdoce, ils l'étoient encore plus du silence du pape qui, auparavant, s'étoit élevé avec courage contre une pareille entreprise : mais Paul III sentoit le besoin de ménager l'empereur, parce qu'il avoit un fils, auquel il vouloit donner les duchés de Parme et de Plaisance. *Les pères de Trente en sont offensés.*

Quoiqu'alors cet état relevât du saint siége et fît même partie de son domaine, le pape ne se flattoit pas de l'assurer à Pierre-Louis Farnèse, son fils, s'il n'obtenoit auparavant le consentement de Charles-Quint. Car les empereurs, qui avoient des prétentions sur Parme et Plaisance, *Mais Paul III dissimule, parce qu'il veut obtenir des principautés pour ses fils.*

pouvoient quelque jour les faire valoir, et dépouiller les Farnèses.

Son ambition ne se bornoit pas-là. Il demandoit encore le duché de Milan pour Ottavio, fils de Pierre-Louis et gendre de l'empereur. Ce prince avoit épousé Marguerite d'Autriche, veuve d'Alexandre Médici.

<small>Il donne le duché de Parme à Pierre-Louis Farnèse.</small> Ayant été refusé, il prit sur lui de donner l'investiture de Parme et de Plaisance à Pierre-Louis-Farnèse. Quoiqu'il eût obtenu le consentement des cardinaux, une pareille démarche, dans le temps que les évêques s'assembloient pour réformer l'église, prêtoit de nouvelles armes aux Luthériens, et faisoit murmurer les Catholiques. Tout le public blâmoit l'ambition d'un pape qui, peu sensible aux maux de la chrétienté, donnoit des principautés à son fils, aux dépens même du patrimoine de S. Pierre.

<small>Charles-Quint paroît vouloir que le concile commence par la réforme.</small>
<small>1545.</small>
Enfin le concile s'ouvrit le 13 décembre. Il s'agissoit de savoir, si l'on commenceroit par la réformation. L'empereur le demandoit parce qu'il vouloit paroître entrer dans les vues des Protestans ; et c'étoit d'ailleurs le plus sûr moyen de dimi-

tuer la prévention, où ils étoient contre le concile.

Le pape avoit d'autres intérêts. Il ne le déclaroit pas, mais on le devinoit. Il ordonna donc à ses nonces de faire commencer par la doctrine. Cependant les avis furent d'abord partagés ; et ce n'est qu'après avoir vivement débattu la chose, que les pères convinrent de traiter à-la-fois du dogme et de la réforme. *Les pères convinrent de traiter tout-à-la fois du dogme et de la réforme.*

Le pape, effrayé au seul nom de réforme, ne put contenir sa colère. Il ne cacha point à ses nonces, combien il étoit mécontent de leur condescendance. Il réitéra même les ordres de commencer par la doctrine. Cependant il se radoucit, et donna son consentement à ce qui avoit été arrêté. Peut-être songea-t-il que les pères prendroient facilement le change ; et que, quand une fois ils traiteroient du dogme, ils iroient de question en question, et seroient long-temps sans penser à la réforme. C'est ce qui arriva. *Paul III en est effrayé sans fondement.*

La diète de Ratisbonne fut renvoyée, sous différens prétextes, jusqu'au mois de juin. L'empereur y parla avec plus de hauteur qu'il n'avoit encore fait : il menaça *Charles-Quint cesse de dissimuler avec les Protestans.*

6

même. Ce n'est pas que par l'intérêt qu'il prenoit au concile de Trente, il fût offensé de ce que les Luthériens refusoient de le reconnoître ; c'est parce qu'il se croyoit alors assez puissant pour les accabler. Il avoit déjà fait une partie de ses préparatifs : il étoit sur le point de conclure un traité avec le pape : afin de tomber sur eux avec toutes ses forces, il avoit fait une trève avec Soliman. Il n'attendoit donc plus que l'occasion pour éclater. Il y avoit long-temps que les Luthériens se plaignoient de la chambre impériale. L'empereur, qui cherchoit à les mécontenter pour les porter à quelque soulèvement, fit dire au président de cette chambre de favoriser toujours les Catholiques.

Avant que la diète s'assemblât, le bruit s'étoit déjà répandu que l'empereur armoit à la sollicitation du pape, et les Protestans en avoient été alarmés. Cependant Charles-Quint leur avoit dit si positivement qu'il ne songeoit qu'à la paix, que, trompés par sa dissimulation, ils s'étoient enfin rassurés. Le ton qu'il prit dans la diète, ne leur permit pas d'ignorer ses vrais sentimens.

Par le traité fait entre l'empereur et le pape, il étoit dit que, puisque plusieurs peuples d'Allemagne persévéroient dans l'hérésie, et refusoient de se soumettre au concile, le pape et l'empereur avoient jugé nécessaire, pour la gloire de Dieu et le salut de la nation, d'armer contre eux. Le pape s'obligeoit à donner à l'empereur deux cent mille écus d'or, et à fournir douze mille hommes d'infanterie et cinq cents chevaux. De plus, il lui accordoit pour l'année courante la moitié des revenus des églises d'Espagne, avec la permission d'aliéner les biens des monastères de ce royaume, jusqu'à la somme de cinq cent mille écus. De son côté, Charles-Quint promettoit de lui céder une certaine partie de ce qu'on prendroit sur les Protestans, et de ne faire aucun accord avec eux que de concert avec lui. Ils convinrent encore que si quelqu'autre prince catholique vouloit entrer dans cette sainte ligue, il y seroit admis et auroit part aux acquisitions comme aux frais. Ce traité étoit pour six mois; après lequel terme, on devoit faire de nouvelles conventions, si la guerre continuoit.

C'est qu'il venoit de faire une ligue avec le pape.

Par un article secret, l'empereur assuroit le duché de Parme à Pierre-Louis Farnèse.

Mais en armant contre les Protestans, il dissimule que la religion en est le prétexte.

Après avoir souvent promis de n'inquiéter personne au sujet de la religion, après avoir assuré les Luthériens que tous les différends sur le dogme et sur la discipline seroient réglés dans une diète ou dans un concile tenu en Allemagne, l'empereur se fût démenti trop ouvertement, s'il eût déclaré aux hérétiques, qu'il prenoit les armes pour leur salut et pour la plus grande gloire de Dieu. Ne pouvant donc plus cacher qu'il armoit, il dissimula que la religion en fût le prétexte, et il voulut faire croire que l'ambition n'en étoit pas le motif.

Il prend pour prétexte une guerre civile.

En 1542, les princes de la ligue de Smalcalde avoient porté leurs plaintes à la diète de Spire, contre Henri duc de Brunswick, qui ne cessoit de commettre des hostilités sur les terres des Protestans. On avoit eu égard à leurs remontrances, et il avoit été défendu aux catholiques de troubler la paix : mais Henri ayant continué, Jean-Frédéric, électeur de Saxe, et Philippe, landgrave de Hesse, eurent recours aux armes, et le dépouillèrent de ses états. L'empereur, alors obligé de ménager les Protestans, ne parut pas désapprouver leur conduite. Lors même que le duc de Brunswick vint lui demander d'être rétabli, il répondit que c'étoit aux princes de la ligue de Smalcalde à voir le parti qu'ils voudroient prendre.

En 1544, il fut réglé que Henri poursuivroit son droit en justice; et que, jusqu'au jugement, son duché seroit en séquestre entre les mains de l'empereur. Cependant il prit les armes l'année suivante, malgré les défenses de Charles-Quint, qui le menaçoit de le mettre au ban de l'empire. Il fut fait prisonnier.

Alors le landgrave de Hesse représenta que Henri méritoit d'être mis au ban de l'empire, parce qu'il avoit désobéi et manqué à tous ses engagemens. L'empereur éluda, exhortant les confédérés à user de la victoire avec modération, et les invitant à congédier leurs troupes, puisqu'ils n'avoient plus rien à craindre du duc de Brunswick. Cependant quelque adroite que fût sa réponse, elle fit naître des soupçons. En effet il vouloit que cette guerre civile lui servît de prétexte pour prendre les armes contre les Protestans.

C'est certainement Henri qui avoit troublé la paix de l'empire. Néanmoins les princes alliés de la maison de Brunswick ayant réuni leurs forces, l'empereur approuva non seulement la ligue qu'ils avoient faite; il promit encore de leur donner des secours et de commander leur armée. Il crut avoir trouvé le moment qu'il attendoit: car ses forces lui paroissoient alors bien supérieures à celles de l'électeur de Saxe et du landgrave de Hesse. Voulant néanmoins toujours dissimuler, il publia que l'ambition et la religion n'entroient pour rien dans ses vues; qu'il étoit temps de terminer une guerre civile, qui continuoit au mépris de la majesté impériale; et qu'il armoit uniquement contre les rebelles, dont le landgrave de Hesse et l'électeur de Saxe étoient les chefs. Mais quelle que fût sa dissimulation, toute sa conduite parloit trop clairement. Il fut donc facile aux princes qu'il accusoit, de faire voir que la religion étoit le motif ou le prétexte de la guerre, et que l'empereur se proposoit d'asservir l'Allemagne.

Il semble qu'en cette occasion Paul III voulût ouvrir les yeux à ceux que la dissimulation de Charles-Quint pouvoit tromper encore. Après avoir exposé, dans la bulle du jubilé, sa sollicitude pastorale pour le salut des hommes, après avoir gémi sur l'hérésie et sur la perte des ames, il dit qu'il venoit de conclure une ligue avec l'empereur, pour forcer par les armes les Hérétiques à se soumettre à l'église; et il exhorta les Catholiques à demander au ciel, par des prières et par des jeûnes, le succès de cette guerre sainte. Le cardinal Farnèse, son légat, ayant joint l'armée dans le même esprit, voulut encore publier des indulgences : l'empereur, déjà mécontent de la bulle du pape, s'y opposa. Ce prince, dont tout l'artifice étoit de nier ce que tout le monde voyoit, venoit de mettre au ban de l'empire l'électeur de Saxe et le landgrave de Hesse comme rebelles, séditieux, coupables de lèze-majesté, perturbateurs du repos public; et il avoit eu soin d'écarter tout prétexte de religion.

<small>Cependant une bulle de Paul III, déclare qu'on n'armé pas pour ramener les Protestans à l'église.</small>

> Les Protestans laissent échapper l'occasion d'écraser l'empereur.

Cependant ses mesures étoient si mal prises, que l'électeur et le landgrave avoient déjà rassemblé quatre-vingt mille hommes, lorsqu'il ne leur en pouvoit encore opposer que neuf mille. Mais le défaut de concert affoiblit toujours les puissances liguées, et souvent des intérêts particuliers font abandonner ou trahir la cause commune. C'est pourquoi les Protestans laissèrent échapper deux fois l'occasion d'écraser l'empereur: ils ne la trouvèrent plus, lorsque ce prince eut rassemblé toutes ses forces.

> Maurice se rend maître de la Saxe, que l'électeur lui avoit confiée.

L'armée de Charles-Quint, mal payée, manquoit de vivres et de fourrages; le temps qui devenoit mauvais, commençoit à causer des maladies; et on délibéroit si on ne licencieroit pas les troupes, lorsqu'une diversion prépara de plus grands succès.

En mettant l'électeur et le landgrave au ban de l'empire, Charles-Quint avoit donné leurs états à Maurice de Saxe, duc de Misnie, le menaçant de la même peine, s'il refusoit de joindre ses armes aux siennes.

Maurice étoit protestant et de la ligue de Smalcalde: mais il avoit encore des raisons plus fortes pour se refuser aux offres de l'empereur; car l'électeur de Saxe son parent et son tuteur, avoit gouverné ses biens avec beaucoup de zèle; et le Landgrave de Hesse, son beau-père, lui avoit conservé la Misnie contre les entreprises de Ferdinand d'Autriche. Cependant il envahit la Saxe, que l'électeur avoit confiée à ses soins. Cette nouvelle répandit la consternation parmi les confédérés; et Jean-Frédéric ayant emmené la plus grande partie des troupes pour aller au secours de ses états, on ne songea plus qu'à mettre en quartier d'hiver celles qui restoient. Charles-Quint fit alors des conquêtes. Mais le pape rappela ses troupes, sous prétexte que les six mois étoient expirés. Il commençoit à craindre la puissance de l'empereur.

Au commencement de l'année suivante, la ligue de Smalcalde ne subsistoit presque plus. Elle se trouvoit privée de tous secours étrangers par la mort des rois d'Angleterre et de France. Jean Frédéric avoit recouvré ses états et même conquis la plus grande partie de la Misnie. Mais, resté seul, inférieur en forces, trahi même, il fut vaincu

Jean Frédéric est fait prisonnier;

1547.

et fait prisonnier. Il étoit fils de Frédéric le Sage.

Elle Saxe est transférée à Maurice.

Sans consulter les états de l'empire, l'empereur condamne à mort Jean Frédéric, qui apprend son arrêt sans émotion. Bientôt après cependant il lui fit grace de la vie, à la sollicitation de Maurice, qui craignit que l'horreur de ce jugement, retombant sur lui-même, ne lui suscitât des ennemis, et ne lui fît perdre la Saxe. Jean Frédéric donna sa renonciation à l'électorat, et Charles-Quint confirma la Saxe à Maurice, afin de faire croire qu'il n'avoit pas pris les armes pour la religion.

Le landgrave de Hesse se livre, et Charles-Quint se croit maître dans l'empire.

Le landgrave se livra ensuite lui-même, comptant sur la clémence de l'empereur, dont l'électeur de Brandebourg et Maurice s'étoient rendus cautions. Charles-Quint, contre la foi donnée, le retint prisonnier. Maître alors des deux chefs de la ligue qu'il avoit dissipée, il établit des garnisons étrangères dans plusieurs villes, il chargea d'impôts les peuples et sur-tout les Protestans, il crut avoir soumis tout le corps germanique; il se trompa : de pareilles révolutions ne sont pas si promptes. Il faut du temps pour accoutumer au joug des peuples aguerris, qui ne l'ont jamais porté, surtout quand le fanatisme leur donne un nouveau courage.

Pendant que ces choses se passoient en Allemagne, le concile s'étoit transféré à Bologne, ou plutôt il étoit proprement dissous; car une partie des évêques étoit restée à Trente, et plusieurs s'étoient tout-à-fait retirés. L'empereur, mécontent de cette translation, avoit encore un autre sujet de plaintes contre le pape; il le soupçonnoit de s'être allié à la France, pour abaisser la maison d'Autriche en Italie. Sur ces entrefaites, Pierre-Louis Farnèse, qui se faisoit détester, fut assassiné, l'année de la mort de François Ier et de Henri VIII; et Ferdinand de Gonzague, gouverneur du Milanès, se saisit de Plaisance au nom de l'empereur, qu'on soupçonna d'avoir eu part à la conspiration. Ce fut une question de savoir si Plaisance appartenoit à l'empire ou au saint siége.

Le concile étoit suspendu. L'empereur et le pape se désunissoient.

1547.

Comme le concile étoit suspendu, ou que du moins le pape ne permettoit pas aux évêques de revenir à Trente, l'empereur

Charles-Quint persécute pour faire recevoir son interim.

crut devoir prendre des mesures pour suspendre aussi les disputes de religion. Dans cette vue il fit un formulaire, qu'on nomma *interim*, parce qu'il contenoit les articles qu'il falloit croire, en attendant les décisions du concile. Cet acte ayant été reçu dans la diète d'Augsbourg que bloquoit l'armée impériale, fut imprimé et publié. Mais, bien loin de terminer les disputes, il en fit naître de nouvelles; car il ne contenta ni les Protestans, ni les Chatholiques. Charles-Quint cependant sévissoit contre les villes qui ne le vouloient pas recevoir. Ce n'est pas qu'il fût convaincu que tous les articles de son *interim* fussent autant d'articles de foi, puisqu'on n'y devoit croire qu'en attendant que l'église eût décidé : mais il ne cherchoit qu'un prétexte pour exercer son despotisme. Il le trouva; car il y eut à ce sujet bien des révoltes et bien du sang répandu.

1548.

Il met la division dans sa maison, et force les princes de l'empire à se réunir. Depuis long-temps Charles-Quint avoit fait élire Roi des Romains Ferdinand son frère. Il se repentoit de n'avoir pas conservé cette couronne pour un fils qu'il croyoit former dans l'art de gouverner, et dont il concevoit les plus grandes espérances, parce qu'il le trouvoit plein de dissimulation et d'artifice. Il tenta d'obtenir la renonciation, de Ferdinand, qui, bien loin de la donner prit des mesures pour se maintenir dans ses droits. Maurice et les autres princes protestans, charmés de voir naître la division dans la maison d'Autriche, promirent au roi des Romains de ne pas souffrir que l'empereur le dépouillât. Charles-Quint, qui ignoroit les liaisons de son frère, crut, dans l'ivresse de ses succès, que les électeurs n'oseroient se refuser à ses vues. Il présumoit trop : plus il se croyoit absolu, plus il faisoit redouter un fils qui recueilleroit toute sa puissance. Le seul fruit de son projet fut de mettre la division dans sa famille et de soulever l'empire.

Les protestans ayant formé une nouvelle ligue, cherchèrent un appui dans une puissance étrangère. L'Angleterre n'étoit pas en état de donner des secours. Henri VIII avoit laissé la couronne à Édouard VI, qu'il avoit eu de Jeanne Seymour. Accoutumé au pouvoir absolu, ce prince s'étoit imaginé qu'il le conserveroit après sa mort : mais le con-

1551.
L'Angleterre ne pouvoit donner des secours aux Protestans qui cherchoient l'appui d'une puissance étrangère.

seil de régence, qu'il nomma pour gouverner pendant la minorité de son fils, n'eut rien de plus pressé que de s'écarter de ses dernières volontés.

L'hérésie y faisoit des progrès pendant la minorité d'Édouard VI.
Les membres de ce conseil étoient divisés sur la religion, et les principaux favorisoient le luthéranisme. L'hérésie fit donc de grands progrès. Le peuple embrassa la nouvelle doctrine avec d'autant plus d'ardeur, qu'il avoit été plus contenu jusqu'alors ; et les grands excitèrent le fanatisme, dans l'espérance de s'enrichir des dépouilles du clergé séculier, dont les biens furent en effet envahis, comme ceux des moines l'avoient été.

Sous prétexte de réformer, on y supprimoit tout culte extérieur.
Par-tout où prévaloient les Protestans, ils portoient la réforme jusqu'aux derniers excès, abolissant tout rit, toute cérémonie, toute pompe, et réduisant la religion à une contemplation spirituelle. Ils croyoient que réformer, n'étoit autre chose que rejeter tout ce que l'église romaine observoit. Mais en condamnant tout culte qui parloit aux sens, ils tomboient souvent dans des rêveries semblables à celles des Gnostiques. Plusieurs dans leur enthousiasme croyoient pouvoir s'élever immédiatement jusqu'à Dieu.

La prétendue réforme devenoit donc superstitieuse, en croyant éviter la superstition. Cette religion, toute spirituelle, avoit encore un autre inconvénient : c'est qu'elle ne pouvoit pas durer. Elle n'avoit pour elle que les premiers momens de ferveur, et on prévoyoit que lorsque l'enthousiasme seroit dissipé, un culte sans cérémonies ne seroit plus à la portée du peuple.

Le conseil de régence, qui connut ces inconvéniens, crut tenir un juste milieu entre les Catholiques et les Luthériens, en conservant des rits de l'église romaine. Il innova même plus lentement sur le dogme : mais ces tempéramens ne se prenoient pas dans des circonstances favorables. Les esprits échauffés trouvoient qu'on faisoit trop, ou qu'on ne faisoit pas assez. Ils se divisoient, ils disputoient, et les sectes ne cessoient de se multiplier. Dans cette confusion, il n'étoit pas possible de définir l'hérésie, et cependant une loi du royaume condamnoit les hérétiques au feu. Si, par conséquent, toutes les sectes ne s'étoient pas réunies par la haine qu'elles conservoient contre ce qu'elles appeloient le papisme, elles se seroient brûlées

La régence qui vouloit prendre un juste milieu, mécontentoit toutes les sectes.

les unes à l'envi des autres. Cependant le conseil de régence, parce qu'il pouvoit sévir, persécutoit ceux qui n'approuvoient pas son rituel. Edouard, plus sage, quoiqu'il n'eût que dix à onze ans, signa à regret et malgré lui, la sentence qui condamnoit une femme au feu.

Il y avoit encore bien d'autres troubles.

Les troubles de religion n'étoient pas les seuls. Une guerre avec l'Écosse, une autre avec la France, des révoltes dans plusieurs provinces, et des factions continuelles qui conduisirent sur l'échafaud le chef même de la régence, sont autant de raisons qui ne permettoient pas au roi d'Angleterre de donner des secours aux protestans d'Allemagne.

1550.
Henri II entre dans la ligue des Protestans d'Allemagne.

Henri II, fils de François I, régnoit en France. Il venoit de recouvrer Boulogne sur les Anglais; et de faire avec Édouard un traité de paix, dans lequel il avoit compris l'Ecosse. Aussi brave que son père et moins précipité dans ses démarches, il avoit déjà la réputation d'un politique habile et d'un bon capitaine. Jaloux d'abaisser la maison d'Autriche, il entra volontiers dans la ligue des princes Allemands.

1551.

Maurice étoit le chef de cette ligue. Il assiégeoit alors la ville de Magdebourg, que Charles-Quint avoit mise au ban de l'empire; et il faisoit à dessein traîner ce siége, afin d'avoir le temps de rassembler plus de forces et de s'assurer un plus grand nombre d'alliés.

Maurice en étoit le chef.

L'empereur ne soupçonnoit rien de ce qui se tramoit. Il craignoit même si fort de rompre avec la France, qu'il n'osoit armer contre Ottavio Farnèse, que les troupes de Henri avoient rétabli dans le duché de Parme. Paul III étoit mort, et cette guerre ne paroissoit intéresser que le roi de France qui soutenoit Ottavio, et Jules III, qui prétendoit que Parme appartenoit au saint siége. Charles-Quint ne prévoyoit pas qu'elle feroit une diversion dont les Protestans d'Allemagne tireroient avantage.

Sécurité de l'empereur, qui porte la guerre en Italie.

Cependant Henri défendit par un édit d'envoyer de l'argent à Rome pour les bulles, et l'empereur, sollicité par le pape, crut enfin pouvoir faire marcher ses troupes comme auxiliaires, et faire ainsi la guerre au roi de France sans rompre la paix. Les Français lui enlevèrent plusieurs places. La guerre alors s'alluma de plus en plus. Il fallut envoyer de nouvelles troupes, et dégarnir les places d'Allemagne.

Maurice se déclare.

Comme elle duroit plus qu'il n'avoit pensé, il se trouvoit déjà dans l'embarras, parce qu'il manquoit encore d'argent. D'un autre côté, les Turcs faisoient des conquêtes dans la Transilvanie et dans la Hongrie.

1552.

Telle étoit la position de l'empereur, lorsque Maurice lui déclara la guerre; apportant pour raisons, la prison du landgrave contre la foi donnée, et les attentats commis contre la liberté du corps germanique.

Fuite d'Inspruck.

Charles-Quint, qui croyoit avoir assujetti l'Allemagne, s'enfuit à la hâte d'Inspruck; trop heureux d'échapper, il abandonna tous ses équipages; et la plus grande partie de sa cour le suivit à pied, la nuit, dans de mauvais chemins.

Transaction de Passaw.

Hors d'état de résister aux princes ligués, il donna plein pouvoir au roi des Romains de traiter de la paix. Elle fut faite à Passaw le 2 août par une transaction célèbre, qui

1552.

assura la liberté du corps germanique. Les principaux articles étoient que *l'interim* seroit supprimé; que l'empereur assembleroit une diète pour terminer les disputes de religion; qu'en attendant, les protestans jouiroient d'une entière liberté de conscience, que les assesseurs de la chambre impériale seroient tirés indifféremment des deux religions; et que si dans la diète prochaine les esprits ne pouvoient pas se concilier, la transaction présente seroit observée comme loi de l'empire.

Henri II avoit conquis Metz, Toul et Verdun, qui sont depuis restés à la France : mais abandonnés par ses confédérés, il ne fut point compris dans le traité de paix. Ainsi chargé seul de tout le poids de la guerre, il fut obligé de mettre des impôts, et d'aliéner une partie de son domaine. *Henri II avoit conquis les trois évêchés.*

L'empereur, voulant reprendre les places qui lui avoient été enlevées, vint mettre lui-même le siége devant Metz, avec une armée de cent mille hommes et une artillerie nombreuse. Il le leva le mois de janvier suivant après avoir perdu plus du tiers de ses troupes. Le duc de Guise commandoit dans la place. *L'empereur lève le siége de Metz.* *1554.*

Charles - Quint se vengea de cet affront sur Térouane, que ses généraux prirent, *Il continue de faire la guerre à Henri II.*

et qu'il fit démolir entièrement. Il n'en reste plus que les ruines. Ils le rendirent aussi maître de Verdun. La guerre continua dans les Pays-Bas, et en Italie, avec des succès variés, cependant avec plus d'avantages du côté des Français. Elle se ralentit enfin en en 1555, parce qu'on étoit épuisé de part et d'autre.

Édouard VI vient mort à 16 ans.

Édouard étoit mort en 1555, dans la seizième année de son âge, regretté des Anglais, qui aimoient en lui la douceur de son caractère, son application à l'étude et aux affaires, son extrême facilité, la justesse de son esprit, et son amour pour l'équité. Il laissoit un royaume épuisé, les finances en mauvais état, et le domaine de la couronne livré au brigandage des courtisans. On espéroit que s'il eût vécu, son économie auroit pu réparer ces désordres, qui étoient uniquement l'effet de la régence.

Marie, fille de Catherine d'Arragon, lui avoit succédé.

Marie, fille de Henri VIII et de Catherine d'Arragon, monta sur le trône, malgré les intrigues du duc de Northumberland, qui voulut mettre la couronne sur la tête de Jeanne Gray, sous prétexte que Marie et Elisabeth avoient été déclarées illégitimes.

Vous avez vu que Marie, sœur de Henri VIII, avoit épousé Louis XII : veuve peu de temps après, elle épousa le duc de Suffolk. C'est de ce mariage que descendoit Jeanne Gray, qui se trouvoit, par sa mère, petite nièce de Henri. Elle perdit la tête sur un échafaud, ainsi que le duc de Northumberland.

Aussitôt que Charles-Quint eut appris que Marie étoit reine d'Angleterre, il projeta de mettre cette couronne dans sa famille, en mariant Philippe son fils, alors veuf, avec cette princesse. Il s'imaginoit sans doute qu'on est d'autant plus puissant, qu'on a un plus grand nombre de royaumes. Marie accepta cette proposition avec joie, et le mariage se fit, après qu'on eut pris toutes les mesures pour assurer les libertés de la nation Anglaise, qui n'approuvoit point cette alliance.

Son mariage avec Philippe.

Mais plus les conditions étoient favorables à l'Angleterre, moins on comptoit sur la fidélité de l'empereur à les remplir. On se rappeloit le despotisme qu'il avoit exercé sur l'empire, malgré la capitulation qu'il avoit signée à son avénement. On voyoit

Combien les Anglais craignoient la maison d'Autriche.

gémir sous son joug les Pays-Bas, le Milanès et le royaume des Deux-Siciles. Philippe, aussi dissimulé, aussi faux, paroissoit encore plus à craindre, parce qu'il montroit un orgueil qui le portoit à la tyrannie. On redoutoit le tribunal de l'inquisition, que Charles-Quint avoit établi, autant qu'il avoit pu, dans tous ses états (1). On savoit les barbaries que les Espagnols avoient com-

---

(1) L'inquisition causa de si grands soulèvemens dans les Pays-Bas, et en fit sortir un si grand nombre de familles, que Charles-Quint fut obligé d'abandonner le dessein de l'y rétablir. Malgré cette expérience il voulut, quelque temps après, l'établir encore dans le royaume de Naples. Ferdinand le Catholique l'avoit déjà tenté inutilement. Cependant les Napolitains, plus accoutumés qu'aucun autre peuple à souffrir toutes les vexations de la cour de Rome, paroissoient faits pour se soumettre encore à ce tribunal. Mais ils l'avoient connu sous les princes de la maison d'Anjou : ils le connoissoient encore d'après ce qui se passoit en Espagne ; et, comme les princes d'Arragon n'avoient point reçu les inquisiteurs, ou les avoient toujours contenus, en les soumettant aux magistrats, les Napolitains ne concevoient plus que de l'horreur pour l'inquisition. La noblesse et le peuple, tout le monde prit les armes, et on se battit dans Naples

mises dans la conquête de l'Amérique. Tout, en un mot, faisoit présager que l'Angleterre, devenue province d'Espagne, seroit réduite à la plus grande servitude.

Dans le mécontentement général, que produisoit ce mariage, il ne manquoit au peuple qu'un chef. Mais soit crainte, soit prudence, la noblesse ne remua pas; et une révolte mal concertée ne fit qu'affermir l'autorité de la reine.

1554.

Élevée dans la religion catholique, Marie se hâta de la rétablir. La révolution fut aussi subite qu'elle pouvoit l'être. Il eût été plus sage d'user de quelque modération. Comme l'hérésie avoit gagné la multitude, et que les esprits étoient dans la chaleur de l'enthousiasme, une persécution trop ouverte ne pouvoit qu'allumer la haine

Marie entreprend de rétablir la religion catholique.

---

pendant plus de quinze jours. Il se trouva que Charles-Quint n'avoit fait que compromettre son autorité.

Ce n'a pas été une leçon pour ses successeurs ni pour les papes; car ils ont continué de faire des tentatives jusqu'en 1709, que l'empereur Charles VI abolit tout-à-fait l'inquisition. *Voyez Giannone, liv.* 32, *c.* 5.

contre ce qu'on appeloit le papisme. Elle devenoit d'autant plus odieuse que la reine s'étoit rendue odieuse elle-même par sa cruauté contre tous ceux qui paroissoient avoir eu part à la conspiration de Northumberland.

Sa passion pour Philippe. Une seule chose suspendit quelque peu les coups de Marie : c'est que dans l'impatience de l'arrivée de Philippe, il ne lui restoit de raison que pour compter les momens. Enflammée pour un époux qu'elle n'avoit jamais vu, piquée du silence dédaigneux qu'il gardoit avec elle, courroucée contre la nation qui n'approuvoit pas son choix, elle étoit encore inquiète avec fondement, quand elle considéroit que ses attraits, qui avoient toujours été médiocres, étoient flétris par l'âge et par la maladie, et que sa passion immodérée ne les rétablissoit pas.

Juillet 1554. Elle tente inutilement de le faire reconnoître roi d'Angleterre. Philippe arriva. Il eût fallu d'autres charmes que ceux de la reine, pour faire naître l'amour dans une ame où l'ambition régnoit seule. Elle eût voulu, pour lui plaire, mettre la couronne sur sa tête. Elle le tenta vainement. Il ne lui resta d'autres ressources que d'extorquer l'argent de ses sujets, pour assouvir l'avarice de son époux.

On s'occupa des moyens de réconcilier l'Angleterre avec l'église. Il étoit difficile de ramener le peuple : mais on composa avec les grands, à qui on abandonna les biens qu'ils avoient enlevés au clergé. Lorsque les membres du parlement virent leur fortune à couvert, ils firent peu de résistance. Les deux chambres supplièrent le roi et la reine de les protéger auprès du saint siége, pour obtenir l'absolution de leur faute; et le cardinal Pole, légat de Jules III, leva les censures, et reçut les Anglais à la communion de l'église.

Réconciliation trop précipitée de l'Angleterre avec l'église.

Ce cardinal, plein de zèle pour la vraie religion, croyoit, quoique légat, qu'il ne falloit pas employer la violence pour précipiter une révolution qu'on ne pouvoit trop desirer. On prétend même que l'empereur donnoit le même conseil à Philippe et à Marie, avouant que la persécution n'avoit fait que mettre le trouble dans ses états. La reine ne goûta pas cette modération. On a compté que dans le cours de trois ans, deux cent soixante-dix-sept personnes

Persécutions en Angleterre, dans les Pays-Bas et en France.

furent brûlées ; et qu'un plus grand nombre fut condamné à d'autres peines. Mais ce n'étoit rien en comparaison de ce que Charles-Quint avoit fait dans les Pays-Bas, où l'on assure que cinq mille personnes furent pendues, décapitées, enterrées vives, ou brûlées, pour n'avoir pas voulu recevoir son *interim*. Le nombre de ces exécutions n'avoit pas été moindre en France ; et on remarque que les progrès de l'hérésie en avoient été plus grands. Toute l'histoire prouve que le fanatisme de la superstition est encore plus difficile à subjuguer que le fanatisme de la liberté ; et qu'il faut que le temps qui amène le calme, prépare les esprits à la vérité.

<small>1555. La diète d'Augsbourg assure en Allemagne la liberté de conscience.</small> Pendant qu'on sévissoit en Angleterre, la diète d'Augsbourg, convoquée en conséquence du traité de Passaw, établissoit la tolérance en Allemagne. Il fut arrêté que les Protestans jouiroient d'une entière liberté de conscience, et de tous les droits des Catholiques; et on condamna aux peines portées contre les perturbateurs du repos public, ceux qui les inquiéteroient pour la religion.

Charles-Quint étoit alors à Bruxelles, où il se préparoit à renoncer à tous ses états en faveur de Philippe, qu'il avoit rappelé auprès de lui. Il lui avoit déjà donné le Milanès et le royaume de Naples : il lui céda encore les Pays-Bas, et quelques semaines après, l'Espagne et tout ce qu'il possédoit en Amérique. Il ouvrit les yeux en descendant du trône. Si c'étoit trop tard pour lui, c'étoit assez tôt pour éclairer son fils. Il lui recommanda de veiller au bonheur des peuples, et de les gouverner par l'amour plutôt que par la crainte ; reconnoissant le vide de ses projets ambitieux, qui avoient fait le malheur de ses sujets, celui de ses voisins et le sien propre.

Afin que son fils eût le temps de s'affermir dans les états qu'il venoit d'abdiquer, il fit une trêve de cinq ans avec la France ; et il termina la guerre d'Italie, en donnant à Ottavio Farnèse l'investiture de Parme et de Plaisance. Il auroit encore voulu laisser l'empire à son fils, et il fit de nouvelles tentatives auprès de Ferdinand : il crut au moins pouvoir obtenir que Philippe seroit déclaré vicaire de l'empire en

Italie et dans les Pays-Bas. Ferdinand ne voulut rien céder.

Il abdique l'empire.

Quoique Charles - Quint n'influât plus guère sur la terre, il crut cependant que ce qui arrivoit dans les cieux, devoit encore le regarder : il prit une comète pour le présage de sa mort. Cela le confirma dans le dessein d'abdiquer l'empire : mais il s'imagina avoir besoin du consentement du pape, et ce qu'il y a de plus singulier, c'est qu'il ne l'obtint pas. Il abdiqua cependant, et se retira en Espagne dans l'abbaye de S. Just.

1556.

Les intrigues de Paul IV font recommencer la guerre.

Pendant que Charles-Quint renonce au monde à l'âge de cinquante-cinq ans, Paul IV, près de la décrépitude, ne rouloit que des projets d'ambition, et vouloit procurer des principautés aux Caraffes, ses neveux. Voyant que la trève qu'on venoit de conclure faisoit tomber toutes ses espérances, il envoya des ambassadeurs aux rois de France et d'Espagne, sous prétexte d'offrir sa médiation pour une paix solide, et dans le vrai pour allumer la guerre de nouveau. Il y réussit : Henri rompit la trève.

Mais soit que Philippe II, roi d'Espagne

eût eu des soupçons, soit qu'il voulût profiter d'une circonstance, qui privoit le pape de tout secours, le duc d'Albe, qui commandoit dans le royaume de Naples, commença les hostilités dans l'état ecclésiastique. Le roi de France fit aussitôt partir des troupes, et la guerre recommença en Italie.

1557.

L'Angleterre étoit épuisée. Cependant Marie, contre l'avis de ses ministres, voulut tout sacrifier à Philippe, qui menaçoit de ne la plus revoir, si elle ne prenoit les armes pour lui. Après avoir employé toute sorte de moyens pour mettre son peuple à contribution, elle leva dix mille hommes, qui se joignirent à cinquante mille que le roi d'Espagne avoit dans les Pays-Bas.

Marie donne des secours à Philippe.

Emmanuel Philibert duc de Savoie, qui commandoit cette armée, mit le siége devant S. Quentin. Le connétable de Montmorenci, avec la moitié moins de troupes, s'avança pour faire entrer quelques secours dans la place : il fut vaincu et fait prisonnier. Les ennemis s'étoient ouvert la frontière par cette victoire, et la consternation se répandoit dans Paris, lorsque l'amiral

Bataille de S. Quentin, où le connétable de Montmorenci est fait prisonnier.

de Coligni, qui s'étoit jeté dans S. Quentin, défendit si vaillamment cette place foible et mal pourvue, qu'il suspendit les progrès de l'armée victorieuse. La saison se trouvant trop avancée, elle ne songea plus qu'à prendre ses quartiers d'hiver.

Le duc de Guise enlève Calais aux Anglais.

1558.

Le duc de Guise, rappelé d'Italie où il commandoit, enleva Calais au milieu de l'hiver, place qui passoit pour imprenable, et sur laquelle les Français n'avoient jamais osé faire de tentatives. Les Anglais avoient cette place depuis deux cents ans. Elle étoit pour eux la clef du royaume : dès qu'ils l'eurent perdue, ils ne conservèrent plus rien en France. Cependant les Français reçurent encore un échec à Gravelines, où le comte d'Egmont les défit pour la seconde fois; car il avoit eu beaucoup de part à la victoire de S. Quentin. Sur ces entrefaites, Marie étant morte, Philippe, à qui les intérêts de l'Angleterre devenoient indifférens, se prêta à une négociation de paix.

Prétentions de Paul IV, à l'occasion de la renonciation de Charles-Quint, à l'empire.

Ce fut cette année seulement que la renonciation de Charles-Quint à l'empire fut présentée aux électeurs; différentes circonstances n'ayant pas permis d'assembler plutôt une diète électorale. Paul IV fit encore de nouvelles oppositions. Il prétendoit que l'abdication n'avoit pu se faire sans son aveu ; et que, quand il y auroit ensuite consenti, ce seroit encore au saint siége à désigner un successeur à Charles-Quint. Ce pontife superbe se plaçoit au-dessus des rois, et croyoit devoir encore disposer des couronnes. Ce n'est pas là le chef qu'il falloit alors à l'église.

Il ne faut pas s'étonner de cette façon de penser du pape; car les électeurs ecclésiastiques paroissoient l'approuver, et Ferdinand lui-même refusoit de recevoir l'empire s'il n'avoit auparavant le consentement du saint siége. Il accepta cependant : mais ce ne fut qu'après avoir arrêté qu'il enverroit une ambassade à Rome, pour obtenir la confirmation de tout ce qui avoit été fait. *Elles étoient conformes aux préjugés des électeurs ecclésiastiques, et de Ferdinand même.*

Quelques mois après, Charles-Quint fit célébrer ses obsèques la veille de sa mort. Son mausolée fut dressé dans l'église de S. Just : il s'étendit dans une bierre : on dit sur lui un *De profundis* et un *Libera* ; et il mourut le lendemain, dans sa cinquante- *Charles-Quint fait ses obsèques la veille de sa mort.*

huitième année. L'inquisition voulut faire brûler son testament, où elle crut voir des hérésies.

<small>Pertes faites pendant son règne.</small>

Sous le règne de ce prince, les Turcs s'emparèrent de la Hongrie, pillèrent l'Autriche, ravagèrent les côtes de Naples, de Sicile, d'Italie; les Français enlevèrent à l'empire Metz, Toul et Verdun; et les Protestans, après avoir été persécutés, obtinrent une entière liberté de conscience.

<small>1559. Paix de Cateau-Cambresis Mort de Henri II.</small>

L'année suivante, la paix fut conclue entre la France, l'Angleterre et l'Espagne, par le traité fait à Cateau-Cambresis; et pour en resserrer les nœuds, Henri donna sa fille Élisabeth à Philippe II : mais ce mariage occasionna des fêtes, qui finirent d'une manière funeste; car le roi de France mourut d'une blessure, qu'il reçut dans un tournoi. Il étoit dans la treizième année de son règne, et dans la quarante-unième de son âge. Ce prince laissa le royaume dans un état qui présageoit les plus grands malheurs.

CHAPITRE IV.

Des principales puissances de l'Europe pendant le règne de François II, roi de France.

La conquête du royaume de Naples par Charles VIII changea la face de l'Europe. Les nations s'étoient occupées de leurs troubles séparément : alors l'Italie, l'Allemagne, la France, l'Angleterre et l'Espagne commencèrent à s'observer, et à former des ligues contre la puissance qui paroissoit plus redoutable. Si dans des circonstances aussi nouvelles les souverains n'ont pas su se conduire, il ne faut pas s'en étonner : aucun ne savoit juger ni des forces, ni des intérêts de ses voisins, ni même de ses forces et de ses intérêts propres.

Charles VIII, Louis XII, et François Ier., croient que rien ne leur résistera au de-

A la fin du quinzième siècle, l puissances de l'Europe ne connoissoient ni leurs intérêts, ni leurs forces.

On craignoit une puissance, parce qu'elle ossoit entreprendre;

hors, parce que rien ne leur résiste au dedans. A la tête d'une noblesse courageuse, qui n'ambitionne que de partager avec son roi la gloire d'une conquête, ils marchent comme assurés du succès ; et leur confiance mal fondée répand une fausse alarme chez les peuples voisins de la France. Ils osent, donc ils peuvent : c'est ainsi qu'on jugeoit de leur puissance, sans considérer quelles seroient leurs ressources pour conquérir et pour conserver.

Elle osoit entreprendre, parce qu'on la craignoit.

Si les Italiens avoient eu encore un Laurent Medici, ils en auroient jugé tout autrement. Ce grand homme auroit prévu que les rois de France ne pouvoient avoir que des succès momentanés : il se seroit même flatté de les arrêter par les seules forces réunies de l'Italie : ou du moins il auroit été sûr de ruiner, en temporisant, leurs troupes, dans les champs mêmes de leurs victoires. Peut-être les rois de France n'auroient-ils pas seulement songé à passer les Alpes. Mais leur confiance augmenta en voyant l'effroi et les mouvemens, plus inquiets que raisonnés, des princes et des républiques d'Italie : parce que ces peuples craignoient de tomber sous leur domination, ils s'imaginèrent de pouvoir les subjuguer.

Cette confiance, que produit l'ignorance de ses ressources et de celle de l'ennemi, a été le défaut des puissances de l'Europe, depuis Charles VIII jusqu'à la mort de Charles-Quint. Voilà pourquoi elles entreprennent au-delà de ce qu'elles peuvent, et que leurs succès ne laissent voir que des efforts inutiles et ruineux. Vous prévoyez que, tant qu'elles ne se conduiront pas mieux, elles ne prendront les armes que pour prendre les armes; qu'elles les quitteront par épuisement, lorsqu'elles verront leurs espérances trompées; et que trop foibles pour conserver leurs conquêtes et pour recouvrer ce qu'elles auront perdu, elles seront forcées de finir par se rendre mutuellement ce qu'elles se seront pris. Il est rare qu'une province de plus rende un royaume plus puissant, souvent elle l'affoiblit : que faut-il donc penser de ces guerres, qui après avoir coûté bien des sujets, mettent dans la nécessité de fouler par des impôts ceux qui restent ?

Comme d'un côté on formoit des en-

Dans le seizième siècle, avec la même ignorance, elles n'ont que de l'inquiétude, et ne forment que des entreprises ruineuses.

On diroit que le hasard dirige

treprises au hasard, on cherchoit de l'autre, encore au hasard, les moyens de les faire échouer; et la fortune étoit on ne peut pas plus inconstante, parce qu'il n'y avoit pas d'homme assez habile pour la fixer. Les ligues étoient l'unique ressource : mais en les faisant on ne prévoyoit jamais rien; et on étoit bientôt obligé de s'allier avec son ennemi, contre un ami qui commençoit à donner de l'ombrage. Les Italiens sur-tout se sont en cela bien mal conduits: car, incapables d'être unis, comme ils l'étoient sous Laurent Medici, ils ne se sont jamais lassés d'appeler les étrangers dont ils ne vouloient point; et on voit que, toujours en contradiction avec eux-mêmes, ils seront tôt ou tard la proie de ces barbares, dont ils ne savent pas se passer.

Elles sentent le besoin de faire des alliances, et n'en savent pas faire.

On commençoit dans ce siècle à sentir qu'on avoit besoin d'acquérir des alliés : et on ne savoit ni les choisir, ni se les attacher. L'art de négocier, que Laurent Medici avoit créé, s'étoit perdu avec lui, et étoit encore à reproduire. Il est sur-tout bien singulier de voir le pape entreprendre de tenir la balance entre les grandes puissances, et les mettre pour cela dans la Lombardie et dans le royaume de Naples, comme dans deux bassins.

Tout l'art de négocier consistoit alors à se tendre des piéges, à traiter de mauvaise foi, et à former le projet de se servir d'un allié, pour l'abandonner ensuite ou pour l'écraser. La dissimulation et la fausseté étoient le sublime de la politique, au point qu'on tiroit vanité d'être dissimulé et faux. Tels étoient sur-tout Ferdinand le Catholique, Charles-Quint et Philippe II, et il y a des historiens qui les en louent. Vous voyez que, si les princes sont quelquefois assez aveugles, pour croire qu'un vice est une vertu en eux, les écrivains sont souvent assez sots ou assez bas pour donner à ce vice le nom de vertu. Vous ne pourrez compter sur vos alliés, qu'autant qu'ils auront un intérêt commun avec vous. Or cet intérêt ne peut pas subsister, lorsque la bonne foi est bannie. Mais, Monseigneur, me voilà presque au moment de faire encore un écart : car j'aurois bien des choses à vous dire à ce sujet. Heureusement vous

L'art de négocier, n'est pour elle que dissimulation et fausseté.

les trouverez ailleurs, et vous n'y perdrez pas (1).

Les temps les plus malheureux sont les plus instructifs.

Les siècles les plus florissans et les plus heureux ne sont pas les plus instructifs pour un prince. Quand tout est bien, il paroît si naturel que tout soit bien, qu'on n'est presque pas tenté d'en rechercher les causes. Il n'en est pas de même, quand tout est mal. Instrui-sez vous donc, Monseigneur; nous allons entrer dans des temps qui vous donneront de grandes leçons. Si je n'étois pas si pressé de finir, je m'arrêterois volontiers sur les détails, malgré les dégoûts que j'éprouve à vous en tracer une légère idée.

C'est de Londres qu'il faut considérer les malheurs du reste de l'Europe.

Je me propose de vous faire voir d'un coup-d'œil ce qui va se passer en France, dans les Pays-Bas, en Espagne, en Angleterre, en Écosse et en Irlande. Voilà le théâtre; il ne s'agit plus que de nous bien placer. Or Londres où tout ne sera pas bien, est le lieu où il faut nous transporter pour voir plus facilement tout ce qui sera mal

---

(1) Voyez le Traité des Négociations.

ailleurs. C'est de-là que nous pourrons saisir l'ensemble.

Élisabeth, fille d'Anne de Boulen et, par conséquent, protestante, avoit été exposée aux plus grands dangers, pendant le règne de sa sœur. Marie pouvoit ouvertement sévir contre elle sous le prétexte de la religion : mais elle nourrissoit dans le secret de son ame des sentimens dont les effets étoient encore plus à craindre. Courteney, comte de Devonshire, avoit dédaigné sa main, et parut préférer l'esprit et la jeunesse d'Élisabeth à la couronne de Marie. La reine se vengea bientôt, et feignant de les croire suspects, elle enferma sa sœur dans la tour, et confina le comte dans un château. *Prison d'Élisabeth.*

Philippe, après son mariage, fit rendre la liberté à l'un et à l'autre, moins par générosité que par politique. Il vouloit essayer de gagner l'affection des Anglais ; d'ailleurs il craignoit que la mort d'Élisabeth ne réunît l'Angleterre à la France : car François, dauphin, fils de Henri II, avoit épousé Marie, reine d'Écosse, et cette princesse, qui descendoit de Henri VII, *Pourquoi Philippe II lui a-voit fait rendre la liberté.*

étoit, après les enfans de Henri VIII, l'héritière du royaume d'Angleterre.

Amour des Anglais pour elle.

Sauvée par la politique de Philippe, Élisabeth, avec une conduite toujours prudente, mérita l'estime de sa nation. On avoit partagé ses malheurs, on avoit tremblé pour elle : on ne fut plus sensible qu'à la joie, quand on la vit survivre à sa sœur. Les transports furent si universels, qu'on oublia quelque temps les disputes de religion.

Sa générosité.

Elle eut la générosité et la sagesse d'oublier les outrages qu'elle avoit reçus. Aucun de ceux dont elle pouvoit se plaindre, n'éprouva jamais les effets de son ressentiment. Tous ceux qui l'approchèrent, eurent lieu de s'applaudir de l'accueil qu'elle leur fit. Il n'en faut excepter que le seul Bonner, un barbare qui s'étoit plu, sous le dernier règne, à se baigner dans le sang. Elle en détourna les yeux avec une sorte d'horreur.

Conduite imprudente et orgueilleuse de Paul IV.

Élevée dans la religion protestante, elle ne pouvoit pas rentrer dans la communion de l'église, sans se soumettre à la sentence que le pape avoit portée contre le mariage de Henri VIII et d'Anne de Boulen. Elle se seroit donc déclarée illégitime, et elle n'auroit plus eu de droits à la couronne. Cependant elle voulut prévenir Paul IV, afin de le sonder ; mais ce pontife orgueilleux étoit bien éloigné de la prudence que demandoit une conjoncture aussi délicate. Il répondit comme si l'Angleterre eût encore été un fief du saint siége, et qu'Élisabeth eût commis un attentat, en montant sur un trône auquel le peuple l'appeloit.

Sans ressource de ce côté, la reine considéra qu'en général la nation penchoit en secret pour la réforme. En effet les efforts de Marie, au lieu de persuader, avoient soulevé les esprits, et les Protestans s'étoient multipliés. On avoit d'ailleurs vu sous Henri et sous Édouard, combien l'ignorance disposoit le peuple à se soumettre en tout au souverain, dont l'autorité n'avoit plus de bornes. Élisabeth jugea donc qu'il lui seroit facile de rendre sa religion dominante. *Elisabeth trouvoit les esprits soumis à ses volontés, et disposés à la réforme.*

Mais elle résolut de ne rien précipiter. Contente de laisser transpirer insensiblement ses desseins, elle fit ouvrir les prisons *En ne précipitant rien, elle réussit à rendre sa religion dominante.*

à ceux qu'on y retenoit pour cause de religion. Les Catholiques et les Protestans déclamoient en chaire avec fureur les uns contre les autres : elle défendit à tous de prêcher sans une permission de sa part ; et si elle n'accorda cette permission qu'aux Protestans, elle eut la prudence de ne l'accorder qu'aux plus modérés.

C'est ainsi qu'au lieu de sévir contre les Catholiques, elle entretenoit un calme favorable à la doctrine qu'elle vouloit répandre. Cependant elle acquéroit de l'empire sur les esprits en gagnant les cœurs. Ses manières populaires, son air affable, son attention à se montrer au public, la satisfaction avec laquelle elle en partageoit les plaisirs, et les graces qui l'accompagnoient par-tout, prévenoient en faveur de sa façon de penser, faisoient juger que ce qu'elle croyoit devoit être cru, et tenoient lieu de démonstrations. Elle acheva son ouvrage, en ne donnant qu'à des Protestans les chaires des universités et les dignités ecclésiastiques, et en les préférant dans la distribution des emplois civils et militaires. En un mot, elle employa, pour affermir l'erreur, cette sagesse, dont il faudroit user pour établir la vérité. Plût à Dieu que les princes de l'Europe eussent été capables de prendre de ses leçons !

Le premier parlement déclara la puissance spirituelle inhérente à la couronne, avec le pouvoir de s'en servir sans le concours d'un parlement ni du clergé. Ainsi de sa seule autorité, Élisabeth pouvoit juger du dogme, des hérésies, de la discipline, des rits et de tout ce qui concerne la religion. Afin même qu'elle pût exercer ce pouvoir, on lui accorda le droit de nommer une commission, composée à son choix d'ecclésiastiques ou de laïques. On statua des peines contre ceux qui refuseroient de reconnoître sa suprématie. En un mot, on lui donna toute la plénitude de puissance, dont son père et son frère avoient joui : on prit même encore des mesures pour enrichir le domaine, en achevant de ruiner le clergé. Ces réglemens qui se firent sans violence et sans tumulte, furent exécutés sans obstacles et sans troubles ; et cette révolution subite se fit aussi facilement, que si elle avoit été préparée depuis long-temps.

1559. Le parlement la déclare juge suprême en matière de religion, et elle nomme une commission pour exercer son autorité.

Rien n'est plus propre à faire voir combien Marie s'étoit trompée dans le choix des moyens.

<small>Les factions de la cour de Henri II devoient a-voir des suites funestes.</small>

Henri II venoit de mourir, et les factions, qui divisoient la cour de France, annonçoient des troubles d'autant plus funestes que les dernières guerres avoient formé beaucoup de grands capitaines. Mais pour remonter au premier principe des calamités qui se préparent, il faut reprendre les choses de plus haut.

<small>Sous François I, les femmes a-voient commen-cé à jouer un rôle à la cour.</small>

C'est sous François Ier que les femmes commencèrent à jouer un rôle à la cour. Ce prince, naturellement galant, leur laissa prendre trop d'empire: et comme l'esprit trouve toujours des raisons, pour autoriser les goûts du cœur, il crut que ce sexe foible, qui cependant le dominoit quelquefois, pourroit adoucir les mœurs de ses courtisans, qui jusqu'alors ne connoissoient guère que la gloire des armes. Mais, Monseigneur, et vous en avez déjà vu des exemples, les femmes aimables sont souvent bien à redouter. Elles n'ont que trop de pouvoir sur les hommes : leur foiblesse même irrite leur ambition : leur confiance s'appuie sur leurs attraits et leurs graces ; la fausseté souvent achève leurs succès. Bientôt assurées de plaire, elles sont tyrans, si elles veulent l'être, et elles le veulent presque toujours : tyrans d'autant plus dangereux, qu'on aime à porter leurs chaînes.

Pour rendre sa cour plus brillante, François Ier y attira les plus riches prélats. C'est par eux que le luxe avoit commencé en France : à cet égard, ils étoient donc propres à rendre aussi les mœurs plus douces. Enfin, comme la culture de l'esprit contribue à produire le même effet, ce roi appela encore les gens de lettres auprès de lui. Voyons ce qui doit naître de tout cet assemblage. *Ce prince y avoit attiré les prélats et les beaux esprits.*

Les femmes voudront plaire au roi, aux ministres et à tous ceux qui auront du crédit : leur coquetterie remplira la cour d'intrigues : elles auront chacune leurs partisans : elles distribueront les places, elles régneront en un mot. L'autorité ne sera donc plus ni entre les mains du roi, ni entre celles des ministres : les femmes s'en saisiront, pour se l'arracher les unes aux autres. *Ce que devoit produire cet assemblage.*

Au milieu de ces dissentions, où la coquetterie s'arme des graces de la figure et de l'esprit, les prélats paroîtront avec l'éclat que donnent les richesses. Leurs mœurs étant plus douces que celles des autres courtisans, ils en seront plus aimables. La réputation d'être encore plus éclairés, autorisera leurs protectrices à parler pour eux. Par conséquent, ils ne se contenteront pas d'être un des ornemens de la cour : ils voudront la gouverner, et ils la gouverneront.

Les beaux esprits, voulant pénétrer jusqu'au cabinet d'un seigneur, ou jusqu'à la toilette d'une grande dame, prôneront l'idole du jour, ou quiconque est à la veille de l'être, ou moins encore. Ils prodigueront, et si j'ose dire, ils vomiront les flatteries devant des cœurs que rien ne soulève : ils donneront la réputation d'esprit, de talent, de génie, souvent à de sots protecteurs. Ils jouiront bientôt d'une sorte de considération. Ils se rendront nécessaires : il faudra en avoir dans son parti, si on veut être prôné. Chaque femme à la mode aura les siens : un grand se fera honneur d'avoir de pareils protégés ; bientôt on verra des espèces, qui ne cultiveront les lettres que pour devenir de petits intrigans de cour. Cependant ce mélange de femmes, de prélats, de beaux esprits et de militaires, dont les mœurs sont devenues plus polies, formera ce qu'on appelle une cour brillante et galante.

Les Luthériens, qui se piquoient de mœurs austères, se répandirent en France, précisément dans le temps où la cour devenoit galante, et que les prélats en faisoient un des ornemens. Ce contraste, trop à l'avantage des hérétiques, étoit pour eux un sujet de déclamation, et favorisoit la propagation de leur doctrine : car le peuple, à qui son ignorance ne permet pas de raisonner, croyoit voir la vérité où il voyoit plus de mœurs. Pour sentir combien cette réflexion est vraie, il suffit d'imaginer Saint Louis à la place de François I. Nous aurions alors un roi, qui, donnant l'exemple de la vraie piété à ses courtisans et à son clergé, deviendroit le bouclier de la religion ; et qui n'auroit pas besoin d'employer le fer et le feu pour écarter l'hérésie de ses états. Aucun français n'eût mis en question, si

Les mœurs de la cour de François I, ont été favorables à la propagation du luthéranisme.

la religion de son roi étoit la seule véritable. Saint Louis n'eût pas toléré les hérétiques, parce qu'il les eût combattus par ses mœurs, et c'est ainsi qu'il convient à un prince de ne les pas tolérer. Mais les mœurs de la cour de François I ouvrirent le royaume aux Protestans.

Pourquoi les prélats de la cour donnoient des conseils sanguinaires à François I.

La ruine du clergé dans les provinces protestantes d'Allemagne alarma le clergé de France. Sans doute qu'il y eut des ecclésiastiques, qui s'élevèrent contre l'erreur par un zèle aussi pur qu'éclairé : mais on ne fera pas un jugement téméraire, si on soupçonne les prélats de la cour d'avoir pris sur-tout la défense de leurs mœurs et de leurs richesses. Voilà le motif secret des conseils sanguinaires qu'ils donnèrent à François I : voilà pourquoi ils ne cessèrent pas d'exalter la religion de ce prince, lorsque, du sein des plaisirs, il ordonnoit la mort des hérétiques. Ils lui persuadoient qu'il se rachetoit par-là de tous les péchés qu'il pouvoit avoir commis. Ils ne lui disoient pas qu'il perdoit le fruit de cette persécution, en protégeant les Protestans d'Allemagne, parce qu'il leur importoit peu qu'il y eût des Protestans ailleurs qu'en France.

Telle étoit la conduite des prélats courtisans; et pour vous en convaincre, il suffit de vous faire voir que le père Daniel écrit dans le même esprit : car la façon de penser des courtisans est souvent contagieuse pour les historiens, parce qu'ils prennent naturellement l'esprit de chaque siècle, sur-tout lorsque cet esprit est celui des grands. *Nonobstant*, dit Daniel (1), *la passion de l'amour à laquelle ce prince s'abandonna beaucoup, il conserva toujours un grand fonds de religion : autant par une véritable piété que par une sage politique, il prit toutes les précautions possibles pour empêcher que les nouveautés en matière de religion ne s'introduisissent dans son royaume ; il fit de terribles exemples de sévérité.* Faisons quelques réflexions sur ce passage : car à ce *grand fonds de religion*, à cette *véritable piété*, on croiroit presque qu'il seroit question d'un S. Louis.

---

(1) A la fin de la vie de François I.er

<small>Ce jugement n'est qu'une prostitution.</small> S'il n'y a point de religion sans la foi aux dogmes, la foi aux dogmes n'est pas non plus toute la religion : l'exactitude à remplir les devoirs de son état en est certainement une partie essentielle. Louer par conséquent la piété des souverains qui les violent, c'est prostituer la religion pour flatter les vices des grands.

Or, sans parler des amours de François Ier, de ces amours, qui, selon le père Daniel, ne l'empêchoient pas d'être véritablement pieux, on peut lui reprocher que, plus occupé des plaisirs que des affaires, il a souvent négligé les soins du gouvernement. Son peu d'économie, sa magnificence, ses fêtes dissipoient ses finances, qui se ruinoient déjà, parce qu'il y mettoit si peu d'ordre, qu'il ne savoit pas quelquefois l'emploi qu'on en faisoit. Il se voyoit ensuite dans la nécessité de surcharger son peuple pour soutenir ses guerres ; et quelles guerres ! étoient-elles entreprises pour l'avantage ou pour la défense de l'état ? non, c'est une fausse gloire, qui lui faisoit prendre les armes, sans avoir rien combiné, sans avoir rien prévu. Que lui en est-il resté? des victoires et des défaites, des conquêtes bientôt perdues, une prison, un traité honteux, violé, un royaume ruiné. Voilà cependant le compte que ce prince religieux aura rendu de son règne. Il a cru aux dogmes, et il a brûlé ceux qui n'y croyoient pas : c'est à quoi se réduit tout son *grand fonds de religion*, toute sa *véritable piété*. On ne dit pas qu'il a rempli tous les devoirs d'un roi : on dit seulement qu'il a fait de terribles exemples de sévérité; et on ose assurer qu'il a *pris toutes les précautions possibles*, pour empêcher l'hérésie de pénétrer dans ses états. Mais Saint Louis en auroit trouvé d'autres dans ses mœurs. Voilà cependant, Monseigneur, la morale avec laquelle on empoisonne l'ame des princes. J'ai cru devoir relever cet endroit du père Daniel, afin de vous prévenir contre cet écrivain et ses pareils.

François 1er fit donc de terribles exemples de sévérité. Henri II eut à ce titre encore plus de religion que lui : car ces exemples se multiplièrent beaucoup sous son règne et furent plus terribles encore. Mais ces moyens étoient si peu ceux qu'il falloit em-

Henri II a été encore plus sanguinaire que François I.

ployer, que le nombre des Protestans ne fît que s'accroître. Vous en verrez bientôt les effets.

<small>Deux factions principales divisoient la cour de François I.</small> Pendant que le luthéranisme se répandoit, les femmes, les prélats, les beaux esprits et les grands cabaloient à la cour; et entre plusieurs partis qui se formèrent, il y en eut deux principaux ; celui de la duchesse d'Etampes, maîtresse de François Ier, et celui de Diane de Poitiers, maîtresse de Henri dauphin.

La cour, remuée par toutes ces cabales, étoit pour le public un tableau mouvant, qui offroit souvent de nouvelles scènes et de nouveaux sujets de conversation. Si ceux qui s'élevoient et qui se culbutoient, avoient été de simples courtisans, qui n'auroient eu pour titres que leurs complaisances, leurs flatteries et leur fausseté; leur élévation ou leur chûte n'auroit causé aucune commotion dans le royaume : mais il y avoit parmi eux des seigneurs qui étoient grands par eux-mêmes, qui avoient été élevés dans le métier des armes, et qui joignoient des talens à la naissance. Ces hommes dont les mœurs n'étoient pas encore adoucies, pourront être d'autant plus dangereux, qu'ils seront capables de chercher des ressources jusques dans la ruine de l'état.

La disgrace de la duchesse d'Étampes suivit la mort de François Ier. Toute la cour changea. Les créatures, que la duchesse ne pouvoit plus soutenir, tombèrent ; et Diane de Poitiers, devenue toute puissante, mit en leur place les personnes qu'elle favorisoit.

Deux factions partagèrent la cour de Henri II : celle du connétable de Montmorenci, homme sage et capitaine expérimenté ; et celle de François duc de Guise, ambitieux qui joignoit à des talens des qualités brillantes et séduisantes. La prise de Calais et d'autres services rendus à l'état parloient en sa faveur : il pouvoit compter sur quatre frères aussi ambitieux que lui, Claude, duc d'Aumale ; Louis, cardinal de Lorraine ; François, grand-prieur ; et René, marquis d'Elbeuf : enfin sa naissance paroissoit autoriser toutes ses prétentions ; car il étoit fils de Claude, prince de la maison de Lorraine, qui s'étoit établi en France sous François Ier.

Deux factions divisirent aussi celle de Henri II.

Sous François II, les Bourbons forment une nouvelle faction.

Après la mort de Henri, les Bourbons, à qui la couronne appartenoit au défaut de la branche des Valois, formèrent une nouvelle faction. Les deux chefs de cette maison étoient Antoine, roi de Navarre, par son mariage avec Jeanne d'Albret, et Louis de Condé, son frère.

Depuis la révolte du connétable de Bourbon, on se faisoit une loi de ne confier aucune autorité aux princes du sang, comme s'il étoit plus sage de la donner toute entière à des princes étrangers. Le roi de Navarre et le prince de Condé n'avoient donc aucune part à la faveur. Le premier, foible, et par cette raison, modéré, souffroit sans se plaindre, et n'osoit rien entreprendre: le second, d'un caractère bien différent, travailloit à former en secret un parti contre les Guises. Il avoit de grandes liaisons avec l'amiral de Coligni et son frère Dandelot, deux capitaines distingués; et il pouvoit encore s'unir au connétable de Montmorenci, dont il avoit épousé la nièce.

Celle des Guises pour appuyer Marie Stuard.

Ces factions présageoient des maux d'autant plus grands, que François II, foible de corps et d'esprit, étoit incapable de prendre aucune résolution par lui - même. Marie Stuard, sa femme, le gouvernoit : elle avoit de la beauté, des graces, de l'esprit, et elle soutenoit les Guises, dont elle étoit la nièce.

Cependant Catherine de Médici, mère du roi, ambitionnoit d'être à la tête du gouvernement. Étrangère, il ne lui étoit pas possible de se faire un parti assez puissant pour abattre tous les autres. Il ne lui restoit qu'à se déclarer pour celui qui lui donneroit le plus d'autorité. Elle étoit dans cette situation embarrassante, lorsque les Guises la prévinrent. Elle accepta leurs offres, à condition qu'on lui abandonneroit sa rivale, Diane de Poitiers, Duchesse de Valentinois; et Diane sacrifiée, quoique les Guises lui dussent leur élévation, se retira de la cour. Alors le duc de Guise et le cardinal de Lorraine se saisirent du gouvernement sans opposition, et le connétable de Montmorenci fut disgracié.

Et Catherine de Médici se joint à eux.

Voilà ce qui se passoit à la cour. Mais les disputes de religion avoient divisé tout le royaume. Les Protestans, connus en France sous les noms de Calvinistes et de

Cependant le Calvinisme faisoit des progrès rapides.

Huguenots, avoient répandu leur doctrine parmi le peuple, et en avoient séduit une grande partie. Ils avoient des partisans dans le parlement de Paris, dans la cour même, et jusques dans le clergé. Rassurés par leur nombre, ils commençoient à prendre plus de confiance ; ils s'observoient moins, ils parloient avec plus de liberté ; ils professoient presque ouvertement leur religion.

Le parlement représentoit l'inutilité des supplices.

Cependant le parlement se plaignoit que les juges ecclésiastiques, sous prétexte d'extirper l'hérésie, usurpoient l'autorité sur les tribunaux laïcs. Il représentoit que, puisque les supplices avoient eu si peu d'effet, il étoit inutile de multiplier les édits ; que le moyen le plus efficace, pour préserver les peuples du poison de l'erreur, étoit que les évêques et les autres pasteurs des ames résidassent dans leurs églises plus qu'ils ne faisoient ; et que désormais on fît un meilleur choix de ceux qu'on destinoit à remplir ces importantes places.

Jugement du père Daniel sur les remontrances du parlement.

Ces remontrances, ajoute le père Daniel que je copie en cet endroit, *avoient pour principe, dans la plupart de ceux qui composoient cet illustre corps, la sagesse, la modération, et le zèle pour le bien de l'état.* Vous imagineriez peut-être que cet écrivain va conclure, que le roi devoit suivre l'esprit de ces remontrances. Non : il ne les appuie sur de bonnes raisons, que pour les rendre suspectes : car il dit aussitôt : *mais elles étoient fort intéressées à l'égard de quelques autres, que les livres de Calvin avoient déjà mis dans ses intérêts.* J'avoue que je ne vois pas comment il étoit de l'intérêt des Calvinistes que les évêques résidassent et fussent bien choisis.

Henri II, considérant que plus on punissoit de coupables, plus le nombre en augmentoit, et qu'il ne viendroit jamais à bout de les exterminer tous, se repentit de n'avoir encore fait tomber son bras que sur des hommes de néant, et jugea qu'il falloit répandre la terreur par de plus grands exemples. En conséquence, il se proposa d'aller choisir ses victimes dans le parlement même. Les Guises, et la duchesse de Valentinois, qui pensoit comme eux, avoient donné ce conseil au roi, et le pré-

<small>Henri II prend ses victimes dans le parlement.</small>

sident de Thou leur reproché dans cette occasion des vues intéressées. Cependant *il est certain*, dit encore le père Daniel, *qu'il n'étoit pas contraire aux règles de la prudence*. Comment donc pouvoit-il concilier la prudence qu'il suppose dans ce conseil, avec la sagesse, la modération et le bien de l'état qu'il reconnoît dans les remontrances ? Mais laissons le père Daniel : car je ne finirois pas, si je voulois m'arrêter à tous les mauvais raisonnemens de ce méchant historien.

La condamnation d'Anne Dubourg va faire prendre les armes aux Huguenots.

Henri se rendit au parlement, fit saisir entre autres et conduire à la bastille, Anne Dubourg, conseiller clerc, et ordonna qu'on lui fît son procès. Étant mort sur ces entrefaites, le duc et le cardinal de Guise suivirent eux-mêmes les conseils qu'ils avoient donnés au feu roi. On ne parla plus en tous lieux que d'emprisonnemens, de confiscations, de supplices, et Dubourg fut pendu et brûlé, au mois de Décembre 1559. Certainement il n'y avoit pas eu de la prudence à faire un exemple sur un magistrat, que son intégrité et ses mœurs rendoient respectable, et qui mourut avec la constance d'un martyr. Son supplice alluma donc encore le fanatisme des Calvinistes, et leur fit de nouveaux partisans. Jusques-là, ils n'avoient pas pris les armes, ils vont les prendre.

L'Angleterre avoit changé quatre fois de religion: sous Henri VIII, sous Édouard, sous Marie et sous Élisabeth. Il semble que cela devroit y produire des troubles. Elle est tranquille cependant, et elle continuera de l'être. C'est qu'il n'y a point de factions à la cour : c'est que la reine a toute l'autorité, et qu'elle sait inspirer l'amour et le respect. *Cependant l'Angleterre étoit tranquille, quoiqu'elle eût changé quatre fois de religion.*

Les Huguenots ne se seroient pas révoltés, s'ils n'avoient pas trouvés des chefs dans les factions de la cour, qui n'auroient point produit de guerres civiles, s'il n'y avoit pas eu des Hugenots. Le roi et la reine de Navarre étoient Calvinistes : le prince de Condé le devint, sur les conseils de Coligni, qui l'étoit lui-même. Il se vit par ce moyen à la tête d'un parti, avec lequel il pouvoit se flatter de culbuter les Guises. Si ceux-ci, comme le dit de Thou, persécutoient les Huguenots par des motifs intéressés, le prince de Condé, par de pareils motifs, les *Condé, chef des Huguenots.*

armoit contre les Catholiques. La religion n'étoit que le prétexte, et chaque parti armoit le fanatisme, pour immoler le peuple à son ambition.

On pouvoit déja prévoir les calamités qui menaçoient la France.

Au milieu des troubles qui vont commencer, représentez-vous François II, incapable de gouverner, Catherine de Médicis, ambitieuse et sans autorité, toute la puissance confiée à des princes étrangers, la couronne endettée de quarante-deux millions par Henri II, quoiqu'il eût trouvé dans le trésor dix-sept cent mille écus, enfin un peuple enthousiaste, qu'échauffent des fanatiques, et qui est assez simple pour croire qu'on veut défendre sa religion. Ne prévoyez-vous pas déjà confusément les calamités qui vont désoler la France ? Il ne s'agira plus de mettre en question s'il faut tolérer ou persécuter : il y a deux nations ennemies dans le royaume, et la guerre va commencer.

Conspiration des Huguenots contre les Guises.

Les Calvinistes conspiroient dans toutes les provinces, et le prince de Condé, ame invisible de ce parti, attendoit, sans s'éloigner du roi, le moment de se déclarer. De toutes parts, les conjurés devoient, à un jour marqué, se rendre à Blois, où étoit la cour. Arrivés au lieu du rendez-vous par divers chemins, et en petites troupes, un grand nombre devoit aller sans armes présenter une requête au roi, pour demander la liberté de conscience; et sur le refus auquel on s'attendoit, ceux qui étoient armés, se proposoient de chasser ou de tuer les Guises, de se rendre maître de François II, et de le forcer à nommer le prince de Condé pour son lieutenant-général.

Ce secret, confié à des milliers de personnes répandues dans toutes les parties du royaume, ne transpiroit point, lorsque la Renaudie, chef de la conspiration, en fit la confidence à Avenelles, avocat de Paris, qu'il connoissoit pour calviniste zélé, et qui cependant révéla tout. La cour alors instruite de ce qui se tramoit, quitta Blois, où il n'y avoit point de fortifications, et se retira dans le château d'Amboise. Quoiqu'à cette démarche, les Huguenots soupçonnassent qu'on les avoit découverts, ils voulurent cependant exécuter encore leur entreprise : les mesures du duc de Guise la firent échouer.

Elle est éventée.

1560.

Condé arrêté, est remis en liberté.

Le prince de Condé, soupçonné, est arrêté : mais on ne peut le convaincre. Le duc de Guise, embarrassé d'un pareil criminel, et considérant que sa mort souleveroit de nouveau les Calvinistes, et leur donneroit un autre chef, prit le parti de dissimuler, et lui rendit la liberté. Le prince offrit de se justifier les armes à la main, contre quiconque osoit l'accuser; et le duc que ce défi regardoit, répondit qu'il étoit si convaincu de l'innocence du prince, qu'il offroit d'être son second. Ils se réconcilièrent donc en apparence : cependant Condé se hâta d'aller trouver son frère en Béarn.

Catherine de Médici, en croyant ménager les deux partis, déplait à tous deux.

Parmi ces dissentions, Catherine de Médici, toujours ambitieuse, et toujours sans autorité, eût voulu chasser les Guises: mais elle redoutoit le pouvoir que prendroient alors les princes du sang. Sa politique fut donc de se ménager avec les deux partis, c'est-à-dire, de déplaire à tous deux, et d'être toujours dans la dépendance de l'un ou de l'autre.

Le chancelier de l'Hôpital empêche d'établir l'inquisition en France.

Henri II avoit voulu établir l'inquisition en France, et le cardinal de Lorraine s'obstinoit opiniâtrement dans cette résolution.

On prétend même que ce fut pour parer ce coup, que le chancelier de l'Hôpital, magistrat célèbre par son intégrité et par sa sagesse, fit donner l'édit de Romorantin, qui attribue aux évêques la connoissance du crime d'hérésie, et l'interdit aux cours de parlement : en effet, c'étoit éviter un plus grand mal. L'Hôpital n'étoit pas fait pour entrer dans des factions. Tout-à-la-fois modéré et ferme, parce qu'il étoit éclairé, il savoit faire parler les lois, même au milieu des troubles, et il en a fait d'excellentes. Il sembloit que la reine mère, qui venoit de le faire chancelier, l'eût choisi comme un homme propre à contenir tous les partis. Il eût été en effet une digue au torrent des désordres, si cette princesse eût eu quelque autorité.

Quelque puissans que fussent les Guises, ils n'osoient pas tout prendre sur eux-mêmes : car ils se défioient de Catherine de Médici, et ils savoient que le chancelier ne sacrifieroit pas son devoir à leur ambition. C'est pourquoi le roi convoqua à Fontainebleau les princes de sang, les principaux seigneurs, les ministres et plusieurs

Assemblée de Fontainebleau.

évêques, pour délibérer sur les moyens de rétablir le repos dans l'état.

1560.

Cette assemblée se tint au mois d'Août. On eut la précaution d'augmenter considérablement la garde du roi, et de faire venir des troupes à Fontainebleau et aux environs. Le connétable de Montmorenci y vint accompagné de huit cents chevaux: car alors la magnificence des grands consistoit sur-tout à marcher avec une suite nombreuse de gens armés. Cette magnificence coûtera cher au royaume.

Résultat de cette assemblée.

Il falloit que les Huguenots connussent leurs forces, puisque dans une assemblée qui se tenoit comme au milieu d'un camp, Coligni osa présenter une requête pour demander la liberté de conscience, et se plaindre encore des nouvelles précautions qu'on avoit prises, comme d'une défiance injurieuse à la nation. Le résultat de toutes les délibérations fut de suspendre l'exécution des édits sanglans portés contre les Calvinistes, de convoquer les états généraux, et de tenir un concile de la nation, si le pape en refusoit un général : car le Concile de Trente, qui avoit été rompu, lorsque Charles-Quint s'enfuit d'Inspruck, étoit encore suspendu. Cette résolution des Français fut cause que Pie IV le fit rouvrir au commencement de 1562.

Le prince de Condé, non plus que son frère, n'étoit point venu à l'assemblée de Fontainebleau. Il avoit embrassé ouvertement le Calvinisme : on le soupçonnoit d'être le chef caché de quelques révoltes qu'il y avoit eu, et d'avoir voulu se rendre maître de plusieurs villes. Cependant il osa se rendre aux états d'Orléans, avec la même confiance qu'il avoit montrée lors de la conspiration d'Amboise. Il n'eût tenu qu'à lui de venir à la tête d'une armée : il voulut n'être suivi que de ses domestiques, comptant sur la parole du roi, qui l'assuroit qu'il auroit toute sa liberté, et qu'il pourroit se retirer quand il le jugeroit à propos. Il fut condamné à mort, et le roi de Navarre fut retenu prisonnier. On dressa l'arrêt : mais il n'étoit pas encore signé lorsque François II tomba malade. Dans cette conjoncture, la reine mère, sur les conseils du chancelier, en suspendit l'exécution, malgré les instances du duc de Guise.

Condé, arrêté et condamné dans les états d'Orléans.

La mort du roi rendit la liberté au prince de Condé. Peu de temps après, un arrêt du conseil le déclara innocent, et le duc de Guise fut obligé de désavouer tout ce qui avoit été fait contre lui.

Charles IX, frère de François, monta sur le trône. Il étoit dans sa onzième année. Après un gouvernement aussi foible que celui du dernier roi, une minorité ne pouvoit qu'enhardir encore les factions. Les Guises, à qui leur nièce, Marie Stuard, reine de France et d'Écosse, ne donnoit plus de crédit, songeoient à se soutenir par d'autres moyens. Le prince de Condé ne respiroit que la vengeance. Le roi de Navarre, par sa foiblesse et son irrésolution, donnoit tour-à-tour de l'espérance et de la méfiance à tous les partis. Catherine de Médicis, dont la politique étoit d'entretenir les divisions pour commander, produisit les mêmes effets. Enfin le jeune roi n'étoit entouré que de factieux, et le gouvernement dégénéroit en anarchie par les nouvelles mesures que prenoit chaque parti.

On n'accorda pas à la reine mère le titre de régente par ménagement pour le roi de

Navarre : cependant elle en eut toute l'autorité. Le duc et le cardinal de Guise continuèrent de prendre place au conseil; à la vérité, ils y eurent moins d'influence, parce que les princes du sang y entrèrent comme eux. D'ailleurs le connétable de Montmorenci, que Catherine venoit de rappeler, y formoit un troisième parti. Je vous laisse à penser ce qu'on doit attendre d'un conseil où les membres ont des intérêts contraires, et où personne, excepté le chancelier, ne s'intéressoit au bien de l'état.

On commença néanmoins par un acte de modération. Car les prisonniers pour cause de religion furent élargis et rétablis dans leurs biens; et on accorda une amnistie générale. Quant aux états d'Orléans, ils produisirent peu d'effet. Je remarquerai seulement qu'ils achevèrent de séparer tout-à-fait la robe et l'épée, car ils ôtèrent l'administration de la justice aux baillis d'épée, qui avoient encore des jurisdictions dans les provinces. Depuis cette époque, les magistrats de tous les tribunaux comme ceux des parlemens, ont toujours été des hommes de robe longue. Ce réglement fut

Les baillis d'épée perdent l'administration de la justice.

sur-tout l'ouvrage du chancelier qui connoissoit l'incapacité des gens de robe courte, c'est-à-dire, des hommes d'épée. En effet, il falloit que la noblesse militaire fût bien ignorante, pour être dépouillée sous un gouvernement aussi foible.

<small>Causes qui concouroient à produire des guerres civiles.</small> J'ai dit que les Huguenots n'auroient pas eu de chefs, et ne se seroient pas révoltés, s'il n'y avoit pas eu des factions à la cour; et que les grands, mécontens du gouvernement, n'auroient pas soulevé le peuple, s'il n'y avoit pas eu des Huguenots persécutés dans le royaume.

En effet, les Français n'avoient jamais connu cette liberté, pour laquelle les Grecs et les Romains prenoient si facilement les armes. Les seigneurs avoient voulu se maintenir dans l'indépendance des rois, pour être les tyrans du peuple. Ayant été subjugués peu-à-peu, tout le royaume enfin étoit soumis; et depuis Louis XI, la puissance royale ne trouvoit plus de résistance. Les princes du sang se seroient donc courbés sous le joug des Guises, s'ils n'avoient pas vu, dans les Huguenots persécutés, des bras prêts à servir leur ambition. Les hérétiques crurent prendre les armes pour défendre leur religion et leur vie. Ils ne se proposoient point de se rendre indépendans : mais le fanatisme produisit des guerres plus terribles que n'auroit fait l'amour de la liberté. Ainsi il ne faudroit pas chercher la cause des troubles dans les seules factions de la cour, ou dans l'établissement seul du calvinisme en France: elle est dans ces deux choses à-la-fois, et encore dans la conduite inconsidérée du gouvernement sous François Ier et sous Henri II. Cette observation se confirmera, en jetant un coup-d'œil sur les Pays-Bas.

Les Pays-Bas avoient fait partie de la France. Les ducs et les comtes profitèrent, comme ailleurs, de la foiblesse des rois de la seconde race, pour se rendre indépendans. Sous la troisième, ces provinces parurent étrangères, à mesure qu'elles se gouvernèrent, sans prendre part à ce qui se passoit dans le reste du royaume. Enfin elles s'en séparèrent tout-à-fait, lorsque, par le mariage de Marie de Bourgogne avec Maximilien, elles passèrent sous la domination de la maison d'Autriche.

Les Pays-Bas, qui avoient fait partie de la France, en avoient été séparés.

<small>Les souverains n'y avoient pas une autorité absolue.</small>

Les souverains n'y jouissoient pas d'une autorité absolue. L'usage de convoquer les états s'y étoit conservé; et le peuple s'assembloit avec la noblesse pour délibérer sur les principales affaires, et pour régler les subsides. D'ailleurs, il y avoit des villes qui étoient proprement des républiques sous la protection du prince.

<small>L'interim de Charles-Quint y commence les désordres.</small>

Les Pays-Bas se soulevèrent contre Maximilien. Ils furent soumis sous Philippe le Beau son fils, parce qu'ils trouvèrent en lui un père qu'ils chérissoient. Charles-Quint lui-même sentit le besoin de les ménager, jusqu'au temps où il se crut maître en Allemagne. Son *interim* y commença les désordres, et son fils va les achever.

<small>Le caractère des Flamands ne portoit pas à la révolte.</small>

Trois à quatre cents villes, plus de six mille gros bourgs, et une population nombreuse, rendoient les Pays-Bas très-florissans. Les habitans étoient propres à l'agriculture, au commerce, à la navigation; et, pendant les dernières guerres, une partie étoit devenue d'excellens soldats. Or un peuple laborieux, et qui vit dans l'aisance, aime le gouvernement qui fait sa prospérité; il craint les révolutions : il ne se soulève pas, à moins qu'on ne l'y force. Il n'étoit donc pas bien difficile de savoir comment il falloit gouverner des Flamands pour en faire de bons sujets: mais Philippe en voulut faire des esclaves.

Tous ces peuples avoient de grands priviléges, et le roi d'Espagne n'avoit pas les mêmes droits sur chacun d'eux. Sa souveraineté sur Groningue, par exemple, se bornoit à recevoir chaque année un tribut de six mille écus, et à tenir, dans cette province, un lieutenant pour prendre connoissance des causes civiles; laissant d'ailleurs les causes criminelles aux magistrats du pays, sur lesquels il n'avoit point d'autorité. Plus ou moins puissant dans les autres provinces, il les possédoit à différens titres, et n'étoit absolu nulle part.

Ces peuples avoient des priviléges, qui bornoient l'autorité du souverain.

Dans le Brabant, les lois fondamentales étoient que le prince ne pouvoit autoriser à juger en matière civile ou criminelle, autrement que par les lois et les formes du pays; qu'il ne pouvoit mettre aucun nouvel impôt, sous quelque nom, sous quelque prétexte que ce fût, qu'il ne lui étoit point permis de donner les emplois à des étrangers, d'assembler les états hors du pays, d'augmenter le clergé, ou de lui accorder de nouveaux biens. Enfin, il étoit arrêté que, sur aucune de ces choses, il ne feroit pas le moindre changement sans le consentement de trois ordres des états; et que s'il entreprenoit, par artifice ou par violence, d'enfreindre quelques-uns de ces priviléges, le peuple seroit délié du serment de fidélité, et pourroit prendre tel parti qu'il jugeroit convenable.

<small>Comment Philippe II eût pu accroître son autorité.</small> Il y avoit un moyen lent pour acquérir une plus grande autorité : c'étoit de respecter les priviléges, de convoquer les états, de ne rien faire qu'avec leur consentement. Par-là Philippe eût gagné la confiance, et obtenu tous les jours de nouveaux droits. Le peuple abandonne volontiers les soins du gouvernement à un souverain qu'il aime. Vous en avez déjà vu la preuve : dans la suite, les Hollandais vous en donneront encore un exemple.

<small>1559. Il emploie d'autres moyens.</small> Lorsque Philippe quitta les Pays-Bas, Paul IV venoit d'y créer, à sa sollicitation, treize nouveaux évêchés. Ce pape crut que la vigilance d'un plus grand nombre d'évê-

ques, arréteroit les progrès de l'hérésie, et
le roi d'Espagne s'imagina que, plus il prendroit de moyens pour contenir les peuples
dans l'obéissance à l'église, plus il les
soumettroit à sa propre autorité : car tout
prouve que ce prince ne vouloit faire régner tyranniquement la religion, que pour
régner tyranniquement lui-même. Mais ses
précautions produisirent des effets tout contraires. Ce ne fut pas sans chagrin que l'ancien clergé se vit dépouiller en partie par le
nouveau : le peuple regarda tous ces évêques
comme autant d'inquisiteurs : il craignit
au moins qu'on ne voulût par-là prendre
des mesures, pour établir ensuite l'inquisition, et ce n'étoit pas sans fondement. Il
est temps de vous donner une idée de ce
tribunal ecclésiastique, afin que, jugeant
combien il étoit contraire aux priviléges
des Flamands, vous puissiez comprendre
pourquoi il le redoutoit par-dessus tout.

Ce tribunal, comme vous l'avez vu, fut *Etablissement de l'inquisition.*
d'abord établi contre les Albigeois. On le
nomma inquisition, parce que le devoir des
inquisiteurs étoit de rechercher, de juger
et de punir ceux qui étoient coupables ou

soupçonnés d'hérésie. Les papes chargèrent de ce *saint office* les frères prêcheurs, qui avoient alors tout le zèle qu'ont toujours les ordres dans leur naissance ; et les évêques furent assez foibles ou assez ignorans, pour se laisser dépouiller d'un droit qui n'appartenoit qu'à eux, s'il est vrai qu'il appartienne à l'église de brûler les hérétiques.

Dans ce temps-là, toute opinion contraire aux prétentions du saint siége, étoit traitée comme hérétique par les papes. Il étoit donc de leur intérêt d'établir par-tout un tribunal aussi redoutable. Ils n'eurent pas beaucoup de peine à le faire reconnoître en Italie ; et en 1478, Ferdinand le Catholique l'érigea en Espagne, pour achever d'exterminer les Juifs et les Maures.

<small>Objet de ce tribunal.</small> L'objet de l'inquisition est déjà odieux par lui-même : car rechercher sur de simples soupçons, c'est répandre les délateurs, confondre l'innocent avec le coupable, et jeter le trouble parmi les familles. Mais la manière dont elle procède, est encore plus odieuse. Je n'en parlerai que d'après Mariana, qui, ayant écrit en Espagne, ne peut

pas être soupçonné de l'avoir peinte avec des couleurs trop noires.

Les inquisiteurs ont, dans les villes et dans les campagnes, des espions pour observer tout ce qui se dit et tout ce qui se fait. Les personnes qui sont arrêtées comme suspectes ou coupables, ne connoissent jamais leurs accusateurs; on ne les confronte pas avec les témoins; souvent elles ne savent pas ce dont on les accuse. Elles n'ont donc aucun moyen de se défendre, ni de repousser la calomnie. Cependant après avoir été tenues long-temps dans une prison, où elles ont beaucoup souffert, elles sont brûlées vives. La confiscation des biens, une prison perpétuelle et une note d'infamie sont les moindres peines auxquelles on puisse être condamné. Enfin l'inquisition fait porter aux enfans la peine du crime des pères, et ses jugemens flétrissent une famille à perpétuité. Si on vous eût laissé à deviner où se trouve un pareil tribunal, vous l'auriez été chercher parmi les nations les plus barbares, et vous ne l'y auriez pas trouvé. Voilà cependant comment les hommes pervertissent une religion qui ne respire que la douceur et l'amour.

Ce tribunal esto lieux par sa nature.

Mariana parle de la prudence, de la modération, de la probité et de la solide piété des premiers inquisiteurs. On les choisit tels, selon lui, pour prévenir l'abus que d'autres auroient pu faire de leur pouvoir, et on fit des lois très-sages, pour les retenir dans les bornes de la justice et de la raison. On voit bien qu'il est obligé de parler ainsi ; car, par sa nature, l'inquisition est nécessairement hors des bornes de la justice et de la raison, et il est bien difficile d'imaginer qu'on ait pu choisir des inquisiteurs tels qu'il les suppose, ou faire des lois pour contenir ceux qui voudroient abuser de leur pouvoir. Ceux qui établissoient ce tribunal en étoient-ils capables ?

Premier acte des inquisiteurs.

On vit bientôt ce que c'étoit que ce choix et ces lois. Les inquisiteurs commencèrent par faire publier une déclaration, par laquelle ils offroient la grace à tous ceux qui viendroient d'eux-mêmes avouer leur faute. On dit que dix-sept mille personnes vinrent avec confiance dans l'espérance d'obtenir l'absolution. Deux mille, Monseigneur, furent brûlées, et les autres n'ééchappèrent que par la fuite. Voilà le premier acte de la prudence, de la modération, de la probité et de la solide piété de ce tribunal, dont la puissance s'accrut encore dans la suite. Certainement les Ithaciens n'avoient jamais été aussi cruels contre les Priscillianistes. Cependant S. Martin et S. Ambroise refusèrent de communiquer avec eux. Le pape Sirice et un concile de Turin les condamnèrent; et Ithace fut lui-même déposé et excommunié par l'église (1).

Ce tribunal s'établit sans obstacle, parce qu'il ne sévissoit que contre les Juifs et les Maures, que les Espagnols haïssoient; et il fut plus cruel qu'ailleurs, parce que le peuple, devenu féroce par des guerres de plusieurs siècles, aimoit à se baigner dans le sang des ennemis, qu'il avoit eu tant de peine à vaincre. On venoit en foule à ces *Auto-da fé*, à ces spectacles religieux et sanguinaires, où l'on livroit aux flammes avec pompe jusqu'à des milliers

Pourquoi ce tribunal s'établit sans obstacle en Espagne.

––––––––––––
(1) Voyez Tillemont, tome 8 des Priscillianistes, article 11 et suivans.

de victimes. Les Espagnols ne prévoyoient pas ce que ces feux s'allumeroient un jour pour eux.

Vœu de Philippe II. Ils s'allumèrent en 1559 par les ordres de Philippe, qui apprit que le Calvinisme pénétroit en Espagne, et s'y faisoit des partisans. Il s'y rendit par mer la même année. Mais ayant été assailli par une tempête furieuse, il crut devoir son salut au vœu qu'il fit d'exterminer tous les hérétiques; et il ne douta pas que la providence n'eût fait un miracle pour un *Auto-da-fé.*

Auto-da-fé dont il goûte le spectacle. Arrivé en Espagne, il s'empressa d'aller à Séville, où les inquisiteurs avoient ramassé des Protestans, pour lui donner un spectacle digne de lui. On en brûla treize, tant hommes que femmes. Quelques jours après, vingt-huit gentils-hommes furent encore brûlés à Valladolid en sa présence. Il voyoit de ses fenêtres ces malheureux dévorés par les flammes, il entendoit leurs cris : bien loin d'en détourner la vue, ou de montrer quelque reste de pitié, il portoit sur eux ses regards avec une sorte de plaisir babare. Malheur à ceux qui ne le patageoient pas : car des espions, répandus parmi le peuple, avoient ordre de faire arrêter quiconque laisseroit échapper quelque signe de compassion. L'humanité étoit une hérésie aux yeux de ce prince.

Constantin Ponce et Jean Égidius, deux hommes de mérite, étoient morts; le premier pendant qu'on lui faisoit son procès, le second après avoir été renvoyé absous: Ponce avoit été confesseur et prédicateur de Charles-Quint; Égidius, prédicateur de réputation, avoit été nommé par l'empereur à l'évêché de Tortose. Il seroit difficile de dire s'ils étoient coupables, ou si les inquisiteurs voulurent flétrir la mémoire de deux hommes, dont le crédit avoit excité leur jalousie. Ils en reprirent le procès, et firent brûler deux fantômes de paille habillés en prédicateurs. Enfin on arrêta Barthélemi Caranza, archevêque de Tolède. Il avoit assisté Charles-Quint dans les derniers momens de sa vie. Ce fut-là tout son crime : car l'empereur étoit supçonné d'être mort avec quelque penchant pour la religion protestante. Ce prélat fut tenu en prison long-temps, et on lui confisqua son temporel.

Jugement de l'inquisition contre des personnes qui avoient été attachées à Charles-Quint.

Cruauté de Philippe, qui gouverne en inquisiteur.

Philippe ayant appris qu'il y avoit des Protestans dans un canton de la Calabre, ordonna au vice-roi de Naples de faire marcher les troupes contre eux; et tous furent passés au fil de l'épée, excepté quatre-vingts, dont une partie fut brûlée, et l'autre pendue. Le duc de Savoie avoit voulu convertir de la même manière des Calvinistes, qui habitoient dans ses montagnes, et ses missionnaires avoient été défaits. Le roi d'Espagne donna ordre au gouverneur de Milan de conduire des secours au duc, écrivant à celui-ci de n'épargner ni le bois ni les cordes. Sa lettre finissoit par cet mots: *todos à las fuercas, todos à las fuercas.* Les tentatives qu'il fit plusieurs fois pour introduire l'inquisition dans le royaume de Naples et dans le Milanès, ne firent que soulever les peuples; cependant il ne désespéra jamais de l'y établir un jour. Aussi ne cessa-t-il d'exhorter les papes à conjurer, avec tous les princes catholiques, l'extinction des hérétiques. J'ai rassemblé toutes ces choses, afin de n'y plus revenir.

Il avoit dû prévoir la diff.

Il n'est pas douteux que l'inquisition ne contribuât en Espagne à rendre l'autorité de Philippe plus absolue : voilà pourquoi il vouloit l'établir dans tous ses états. Mais il raisonnoit mal, parce qu'il ne savoit pas remarquer la différence des circonstances. Il auroit dû observer que les Espagnols n'avoient souffert l'érection de ce tribunal, que parce qu'ils n'avoient pas prévu qu'il s'érigeoit contre eux, et qu'ils n'y restoient soumis, que parce que la terreur des *auto-da-fé* répandoit une méfiance générale, qui ne permettoit pas de concerter un soulèvement. Il n'en étoit pas de même des Napolitains, des Milanais et des Flamands : ils ne pouvoient pas s'y méprendre ; et le clergé, qui commençoit à connoître ses droits, s'opposoit à l'inquisition, autant que les peuples. Philippe auroit donc dû prévoir que, plus il feroit d'efforts, plus on lui résisteroit ; et que l'ombre même d'un inquisiteur exciteroit des tumultes. Mais son despotisme aveugle ne prévit rien.

enflé d'établir l'inquisition hors de l'Espagne.

Le sang froid cruel du roi d'Espagne étoit connu dans les Pays-Bas : la renommée l'exagéroit, s'il étoit possible, et les Flamands croyoient, en quelque sorte, appercevoir la fumée des *auto-da-fé*. Marguerite,

Le cardinal Granvelle se rend odieux aux Flamands, qui craignoient déjà Philippe et l'inquisition.

duchesse de Parme, que ce roi avoit nommée gouvernante, étoit aimée : il ne tenoit pas à elle que les peuples ne fussent heureux, et que, par conséquent, son frère n'eût sur eux toute l'autorité que les princes ont toujours sur leurs sujets, lorsqu'ils en font le bonheur. Mais on lui avoit donné, pour premier ministre, Granvelle, alors évêque d'Arras, et quelque temps après, cardinal. Cet homme naturellement dur, le devint encore davantage, pour plaire à son maître, et sans égard pour les lois et pour les priviléges, il voulut gouverner en despote.

<small>Ils demandent qu'on retire les troupes espagnoles.</small> Après le traité de Cateau-Cambresis, les Flamands avoient supplié le roi de retirer les troupes espagnoles, que la paix qu'on venoit de faire, rendoit inutiles. Philippe les laissa, parce qu'il les jugea nécessaires pour établir son autorité absolue, et ne fit aucune attention aux représentations des états.

<small>Philippe est forcé à y consentir.</small> Cette conduite parut suspecte et aliéna les esprits. On fit encore des représentations à ce sujet, après le départ du roi ; et d'autres entreprises du ministère donnèrent lieu

à d'autres plaintes. Granvelle affecta de ne pas s'en appercevoir : il éluda toutes les demandes des états; et les peuples se refusèrent aux impositions nécessaires pour l'entretien des troupes. Alors il fallut céder, et les Espagnols partirent au commencement de 1561. Tel est souvent le despotisme : il entreprend plus qu'il ne peut, il se compromet; cependant lorsqu'il est contraint de s'arrêter, il perd toujours plus qu'il n'a gagné par la violence.

Les Flamands se réjouirent de ne plus voir chez eux de troupes étrangères. Ils s'applaudissoient de la foiblesse que le gouvernement venoit de montrer. Ils n'en avoient pas plus de confiance au roi ni au ministre : ils se sentoient seulement plus enhardis : ils continuoient toujours de redouter l'inquisition : les Protestans entretenoient parmi eux ces craintes; et la conduite de Granvelle ne les confirmoit que trop. Bientôt regardant la religion prétendue réformée comme un asyle contre le despotisme, ils embrassèrent à l'envi la doctrine de Luther. Voilà le fruit des persécutions inconsidérées.

<small>La crainte de l'inquisition fait embrasser le luthéranisme aux Flamands.</small>

La défense de la religion mit dans leur ame un fanatisme qui tiendra lieu de l'amour de la liberté : car ils ne songeoient point encore à se soustraire à tout souverain. Ils prendront de la confiance, en voyant, jusques dans le conseil de la régente, des seigneurs du pays embrasser leurs intérêts. C'est Guillaume de Nassau, prince d'Orange, c'est le comte d'Egmont, le comte de Horn, et pusieurs autres. La mauvaise politique de Philippe a donc été la cause des progrès du luthéranisme dans les Pays-Bas, du mécontentement des peuples, et des factions parmi les ministres. Nous verrons bientôt les guerres qui naîtront de là.

Pendant le conrt règne de François II, l'Allemagne n'offre rien qui mérite d'être remarqué. On voit seulement les efforts inutiles de l'empereur pour engager les Protestans à reconnoître le concile de Trente, qui alloit se rouvrir. Ferdinand I fut contraint d'abandonner ce dessein, et de confirmer la paix de religion de 1555. Il est temps de repasser en Angleterre pour observer Élisabeth, et avec elle les principales puissances de l'Europe.

CHAPITRE V.

Des principales puissances de l'Europe, depuis l'avénement d'Élisabeth au trône d'Angleterre, jusqu'à la paix de Vervins.

Les Catholiques, ne reconnoissant point la légitimité d'Élisabeth, lui contestoient tout droit au trône, et le duc de Guise établissoit là-dessus ses projets d'ambition, songeant au crédit qu'il acquerroit si sa nièce, qui avoit réuni l'Écosse à la France, y réunissoit encore l'Angleterre. Il avoit, en conséquence, déterminé Henri II à faire prendre au dauphin et à la dauphine les titres que leur donnoient leurs droits reconnus par les Catholiques, et on n'attendoit plus que l'occasion pour les faire valoir. Mais la mort de François II dissipa tous les projets du duc de Guise, et en

La mort de François II dis- sipe les projets du duc de Guise sur l'Angleterre.

même temps toutes les inquiétudes qu'ils avoient pu donner à la reine Élisabeth.

Marie Stuart se prépare à retourner en Écosse.

Marie Stuart n'avoit presque plus de considération à la cour de France : elle étoit au contraire exposée aux dégoûts que lui donnoit Catherine de Médicis. Cette reine se vengeoit sur elle du peu d'autorité qu'elle avoit eu pendant le règne de François II. Il fallut donc que Marie se préparât à retourner en Écosse. Voyons quel étoit l'état de ce royaume.

Le calvinisme avoit, dès sa naissance, porté de nouveaux troubles en Écosse sous Jacques V, père de Marie.

En 1513, Jacques V monta sur le trône d'Écosse. Il avoit à peine deux ans, et la régence, qu'un prince du sang contestoit à la reine-mère, produisit aussitôt deux factions. Les troubles qui en naquirent, durèrent pendant toute la minorité : ils continuèrent même, après que le roi eut pris les rênes du gouvernement ; et lorsqu'il commençoit à se flatter de les voir dissipés, le calvinisme, qui avoit pénétré en Écosse, jetoit de nouvelles semences de division, et préparoit de plus grands maux.

Le roi trouva des sujets désobéissans dans les partisans de la nouvelle doctrine ; et la noblesse qui faisoit la principale force de ce parti, le traversa presque toujours dans ses desseins. Il mourut en 1542, du chagrin que lui donnoient toutes ces dissentions.

Marie Stuart, qu'il avoit eue de Marie de Lorraine, sœur des Guises, n'avoit alors que huit jours. Une seconde minorité réveilla toutes les factions, et en fit naître de nouvelles. Cependant, après quelques années de troubles, la reine-mère se saisit de la régence avec les secours que Henri II lui envoya, et la jeune reine, destinée au dauphin, fut conduite en France en 1548.

Après la mort de Jacques, Marie de Lorraine sa veuve, se saisit de la régence.

Lorsque la régente songeoit à ramener les novateurs, ou du moins à refroidir leur faux zèle, en tenant avec eux une conduite modérée, la mort d'Édouard lui fit espérer, qu'étant privés de l'appui que l'Angleterre leur donnoit, ils se refroidiroient insensiblement d'eux-mêmes. Elle ne se fût peut-être pas trompée dans son attente, si Marie, fille de Henri VIII, eût été capable de quelque modération. Mais les Protestans, que cette reine chassa par la terreur des supplices, ayant cherché un asyle en Écosse, portèrent avec eux la haine qu'ils avoient conçue contre les Catholiques, et firent

Les Calvinistes d'Écosse conjurent la ruine des Catholiques, lorsqu'ils apprennent les persécutions que Marie, reine d'Angleterre, fait aux Protestans.

craindre aux Écossais des persécutions dont ils n'étoient pas encore menacés. Alors le comte d'Angus, le lord Lorne, son fils, les comtes de Morton et de Glencarne, et plusieurs autres formèrent une association, qu'ils nommèrent la congrégation du Seigneur, pour l'opposer à l'église romaine, qu'ils nommoient la congrégation de Satan. La formule de cette association étoit conçue en ces termes : « Nous appercevant
» de la rage infernale avec laquelle Satan,
» par l'organe de ses suppôts, les Ante-
» christs de nos jours, cherche à renverser
» et à détruire l'évangile de Jésus-Christ,
» et l'assemblée de ses fidelles, nous nous
» sommes crus obligés de prendre la dé-
» fense de la cause de notre maître, même
» jusqu'au péril de notre vie, certains de
» triompher en lui. Nous promettons donc
» en présence de la majesté divine et de
» cette congrégation, qu'avec le secours
» de la grace, nous consacrerons constam-
» ment nos soins, notre pouvoir, nos biens
» et nos jours à conserver, à étendre, à éta-
» blir la parole sacrée du Très-Haut et sa
» congrégation. Nous ferons tous nos efforts

» pour rassembler des pasteurs fidelles,
» qui puissent administrer les consolations
» du saint évangile, et les sacremens à son
» peuple dans toute leur pureté. Nous nous
» engageons à soutenir ces pasteurs, à
» pourvoir à leur subsistance, à les défen-
» dre, ainsi que toute cette congrégation
» en général et chacun de ses membres
» en particulier, de toute notre puissance,
» contre Satan et contre toute autorité im-
» pie, qui entreprendroit de tyranniser,
» ou de troubler ladite congrégation. Nous
» nous unissons à elle, de même qu'à la
» parole divine : nous détestons, nous
» abandonnons la congrégation de Satan,
» ses superstitions, ses abominations et ses
» pratiques d'idolâtrie. Nous nous décla-
» rons ouvertement ses ennemis par cette
» promesse sincère, faite devant Dieu, que
» nous déposons ici, signée de notre main,
» à Édimbourg, le 3 décembre 1557 ».

Vous voyez que ces enthousiastes ne se bornent pas à demander l'exercice de leur religion ; ils conjurent la ruine des Catholiques. Ils sont prêts à prendre les armes pour prévenir les persécutions qu'on fait

<small>Marie de Lorraine est trop foible pour combattre le fanatisme qui passe d'Angleterre en Ecosse.</small>

ailleurs contre les Protestans, jugeant qu'ils seront exterminés, s'ils n'exterminent. Par ce qu'ils disent de la congrégation du Seigneur, ils se croyoient envoyés de Dieu pour extirper la *congrégation de Satan*. Malheureusement ils se voyoient soutenus par la plus grande partie du peuple, et ils osoient déjà donner des réglemens sur la manière de prier. La régente éprouva que les autres princes avoient donné au fanatisme des forces auxquelles elle ne pouvoit plus opposer de barrière. La conduite modérée qu'elle tenoit avec ces enthousiastes, ne les rassuroit pas. Ils n'attribuoient sa modération qu'à son impuissance, et ils jugeoient qu'elle n'attendoit que le moment de pouvoir sévir impunément, persuadés qu'elle devoit persécuter, puisqu'elle étoit Catholique. Or ce fanatisme devoit produire en Écosse des désordres d'autant plus grands, que les peuples y étoient plus féroces qu'ailleurs, et presqu'encore sauvages.

A l'avénement d'Élisabeth, les Protestans D'Écosse se flattent de trouver une protection dans cette reine.
L'avénement d'Élisabeth donna une nouvelle hardiesse aux protestans Écossais; car ils se flattèrent que cette reine ne leur refu-

seroit pas des secours. Dans ce siècle, le prince le plus sage avoit d'autant plus de peine à se bien conduire, que tout ce qui se faisoit de mal dans les états des autres, influoit nécessairement dans les siens. La congrégation du Seigneur osa demander à la régente et au parlement l'extinction de l'idolâtrie; c'est ainsi qu'elle désignoit l'église romaine.

Marie de Lorraine temporisoit, lorsque Jean Knox arriva de Genève, avec tout le fanatisme de la secte de Calvin. Aux déclamations de ce forcené, le peuple devint furieux, brisa les images, renversa les autels, enleva les vases sacrés, pilla, détruisit plusieurs monastères. La régente fut obligée de prendre les armes : mais il fallut bientôt négocier, parce que les grands, qui vouloient faire servir l'enthousiasme du peuple à leur ambition, s'étoient mis à la tête des rebelles dont le parti croissoit tous les jours.

Jean Knox allume encore leur fanatisme. Il les arme, et les grands sont à leur tête.

L'accommodement ne pouvoit pas être durable. Les rebelles connoissoient trop les châtimens qu'ils méritoient, pour se reposer sur un traité auquel ils avoient forcé l'autorité légitime. Les chefs prenoient donc de nouvelles mesures. Ils continuoient d'exciter le peuple, ils lui faisoient de nouveaux sujets de crainte, ils lui offroient le pillage des églises et des monastères ; et Knox, avec ses déclamations grossières et extravagantes, n'étoit que trop propre à remuer des esprits ignorans et féroces.

<small>Ils publient un acte, par lequel ils ôtent la régence à Marie de Lorraine, et ordonnent aux troupes françaises de sortir du royaume.</small>
Sur ces entrefaites, le mariage du dauphin avec Marie Stuart, et la mort de Henri II, qui arriva l'année suivante, fournirent aux chefs des factieux de nouveaux prétextes pour animer encore le peuple. Il lui représentèrent la puissance des Guises en France, et l'usage qu'ils en faisoient contre les Calvinistes ; ils lui firent craindre les secours qu'ils enverroient à la régente ; et ils le firent si bien entrer dans toutes leurs vues, qu'ils osèrent, de leur propre autorité, publier un acte, par lequel ils ôtoient la régence à Marie de Lorraine, et ordonnoient aux troupes françaises de sortir du royaume.

<small>Élisabeth leur donne des secours.</small>
Leur confiance se fondoit principalement sur les secours qu'ils demandoient à la reine d'Angleterre, et qu'ils se flattoient

d'obtenir. En effet, les intérêts d'Élisabeth ne s'accordoient que trop avec les leurs. Le titre de reine d'Angleterre que Marie Stuart avoit pris, découvroit assez les desseins que les Guises se proposoient d'exécuter, après avoir subjugué l'Écosse. Elle voyoit que les Catholiques, mécontens de son gouvernement, n'attendoient que l'occasion pour se déclarer en faveur de sa rivale. Elle jugea donc qu'elle assureroit sa couronne, si elle entretenoit les troubles en Écosse ; et ses troupes marchèrent. Elles mirent le siége devant Leith, où les Français s'étoient renfermés.

Dans ces circonstances, la tempête dispersa une flotte qui conduisoit le marquis d'Elbœuf, et la régente mourut. Cette princesse, dit M. Hume, joignoit aux talens qui étoient comme héréditaires dans sa maison, une modération et des vertus qu'on ne remarquoit pas dans les autres princes de son sang. Après ces deux événemens, les Français ne pouvant plus se maintenir en Écosse, les ministres de France et d'Angleterre signèrent à Édimbourg un traité, qui portoit que les troupes françaises éva-

Traité conclu à Édimbourg avec les rebelles.

cueroient incessamment l'Écosse, que François et Marie cesseroient de prendre le titre de roi et de reine d'Angleterre ; et qu'ils accorderoient une amnistie générale pour tout le passé. Ils réglèrent aussi la part que le parlement auroit au gouvernement. Élisabeth sut si bien se conduire dans cette conjoncture, qu'elle conserva plus d'autorité sur les Écossais, qu'elle n'en laissoit à Marie même.

Ils abolissent dans un parlement la religion catholique.

Les chefs de la congrégation se trouvoient maîtres du royaume. Ils convoquèrent un parlement, dans lequel on conclut la ruine entière de la religion catholique. Bientôt les Protestans sévirent avec fureur : ils abolirent la messe, établirent leurs ministres, pillèrent les monastères et les églises, et se saisirent des biens du clergé. L'avarice jointe au fanatisme, produisoit par-tout un brigandage, qu'aucune puissance ne pouvoit réprimer. Cependant François et Marie refusoient de ratifier le traité d'Édimbourg, et de reconnoître un parlement qui s'étoit assemblé sans leur aveu. C'est dans ces circonstances, que, le roi de France étant mort, Marie se vit forcée à retourner dans un royaume, où ses sujets étoient les ennemis de son autorité et de sa religion. Elle quitta le titre de reine d'Angleterre : mais quelques instances que fissent auprès d'elle les ministres d'Élisabeth, elle refusa de renoncer aux droits qu'elle avoit à cette couronne.

Elle fut conduite en Écosse par ses oncles le duc d'Aumale, le grand-prieur et le marquis d'Elbœuf. Elle avoit à peine dix-neuf ans. Si ses graces séduisantes et les charmes de son esprit étoient sans force dans un climat presque sauvage, l'éclat de sa beauté frappa les yeux de ces peuples brutaux ; et ses manières humaines, affables, bienfaisantes, touchèrent ces ames féroces : elle eût été adorée par des hommes, elle captiva quelque temps les Écossais. *Marie Stuart arrive en Écosse.*

La vue de cette princesse aimable produisit donc au moins un calme passager. Voulant en profiter pour rétablir l'ordre, elle eut la sagesse de donner sa confiance à des ministres agréables à la nation. Mais l'enchantement se dissipa bien vîte. Les fanatiques sortirent comme d'un songe : ils se *Sa présence paroît calmer le fanatisme ; mais ce n'est que pour un moment.*

réveillèrent en pensant que la reine étoit catholique. Ils lui avoient accordé comme une faveur d'avoir une messe dans sa chapelle; et cependant ils se demandoient: Souffrirons-nous cette idolâtrie? un idolâtre n'est-il pas digne de mort? peut-il conserver quelque autorité dans l'état? Le clergé prétendu réformé osoit faire des prières pour sa conversion. Il lui déclaroit ouvertement qu'il espéroit de lui voir bientôt abjurer ses erreurs; et il lui demandoit de payer ses vœux et ses prières par une augmentation de biens. Elle tenta vainement d'adoucir le carractère brutal de Jean Knox. Elle descendit jusqu'à le prier, s'il trouvoit quelque chose à reprendre dans sa conduite, de l'en avertir en particulier, et de ne pas l'avilir dans ses sermons aux yeux du peuple. Il lui répondit que si elle vouloit venir à l'église, elle y entendroit l'évangile de la vérité; et il ne cessa jamais d'invectiver contre elle, ni de soulever les esprits par des discours séditieux. Tout étoit un objet de scandale dans cette jeune princesse, son enjouement, sa parure, ses amusemens les plus innocens. On la contrarioit, en un mot, dans tous ses goûts. Quelques ornemens, que les femmes portoient sur leurs habits, parurent à ces réformateurs, aussi absurdes que rigides, comme une vanité criminelle, qui devoit attirer la colère du ciel sur tout le royaume.

Sans appui, n'ayant que des revenus très-médiocres, entourée de factions, au milieu d'une noblesse séditieuse, d'un peuple superstitieux, et d'un clergé insolent, Marie sentit combien il étoit de son intérêt d'être en bonne intelligence avec Élisabeth, qui avoit plus d'autorité qu'elle en Écosse. Mais la politique sembloit donner d'autres conseils à la reine d'Angleterre. Pouvoit-elle se lier avec une princesse qui avoit des droits sur sa couronne, et qui l'avoit déclaré si ouvertement? ne seroit-ce pas enhardir les Catholiques, qui la desiroient sur son trône, à tramer quelque conspiration contre le gouvernement présent? et pouvoit-elle contribuer à lui procurer un règne tranquille, sans s'exposer à troubler elle-même son propre repos? Malheureusement le caractère d'Élisabeth n'entroit que trop dans les vues de sa politique, et sa pru-

Elle recherche l'amitié d'Élisabeth, qui est son ennemie par politique et par jalousie.

dence servoit à voiler d'autres motifs qu'elle m'avouoit pas, mais qu'elle cachoit mal. Avec le génie d'un homme, elle avoit toute les petitesses d'une femme : elle étoit artificieuse, fausse, coquette impérieuse et jalouse. C'est pourquoi, autant elle montroit de courage et de prudence avec les ministres des autres princes, autant elle laissoit voir de frivolité avec l'ambassadeur de Marie. Elle lui faisoit des questions sur la figure de cette princesse, sur sa taille, sur la couleur de ses cheveux : elle lui demanda qui des deux jouoit mieux du clavecin; elle poussa même l'indiscrétion jusqu'à lui demander laquelle étoit la plus belle. Elle paroissoit tous les jours avec de nouvelles parures, avec de nouveaux habits : tantôt vétue à l'anglaise, tantôt à l'italienne, tantôt à la française, elle sembloit vouloir passer pour la plus belle femme de chaque nation, et on eût dit qu'elle ne voyoit le ministre écossais que pour traiter avec lui des droits aux graces et à la beauté. Au reste, son inquiétude n'étoit pas sans fondement : car, à cet égard, Marie avoit tout l'avantage. Il étoit aisé de s'appercevoir qu'indépendamment de toute raison politique, Élisabeth seroit toujours l'ennemie de la reine d'Écosse ; et que ses démonstrations d'amitié ne seroient jamais que fausseté et dissimulation.

Marie cependant, qui vouloit compter sur cette amitié, parce qu'enfin elle en avoit besoin, lui fit proposer de la cimenter en la reconnoissant pour son héritière à la couronne d'Angleterre. Vous pouvez juger si cette proposition fut agréée. Élisabeth répondit que Marie, refusant de ratifier le traité d'Édimbourg, paroissoit assez dans le dessein de ne pas attendre que la succession fût ouverte, et que dans cette conjoncture, elle n'auroit pas l'imprudence de lui donner de nouveaux partisans en Angleterre, en la montrant aux Anglais, comme devant être un jour leur reine. Elle ajouta cependant, que, si Marie vouloit ratifier le traité elle offroit de l'expliquer, et d'ôter tout soupçon qu'elle voulût l'exclure de sa succession. Alors la reine d'Écosse consentit à renoncer à toutes prétentions actuelles sur la couronne d'Angleterre, pourvu qu'Élisabeth lui en assurât l'héri-

Elle négocie avec elle sans succès.

tage. Cette dernière proposition étoit si juste, qu'Élisabeth ne pouvoit s'y refuser, sans mettre le tort de son côté : elle prit donc le parti de laisser traîner cette affaire, jusqu'à ce qu'enfin on n'en parlât plus.

<small>Combien Élisabeth étoit jalouse de son autorité.</small>

Élisabeth ne craignoit rien tant que d'être exposée à partager son autorité, jusques-là qu'elle auroit pris ombrage, non seulement d'un mari, mais encore de ses propres enfans.

Elle paroissoit haïr d'avance quiconque pouvoit lui succéder : elle paroissoit même vouloir empêcher que ceux qui avoient quelque droit au trône, pussent avoir des descendans. Le comte Hartfort ayant épousé secrètement Catherine Gray, sœur cadette de l'infortunée Jeanne, elle les fit enfermer dans la tour de Londres, et ne rendit la liberté au comte qu'après la mort de sa femme. Avec ce caractère, elle étoit bien éloignée de désigner pour son héritière une princesse, que beaucoup d'Anglais desiroient de voir sur le trône.

<small>C'est pourquoi elle se résolut à vivre dans le célibat, sans néanmoins ôter toute espérance à ceux qui aspiroient à sa main.</small>

Quoiqu'elle ne paroisse pas avoir été insensible à l'amour, elle se déclara ouvertement pour le célibat, par la crainte de perdre son autorité. Cependant elle n'étoit pas fâchée qu'on imaginât qu'elle ne persisteroit pas dans cette résolution. Elle laissoit volontiers concevoir des espérances aux princes étrangers, et aux grands du royaume, qui aspiroient à sa main; les ménageant toujours, ne s'engageant jamais, et les retenant par ce moyen dans ses intérêts. Sa politique s'accordoit en cela parfaitement avec sa coquetterie. Cependant quelles qu'aient été les petitesses de cette reine, elle ne les eût pas eues, si elle n'eût pas été femme; et vous verrez qu'en changeant de sexe, elle eût été un grand homme. Marie Stuart n'étoit pas un grand homme : mais elle n'avoit pas, comme Élisabeth, toutes les petitesses de son sexe, peut-être parce qu'elle étoit plus sûre d'en avoir toutes les graces.

Les circonstances étoient bien différentes pour ces deux princesses. Tandis que Marie, enveloppée dans une suite d'événemens funestes, n'a rien à se reprocher et s'attend chaque jour à de nouveaux malheurs, tout devient favorable à la reine d'Angleterre. Sa rivale impuissante est au moment d'être opprimée par des sujets rebelles : les Guises

<small>Dans des circonstances bien différentes de celles de Marie Stuart, elle fait de grandes choses.</small>

qu'elle avoit redoutés, ne peuvent plus rien entreprendre, depuis qu'ils ont perdu en France une partie de leur autorité. Elle ne voit aucun sujet d'inquiétude ni au-dehors ni au-dedans; et le calme est dans ses états, pendant que des orages s'élèvent tout autour d'elle. Dans cette situation heureuse, elle se fit un plan de ne rien entreprendre témérairement, et de s'occuper du bonheur de ses peuples. « Elle acquitta une partie des
» dettes immenses de la couronne : elle fit
» des réglemens sur la monnoie, que ses
» prédécesseurs avoient considérablement
» altérée : elle remplit ses arsenaux d'armes,
» qu'elle fit venir d'Allemagne et d'autres
» endroits : elle engagea la noblesse à s'en
» procurer à son exemple : elle introduisit
» dans ses états l'art de faire la poudre, et
» de fondre des canons de cuivre; elle for-
» tifia ses frontières du côté de l'Écosse ;
» fit de fréquentes revues de ses milices, et
» favorisa l'agriculture, en favorisant l'ex-
» portation des grains. Elle releva le com-
» merce et la navigation : elle augmenta
» si considérablement la marine de son
» royaume, par les vaisseaux qu'elle fit cons-

» truire à ses frais, et par ceux qu'elle en-
» gagea les négocians à faire construire à
» leurs dépens, qu'elle fut regardée à juste
» titre comme la restauratrice de la puissan-
» ce et de la gloire maritime de l'Angle-
» terre, et comme la souveraine des mers du
» nord. Loin que son économie naturelle
» fût un obstacle à ces grandes entreprises,
» elle lui assuroit au contraire les moyens de
» les exécuter avec plus de certitude. Enfin,
» l'Europe entière admira dans la conduite
» de cette princesse, tout ce que des projets
» bien conçus, dirigés prudemment et sui-
» vis avec constance, peuvent produire
» d'avantageux à une nation ». Dans ce
tableau, que fait Mr. Hume, Élisabeth n'est
plus une petite coquette, occupée de sa personne et de sa parure, c'est un roi digne du
trône.

Un triumvirat s'étoit formé en France. Le duc de Guise, le connétable de Mont-morenci, et le maréchal de S. André : ces trois hommes qui avoient fait auparavant à la cour trois partis contraires, jugèrent au commencement du règne de Charles IX, de ne plus séparer leurs intérêts et de s'unir

Triumvirat, en France, au commencement du règne de Charles IX.

156

pour la défense de l'ancienne religion. Ce motif étoit, dans le connétable seul, l'effet d'un zèle sincère : car autrement il auroit penché à prendre le parti du prince de Condé, dans lequel étoient Coligni et Dandelot ses neveux.

Catherine de Médicis qui craint les triumvirs, veut s'attacher le roi de Navarre.

Catherine de Médicis, à qui ce triumvirat donnoit de l'inquiétude, craignit que le roi de Navarre ne s'y joignît encore, comme il en étoit vivement sollicité. Afin de le retenir, elle le flatta de traiter plus favorablement les Huguenots. Cependant elle ne tint pas, ou du moins elle ne put tenir sa parole : car au mois de juillet, il parut un édit qui interdisoit toute assemblée aux Calvinistes.

1562.

Colloque de Poissi.

Voyant alors qu'on tramoit pour diminuer son autorité, elle s'attacha le roi de Navarre et l'amiral, en faisant convoquer une assemblée à Poissi, dans laquelle les Catholiques et les Protestans devoient discuter les points controversés, et chercher les moyens de se réunir. Les plus sages s'opposoient à ce dessein, parce qu'ils en prévoyoient l'événement : mais le cardinal de Lorraine l'approuva, comptant que ce seroit une occasion de faire briller son éloquence. Cette assemblée s'ouvrit le 9 de septembre, en présence du roi, de la reine et des princes du sang : c'est ce qu'on nomme *le colloque de Poissi*. Théodore de Bèze y parla pour les Huguenots. On disputa, et les deux partis se séparèrent, chacun avec la confiance d'avoir vaincu.

Le colloque de Poissi parut avoir converti Antoine de Bourbon. Il est au moins certain que, sollicité par le légat qui le flattoit de la restitution du royaume de Navarre, il revint à la communion romaine, et s'unit au triumvirat. Jaloux d'ailleurs du mérite de son frère, il voyoit qu'il ne joueroit jamais que le second rôle dans le parti des Calvinistes ; et il crut qu'en qualité de premier prince du sang, il seroit plus considéré dans le parti qui suivoit le roi, ou que le roi suivoit. Jeanne d'Albret, qui avoit souffert impatiemment le huguenotisme de son mari, parce qu'elle ne vouloit pas, disoit-elle, perdre le peu qui lui restoit, se fit huguenote quand le roi de Navarre se fit catholique, et devint huguenote très-opiniâtre.

Alors Catherine passe dans le parti des Huguenots, et fait donner un édit en leur faveur.

La reine vit que l'union du roi de Navarre aux triumvirs, alloit lui enlever le peu d'autorité qu'elle conservoit encore. Elle sacrifia donc sa religion à ses intérêts, et se jetant dans le parti des Huguenots, elle fit révoquer l'édit de juillet, et en fit donner un autre qu'on appela l'édit de janvier, et qui leur permettoit les assemblées et tous les exercices de leur religion, jusqu'à ce que le concile général eût décidé sur les points contestés.

1562.

Philippe II désapp. ouve ces édit.

Dès que Philippe II eut appris cette nouvelle, il se hâta d'écrire au pape, au roi de Navarre, à Catherine de Médicis et à tous les princes catholiques, pour témoigner la douleur qu'il en ressentoit. Il les exhortoit à prendre les armes, afin de porter le dernier coup au parti protestant, et il offroit de sa part tous les secours qu'on jugeroit nécessaires.

Les chefs des deux partis se retirent de la cour.

Antoine de Bourbon, sollicité par le légat et par l'ambassadeur d'Espagne, qui lui offroient toujours l'appât du royaume de Navarre, pressa la reine d'éloigner de la cour les Colignis à qui elle paroissoit donner sa confiance. Elle y consentit, à condition que le cardinal de Lorraine, le duc de Guise et le maréchal de S. André, se retireroient dans leurs terres. La condition fut acceptée parce que ces seigneurs comptoient trouver l'occasion de revenir, et que d'ailleurs ils laissoient auprès de Charles IX, le roi de Navarre et le connétable de Montmorenci, qui veilleroient sur leurs intérêts.

La cour étoit alors à Monceaux, près de Meaux ; et Condé, voyant la retraite de ses ennemis, vint à Paris dans l'espérance de s'en rendre maître. Le roi de Navarre fut effrayé du projet de son frère, et n'osant s'y opposer tout seul, il invita le duc de Guise et le connétable à s'avancer avec des troupes et à se joindre à lui. Le duc étant arrivé à Vassi, petite ville de Champagne, ses gens en vinrent aux mains avec les Huguenots, qui tenoient leur prêche dans une grange, il y fut lui-même blessé, et ce fut là le commencement de la guerre civile. *Commencement de la guerre civile.*

Le prince de Condé sortit alors de Paris, et s'empara d'Orléans, dont il fit sa place d'armes : mais les triumvirs se rendirent maîtres de la personne du roi, et le conduisirent à Paris, malgré la résistance de *Condé, à la sollicitation fde Catherine, arme contre les triumvirs, qui se sont saisis de la personne du roi.*

la reine, qui représentoit que cette violence autoriseroit les rebelles, et romproit toutes les mesures qu'elle avoit prises, pour ramener les esprits par la douceur. C'est qu'elle se voyoit désormais sans autorité : aussi écrivit-elle plusieurs lettres au prince de Condé, pour l'inviter à la délivrer, elle et le roi, de la dépendance où ils étoient. Ce motif fut en effet celui que publia Condé dans ses manifestes, où il représenta le roi et la reine, comme en captivité sous la puissance des Guises. Aussitôt les Huguenots prirent les armes dans toutes les provinces : ils pillèrent les églises ; ils se saisirent de plusieurs villes : et le soulèvement fut général. Il y eut en différentes parties du royaume jusqu'à quatorze armées, qui laissoient par-tout des traces de leur cruauté. Le sang des citoyens, les autels renversés, les temples ruinés, les villes pillées, les campagnes dévastées étoient les marques auxquelles on reconnoissoit les lieux par où elles avoient passé.

Il obtient des secours d'Élizabeth, à qui il livre le Hâvre. Cependant les royalistes avoient reçu des secours de troupes et d'argent du roi d'Espagne, du pape, de Côme duc de

Florence, et de la république de Venise. Condé, hors d'état de résister à tant de forces, eut recours à la reine d'Angleterre : maître de la plus grande partie de la Normandie, il offrit de lui livrer le Hâvre-de-Grace, si elle vouloit lui donner cent mille écus, et envoyer six mille hommes pour défendre cette place, Dieppe et Rouen. Ces propositions étoient trop avantageuses pour n'être pas acceptées. Le Hâvre dédommageoit Élisabeth de la perte de Calais : il lui importoit d'ailleurs de s'opposer à l'agrandissement des Guises, et d'humilier en France les Catholiques, afin de s'assurer mieux de leur obéissance en Angleterre.

Les royalistes reprirent plusieurs villes. Rouen, entre autres, fut enlevée d'assaut, et coûta la vie au roi de Navarre, qui mourut de ses blessures. Mais Condé, ayant reçu un secours des Protestans, que Dandelot lui amena d'Allemagne, s'avança jusqu'à Paris, dont il attaqua les faubourgs. Repoussé par le duc de Guise, il fut suivi par les Catholiques, et joint près de Dreux, lorsqu'il alloit en Normandie, dans le dessein de s'unir aux Anglais. L'action fut

Bataille de Dreux, où Condé et le connétable sont faits prisonniers.

vive, la perte à-peu-près égale des deux côtés; le champ de bataille resta aux royalistes: le maréchal de S. André perdit la vie, et les deux généraux furent faits prisonniers, c'est-à-dire, le connétable et le prince de Condé.

Le duc de Guise assassiné par Poltrot.

L'amiral rassembla les débris de l'armée, trouva de nouvelles ressources, reprit presque toute la Normandie, pourvut à la défense de la ville d'Orléans, dont le duc de Guise forma le siége. La place étoit fort pressée, lorsqu'un gentilhomme calviniste nommé Poltrot, crut servir sa religion, en assassinant le duc de Guise. On accusa Coligni et Bèze, d'avoir excité la fureur de ce malheureux; mais ce fut sans preuve. Jamais on n'a rien remarqué dans leur conduite, qui puisse les faire soupçonner avec quelque fondement. Il est seulement vrai que cet assassinat trouva parmi les huguenots des fanatiques qui l'approuvèrent. Voilà le premier crime de cette espèce; et ce ne sera pas le dernier (1).

1563.

---

(1) L'année suivante on découvrit à Rome une conjuration qui fait bien voir ce que pouvoit alors

La perte que les Catholiques venoient de faire, fit penser à la paix. Montmorenci et Condé la desiroient, pour recouvrer la liberté; et Catherine pour reprendre une puissance que les Guises ne paroissoient plus en état de lui disputer. Le traité qui fut fait, rendit la liberté aux deux généraux, et permit, avec quelques restrictions, l'exercice de la religion prétendue réformée. Alors les Catholiques et les Huguenots s'étant réunis sous les ordres du connétable et du prince de Condé, firent le

Les deux partis ayant fait la paix reprennent le Hâvre.

le fanatisme. Le comte Antoine, Canossa et cinq autres personnes de distinction, connurent, par des révélations célestes, que le successeur de Pie IV seroit le monarque du monde, et qu'il établiroit par-tout la seule religion catholique. Afin donc de hâter cet événement, ces visionnaires concertèrent l'assassinat du pape, bien persuadés sans doute qu'ils obtiendroient chacun des principautés, comme s'ils eussent été les neveux de celui qui leur étoit prédit. On les mit à la question; on les interrogea séparément; et ils répondirent tous de la même manière, que le seul motif de leur conjuration avoit été le desir de voir une seule religion sous un pape souverain du monde. On ne put pas leur arracher autre chose.

siége du Hâvre, et enlevèrent cette place aux Anglais. Coligni et Dandelot, qui avoient montré de l'éloignement pour la paix, ne prirent point de part à cette entreprise. La tranquillité fut enfin rétablie dans le royaume, malgré les efforts de l'ambassadeur d'Espagne, qui tenta d'exciter de nouveaux troubles.

<small>Fin du concile de Trente.</small>

<small>1563.</small>

Le concile de Trente, qui s'étoit rouvert au mois de Janvier 1562, finit cette année le 4 de décembre. On ne le publia pas en France, soit par la crainte de soulever les Protestans, soit par d'autres raisons qui subsistent encore, et qui en ont empêché la publication jusqu'à ce jour. Il renferme plusieurs articles de discipline qu'on auroit peine à concilier avec la juridiction des princes et des magistrats, ainsi qu'avec les libertés de l'église gallicane. D'ailleurs il est approuvé pour la doctrine, et reconnu dans toute la catholicité.

<small>Elisabeth fait la paix avec la France.</small>

Le Hâvre avoit fait peu de résistance, parce que de plus de six mille hommes, la garnison avoit été réduite par la peste à quinze cents en état de servir, et que de nouveaux secours partis d'Angleterre, ayant été retenus par les vents, n'arrivèrent que lorsque la place venoit de capituler. Pour comble de malheur, les troupes Anglaises portèrent la peste à Londres, où elle enleva vingt mille personnes. Élisabeth dont, en cette occasion, la prévoyance et l'activité s'étoient démenties, fit sa paix avec la France.

1564.

L'Écosse attiroit alors son attention. Elle n'ignoroit pas que les Guises offroient Marie à tous les princes qui pouvoient servir leur ambition et causer des troubles en Angleterre : c'est pourquoi elle affecta de répondre au desir que Marie avoit d'être bien avec elle. Ces deux reines s'écrivoient toutes les semaines, avec les plus tendres expressions, comme deux sœurs qui s'aiment. Élisabeth répétoit souvent à Marie, combien elle desiroit de la voir mariée avec un seigneur Anglais, parce que c'étoit le seul moyen de cimenter l'union entre les deux royaumes. Elle offroit même, dans ce cas-là, de l'appeler à sa succession : mais ce n'étoit que dissimulation de sa part. Elle vouloit seulement gagner du temps, et elle se rétracta, lorsqu'elle vit que ses offres alloient être acceptées.

Elle donne de fausses marques d'amitié à Marie Stuart.

La reine d'É-cosse épouse le lord Darnley.

Marie étoit depuis deux ans le jouet des artifices de cette reine, lorsqu'elle consentit à prendre pour époux, celui que son conseil et les vœux de la nation lui désignoient. C'étoit le lord Darnley, fils du comte de Lenox. Il étoit né et avoit été élevé en Angleterre, où son père s'étoit fixé depuis qu'une faction l'avoit chassé d'Écosse. Proche parent de Marie, il avoit, après elle, plus de droit qu'aucun autre à la couronne d'Angleterre.

Élisabeth, qui avoit paru approuver ce mariage, veut l'empêcher.

Élisabeth eût mieux aimé que Marie fût restée veuve : mais elle se voyoit au moins délivrée de l'inquiétude d'une alliance étrangère. C'est pourquoi elle parut d'abord approuver ce mariage. Cependant lorsqu'il fut sur le point d'être conclu, elle envoya ordre à Darnley de revenir en Angleterre, sous peine de désobéissance : elle fit mettre à la tour la mère et le frère de ce seigneur : elle fit saisir tous les biens de la maison de Lenox : elle se plaignit, protesta, menaça sans pouvoir donner aucune raison plausible de son mécontentement. En effet elle ne pouvoit pas avouer ses petites jalousies, ni le dessein perfide d'enhardir à la révolte les Écossais, qui désapprouveroient ce mariage, et que sa conduite paroissoit assurer de sa protection.

Sa politique parut d'abord avoir tout le succès qu'elle en avoit espéré. Knox et d'autres ministres de la réforme prétendue crièrent en chaire que le nouveau roi étoit catholique, quoiqu'il donnât toutes les démonstrations du contraire. Ils ameutoient déjà la populace d'Édimbourg, lorsque plusieurs des principaux de la noblesse s'étant assemblés à Sterling, sous le prétexte spécieux de la religion, jurèrent de prendre les armes contre leur souveraine, et demandèrent à la reine d'Angleterre des secours qu'elle leur promit.

Sa conduite enhardit les mécontens à se révolter.

1565.

Marie, instruite de leur conspiration, les fit sommer de venir rendre compte de leur conduite. Elle avoit levé des troupes pour assurer l'exécution de ses ordres. Cependant les rebelles, déjà au nombre de mille chevaux, tentoient de soulever le peuple. Mais la nation n'étoit pas disposée à la révolte. Elle estimoit, elle aimoit la reine; et comme le mariage étoit en général approuvé, elle ne se laissoit pas tromper aux vues intéres-

Ils sont forcés à se retirer en Angleterre.

sées des seigneurs mécontens. Poursuivis par l'armée royale, forte de dix-huit mille hommes, ils abandonnèrent l'Écosse, et se réfugièrent en Angleterre.

<small>Élisabeth les désavoue, quoiqu'elle leur eût promis des secours.</small>

Élisabeth, trompée dans son attente, les désavoua hautement. Elle engagea même les chefs, par des assurances secrètes de sa protection, à convenir devant les ambassadeurs de France et d'Espagne, qu'elle n'avoit aucune part à leur révolte; et dès qu'elle eut cet aveu, elle les chassa de sa présence, comme des traîtres et des scélérats qu'elle avoit en horreur.

<small>Le cardinal de Lorraine empêche Marie de traiter les rebelles avec clémence.</small>

Les rebelles fugitifs, bannis et sans appui, eurent recours à la clémence de leur souveraine. Marie naturellement n'étoit pas portée à la rigueur. Elle croyoit même, en pardonnant, s'attacher des sujets, dont la religion lui faisoit des ennemis. Elle étoit dans ces dispositions, lorsqu'un ambassadeur qui vint de France, lui apporta les conseils violens du cardinal de Lorraine.

<small>Alors l'entrevue de Bayonne et d'autres circonstances, effrayoient les Huguenots en France.</small>

La paix accordée aux Huguenots ne paroissoit à Coligni qu'un piége pour les désarmer, afin de les accabler ensuite plus sûrement. La conduite de Catherine de

Médicis ne confirmoit que trop ces soupçons. Sous prétexte de remédier aux abus causés par les dernières guerres, elle parcouroit le royaume avec le roi : mais on conjecturoit que son dessein étoit d'observer dans chaque province les moyens d'exterminer à-la-fois tout le parti protestant. Ce dessein, aussi extravagant que barbare, parut vraisemblable, lorsqu'on la vit se rendre à Bayonne, où se trouvèrent le reine d'Espagne sa fille, et le duc d'Albe. On connoissoit trop le plan que Philippe s'étoit fait, et l'ame atroce du duc d'Albe, pour ne pas attendre de cette entrevue les projets les plus sanguinaires; et l'événement prouvera qu'on ne se trompoit pas.

<small>1565.</small>

Dans de pareilles circonstances, le cardinal de Lorraine étoit bien éloigné d'approuver le plan de modération que Marie s'étoit fait; et cette princesse étoit de son côté d'autant plus portée à se prêter aux vues de son oncle, que la conduite qu'elle avoit tenue jusqu'alors, n'avoit point diminué l'emportement avec lequel les ministres protestans déclamoient contre elle. C'est pourquoi, se déterminant à faire faire le procès

<small>Marie convoque un parlement pour juger les rebelles.</small>

aux seigneurs bannis, elle convoqua le parlement à Édimbourg. Leur crime étoit manifeste, leur condamnation paroissoit inévitable : mais un événement imprévu et terrible les déroba à la rigueur des lois, et causa la perte de Marie.

{1565.

Mais elle va devenir criminelle.

Un trône est toujours environné de précipices pour une jeune personne qui ne veille pas assez sur ses démarches : il ne faut qu'un faux pas. Combien donc ne devez-vous pas trembler pour Marie, qui règne dans des temps plus difficiles qu'aucun de ceux dont l'histoire ait conservé le souvenir ! Cette princesse aimable, pour qui vous vous intéressez, irréprochable jusqu'à ce moment, et même digne d'éloges à bien des égards, va devenir criminelle.

Caractère de Henri son mari.

Henri, c'étoit le nom que portoit Darnley depuis qu'il étoit sur le trône, Henri, dis-je, avoit tous les agrémens extérieurs, capables de séduire une jeune personne. Marie, dans les premiers transports de son amour, lui avoit donné le titre de roi : elle joignoit son nom au sien dans tous les actes publics, et elle ne croyoit jamais assez faire pour l'élévation d'un époux qu'elle aimoit.

C'étoit une imprudence : elle le sentit, lorsqu'elle découvrit dans ce prince un homme insolent, violent, irrésolu, crédule, bas, grossier, brutal dans ses plaisirs, et qui, gouverné par les plus vils flatteurs, croyoit toujours mériter au-delà de ce qu'on faisoit pour lui. Elle voulut alors user de plus de réserve; il en fut indigné, et quoique ses vices fussent l'unique raison du refroidissement de la reine, il supposa qu'elle avoit d'autres motifs, et il médita sa vengeance.

Il y avoit alors à la cour un musicien, nommé David Rizzio. Il étoit venu à la suite de l'ambassadeur du duc de Savoie; et Marie, qui l'avoit d'abord retenu pour compléter sa musique, l'avoit fait ensuite secrétaire des dépêches françaises. Cet homme avoit la figure contre lui : mais il avoit un esprit au-dessus de sa naissance et de son éducation. Il gagna la confiance de sa maîtresse, il devint le canal de toutes les graces. Sa fortune auroit suffi seule pour exciter la jalousie et la haine des grands, et il y ajouta l'insolence et l'avidité. Quoiqu'il fût absurde de reprocher autre chose à la reine, que trop de confiance donnée imprudemment à un étranger sans naissance, on supposa des crimes qui n'existoient pas. Rizzio passoit pour être pensionnaire du pape, et il invitoit à punir sévèrement tous ceux qui avoient eu part à la dernière révolte. C'en fut assez pour réunir contre lui les seigneurs et les ministres protestans. Alors s'accréditèrent toutes les fables qu'on répandoit sur la reine et sur le favori ; et Henri jaloux crut avoir trouvé sa victime.

Henri fait assassiner Rizzio.

Marie soupoit en particulier avec le comte d'Argile, sa sœur naturelle, Rizzio et quelques autres personnes. Le roi entra tout-à-coup, suivi du lord Ruthven, de Georges Douglas, et de plusieurs autres assassins armés. Effrayée à cet aspect, elle veut en vain défendre Rizzio qu'on menace. Il est frappé, lorsqu'il imploroit la protection de sa maîtresse, qu'il serroit dans ses bras. On l'arrache, on l'entraîne dans l'antichambre, on le perce de cinquante-six coups. Le choix de ce moment étoit d'autant plus cruel, qu'il mettoit en danger la vie de la reine, qui étoit dans le septième mois de sa grossesse.

Marie ne respire que la vengeance.

Je ne pleurerai plus, dit Marie, en essuyant promptement ses larmes : je ne songerai qu'à me venger. Cet attentat contre son autorité, contre sa vie, contre son honneur, changea tout-à-coup son caractère : elle prit une ame artificieuse, fausse et perfide, résolue à s'abandonner aveuglément à tout moyen de vengeance.

Cependant le roi la retint prisonnière dans son palais, et les seigneurs bannis revinrent. Marie leur pardonna : le dernier outrage qu'elle avoit reçu, parut avoir effacé le souvenir de leur crime. Ils furent rétablis dans leurs biens et dans leurs dignités; et Murrai, un des principaux, quoique son frère naturel, fut même reçu avec toutes les démonstrations d'une amitié tendre. Mais, lorsque les assassins de Rizzio sollicitèrent aussi leur grace, elle éluda sur ce qu'étant environnée de gardes, tout ce qu'elle signeroit seroit nul. Ils furent bientôt contraints de s'enfuir en Angleterre, où ils vécurent dans l'indigence et dans l'opprobre. Cependant la reine n'ayant pas tardé à regagner la confiance de son mari, recouvra sa liberté; et quelque temps après, le comte de Bothwel, nouveau favori de

Elle pardonne à tous, et regagne la confiance de son mari pour se venger sur lui.

cette princesse, sollicita leur retour et l'obtint. Il vouloit fortifier son parti, en s'attachant les conjurés; et la reine consentoit à pardonner à tout le monde, pourvu qu'elle se vengeât sur Henri.

Mais lorsqu'elle lui a fait faire des démarches qui le rendent méprisable, elle s'en sépare. Elle accouche d'un fils.

Personne n'ignoroit que le roi n'eût tramé, ordonné et conduit le meurtre de Rizzio : les circonstances de l'assassinat, les suites, et un écrit par lequel il avoit autorisé les conjurés, en étoient autant de preuves certaines. La reine l'engagea à faire une déclaration publique, par laquelle il assuroit n'avoir eu aucune part à ce crime, et désavouoit toute intelligence avec les meurtriers. Lorsque par ce moyen elle lui eut enlevé la confiance de tous les partis, et l'eut rendu l'objet du mépris universel, elle ne cacha plus sa haine, ni son indignation : elle se sépara de lui, elle l'humilia, et se fit une joie de le rendre méprisable à la populace même. Elle accoucha sur ces entrefaites, et la naissance d'un fils, objet intéressant pour la nation, devoit assurer le sort et l'autorité de Marie.

Effet qu'a produit sur Elisabeth la nouvelle de ces couches.

L'ambassadeur dépêché pour porter cette nouvelle à la cour de Londres, arriva lorsqu'Élisabeth paroissoit au milieu d'une fête avec toute sa gaieté. Frappée tout-à-coup, elle tomba dans une profonde mélancolie, laissant échapper ces mots : *La reine d'Écosse est mère, et je ne suis qu'une plante stérile !* Mais le lendemain ayant repris sa dissimulation ordinaire elle affecta de la joie, et montra l'intérêt le plus tendre pour Marie.

Il sembloit que toute l'Angleterre dît avec Élisabeth : *La reine d'Écosse est mère, et notre reine n'est qu'une plante stérile !* car tout le public demandoit qu'elle réglât la succession. Le parlement qui s'ouvrit alors, alloit même délibérer sur cette affaire, lorsqu'elle fit défense d'aller plus avant, assurant qu'elle étoit dans l'intention de se marier, et que la déclaration d'un successeur entraîneroit de trop grands dangers pour sa personne : on compta peu sur des promesses désavouées par l'éloignement qu'elle montroit pour le mariage. On murmura hautement : on demanda si la défense de délibérer sur un objet aussi important, ne violoit pas les libertés et les priviléges des chambres : quelques-uns, plus emportés

Les Anglais demandent qu'Élisabeth se marie, ou règle la succession.

dirent qu'Élisabeth sacrifioit à ses craintes les intérêts de la nation ; que son ambition étoit seulement de gouverner, sans se mettre en peine de ce qui pouvoit arriver après elle, et que par ses sentimens, elle se montroit plutôt la marâtre que la mère de son peuple. La reine, informée de ce soulèvement, révoqua la défense qu'elle avoit faite, et rendit aux chambres la liberté des délibérations. Cette condescendance ayant calmé les esprits, elle se hâta de rompre le parlement.

1567.

Les vœux d'un grand nombre se déclaroient pour Marie.

Elle s'étoit dérobée aux instances de la nation : mais il n'étoit pas facile d'éluder toujours une demande aussi bien fondée. Les partisans de Marie se multiplioient, et leur zèle croissoit depuis la naissance de son fils. Il y en avoit jusque dans la cour même. La plupart des grands seigneurs étoient convaincus de la nécessité de la nommer héritière : les Catholiques se déclaroient pour elle, et même les Protestans, si on excepte les plus fanatiques. On ne parloit que de la modération et de la bienfaisance de cette princesse : et on ne regardoit ses fautes, que comme des erreurs de jeunesse et d'inexpérience. Mais toutes ces préventions favorables se dissipèrent par la conduite que tint Marie ; car nous sommes au moment de ses crimes.

Bothwel, avec une grande naissance, étoit sans talens. Il n'avoit acquis de la considération, qu'en se déclarant ouvertement pour le parti catholique. Sans mœurs, sans conduite, accablé de dettes, les entreprises désespérées paroissoient son unique ressource. Il étoit digne, en un mot, de la confiance de Marie, puisqu'alors elle méditoit les desseins les plus noirs, oubliant son caractère, sa gloire, sa réputation et son honneur. *Caractère de Bothwel.*

L'assassinat du roi fut l'effet de sa foiblesse pour ce monstre. On ne douta pas qu'il n'en fût l'auteur : on ne douta pas non plus qu'il ne l'eût commis, après l'avoir projeté avec elle : la combinaison de toutes les circonstances en étoit la preuve. Elle fit rendre une sentence qui le déclara innocent, mais si à la hâte, si inconsidérément, que la procédure même confirma l'opinion générale. Alors elle affronta le public : elle ne connut plus de pudeur : elle redoubla de *Il assassine Henri, et Marie l'épouse.*

confiance pour Bothwel : elle vécut avec lui dans la plus grande familiarité : enfin, ne craignant pas d'exposer sa couronne et sa vie pour un homme, à qui elle avoit fait le sacrifice de sa réputation, elle l'épousa, et ce mariage, flétrissant par lui-même, le fut encore par toutes les circonstances qui l'accompagnèrent. C'est ainsi que cette malheureuse princesse, d'abord imprudente avec Rizzio, et ensuite criminelle avec Bothwel, se précipite par son inconsidération d'abyme en abyme. En vain les menaces de la nation s'opposoient à ce mariage; en vain Élisabeth et les Guises mêmes avoient fait ce qu'ils avoient pu pour l'empêcher; Marie, dans son ivresse, étoit devenue insensible à la crainte, aux conseils et au mépris.

Soulèvement des Écossais. Marie, prisonnière.

Pendant que cette nouvelle porte chez l'étranger l'horreur qu'elle inspire, l'Écosse se soulève, Bothwel s'enfuit, traînant après lui ses crimes, ses remords, et marchant vers la fin malheureuse qui l'attend. Marie, sans secours, reste prisonnière. Ses sujets, devenus ses ennemis, sont des ames féroces, fanatiques, dont l'enthousiasme s'allume encore par le scandale : et cependant elle n'a pour sa défense, que sa jeunesse, sa beauté, ses graces, ses larmes, et je ne puis pas ajouter son innocence.

Après avoir été traînée en prison, à travers les insultes de la populace, elle fut forcée de signer son abdication. Son fils fut proclamé roi : on donna la régence à Murrai, et on résolut de procéder contre elle avec la dernière rigueur.

Elle est forcée à signer son abdication.

Dès qu'Élisabeth cessa de voir une rivale dans cette reine infortunée, sa jalousie fit place à d'autres sentimens. Elle réfléchit sur les revers, qui menaçoient les trônes dans ces temps de troubles et de factions, et elle s'attendrit sur le sort de Marie. Se flattant de trouver les moyens de pacifier l'Écosse, elle offrit sa médiation par son ambassadeur. Elle l'avoit chargé de quelques conseils pour Marie, auprès de laquelle il ne put pas avoir d'accès ; et de représenter aux confédérés, que, quoiqu'elle désaprouvât la conduite de leur reine, elle jugeoit leur révolution inique, et contraire aux principes de tout bon gouvernement ; que les prières, les conseils, les remontrances, sont les seules armes

Élisabeth s'attendrit sur son sort, et veut lui procurer la liberté.

dont les sujets puissent légitimement se servir ; et que, lorsque ces moyens ne réussissent pas, c'est du ciel qu'ils doivent attendre le retour de leur maître à la justice. Elle oublioit qu'elle-même auparavant les avoit encouragés à la révolte. A ces représentations, son ambassadeur avoit ordre de joindre les menaces : mais enfin tous ses efforts furent inutiles. Elle ne put rien gagner sur des hommes qui avoient déjà trop fait pour reculer.

<small>Un parti se forme en faveur de Marie.</small> Cependant il étoit bien difficile que tous les chefs fussent également contens de la forme que prenoit le gouvernement, puisqu'ils ne pouvoient pas y avoir tous la même part. La jalousie les divisa donc, et parut pouvoir plus en faveur de la reine que la protection d'Élisabeth. Marie d'ailleurs commençoit à paroître moins coupable depuis la fuite de Bothwel, qu'on regardoit comme le premier auteur de ses crimes ; et ce favori n'étant plus à craindre, les seigneurs mécontens songeoient qu'ils pouvoient s'étayer du nom de cette reine.

Le peuple, après les momens donnés à

l'indignation, ne sentoit plus que les infortunes de cette princesse : il gémissoit de voir dans les fers celle qu'il avoit aimée sur le trône ; et les Catholiques sur-tout desiroient une nouvelle révolution en sa faveur. On se plaignoit donc assez généralement de la rigueur avec laquelle elle étoit traitée. Alors plusieurs seigneurs s'assemblèrent, pour concerter les moyens de la servir.

Sur ces entrefaites, Georges Douglas la délivra et la conduisit à Hamilton, où elle eut en peu de jours une armée de six mille hommes. Élisabeth, qui en est instruite, se propose de lui envoyer des secours, mais elle ne le peut pas assez tôt. Les troupes de Marie sont défaites par le régent : elle fuit avec très-peu de suite : arrivée sur les frontières d'Angleterre, elle balance : enfin elle n'a pas d'autre ressource. Comptant donc sur la générosité dont Élisabeth lui a donné des preuves, elle se livre à sa rivale.

Elle est délivrée ; mais son parti est vaincu, et elle fuit en Angleterre. 1568.

Elisabeth ayant Marie en sa puissance, se voyoit délivrée de l'inquiétude que lui donnoient l'Ecosse et les droits de cette princesse. Elle trouvoit des inconvéniens à prendre les armes pour la rétablir, et elle

Elisabeth refuse de la voir, jusqu'à ce qu'elle se soit justifiée, à quoi Marie consent.

n'en trouvoit point à protéger la régence : car Murrai ne pouvoit avoir d'autres intérêts que les siens. Elle jugea donc qu'elle devoit s'assurer de Marie, et ne point déclarer encore si elle employeroit ses forces pour ou contre elle. Ainsi se bornant à l'assurer de son amitié, elle refusa de la voir, jusqu'à ce qu'elle se fût justifiée du meurtre de Henri. Marie répondit, les larmes aux yeux, qu'elle la prenoit volontiers pour arbitre. Sa situation étoit embarrassante, elle sentoit bien que la raison qu'apportoit Elisabeth n'étoit qu'un prétexte : mais elle sentoit aussi qu'en s'y refusant, elle avouoit indirectement son crime.

Murrai, régent d'Ecosse, vient à Londres. Dès qu'Elisabeth eut le consentement auquel elle s'étoit attendu, elle dépêcha au régent d'Ecosse, et lui enjoignit d'envoyer quelqu'un à Londres pour rendre compte de sa conduite : Murrai fut choqué d'un ordre donné en souveraine : cependant il vint lui-même avec quelques autres, croyant devoir ménager la reine d'Angleterre. D'ailleurs il jugeoit de ses vues, par l'intérêt qu'elle avoit à le soutenir ; et il prévoyoit bien qu'elle ne lui seroit pas contraire.

Marie pouvoit faire les mêmes réflexions, et son embarras en croissoit d'autant plus. Elle voulut alors retirer le consentement qu'elle avoit donné, se fondant avec raison sur ce qu'étant reine, des sujets rebelles ne pouvoient pas la citer devant un souverain étranger ; et elle demanda qu'Élisabeth la rétablît, ou lui permît de passer en France. Cependant il fallut céder, quoiqu'avec répugnance : car sa situation donnoit trop d'avantage à la reine d'Angleterre, qui d'ailleurs coloroit ses démarches de tous les dehors de l'amitié.

Marie veut retirer son consentement.

On produisit donc, d'un côté les accusations ; de l'autre on ne répondit pas, ou on répondit mal. Marie étoit si séduisante, qu'elle avoit convaincu de son innocence tous ceux qui l'approchoient : il ne lui étoit pas aussi facile de se justifier devant un tribunal, où elle ne paroissoit pas et qui eût été fâché de la trouver innocente.

On confère sur les accusations.

Après que les conférences eurent été rompues, Murrai retourna en Écosse, et Marie demanda encore ou des secours, ou la permission de se retirer en France. Comme elle étoit venue en Angleterre de son propre

Les conférences ayant été rompues, Marie demande inutilement des secours, ou la permission de se retirer en France.

mouvement, elle n'imaginoit pas qu'on pût sans injustice lui refuser l'une ou l'autre de ses demandes. Élisabeth lui donna des espérances, usa de dissimulation, gagna du temps, et Marie resta prisonnière. »

<small>Alors la guerre avoit recommencé en France et dans les Pays-Bas.</small>

Telle étoit en quinze cent soixante-huit, la situation des choses en Angleterre et en Écosse : mais la guerre ayant commencé l'année précédente dans les Pays-Bas et en France, Élisabeth ne pouvoit manquer d'y prendre quelque part, quand ce n'eût été que pour écarter l'incendie qui menaçoit son royaume.

<small>Le comte d'Egmont avoit porté au roi d'Espagne les plaintes des Flamands.</small>

Granvelle avoit été rappelé, en 1564, à la sollicitation de la duchesse de Parme, qui avoit représenté combien la conduite de ce ministre soulevoit les peuples : cependant le concile de Trente, qu'un grand nombre ne vouloit pas recevoir, l'inquisition que tous redoutoient, et les édits rigoureux qui avoient été publiés, étoient toujours autant de semences de révolte. Le comte d'Egmont, chargé d'en instruire le roi d'Espagne, partit au commencement de 1565.

<small>Philippe II consulte des théologiens dont il</small>

Philippe assembla cinquante théologiens, pour savoir ce qu'ils pensoient sur la liberté de conscience, que demandoient les Fla- *ne suit pas les conseils.* mands. Ils répondirent qu'on pouvoit la leur accorder, parce qu'autrement le roi et l'église couroient risque de perdre les Pays-Bas. Je ne vous demande pas, dit Philippe, si je le puis, mais si j'y suis obligé; et lorsqu'ils eurent répondu qu'ils ne pensoient pas que ce fût une obligation, il se jeta à genoux, et tendant les mains au ciel: Je vous prie, mon Dieu, dit-il, de m'entretenir dans la résolution où je suis de n'être plus souverain, plutôt que d'avoir des sujets qui vous méconnoissent.

Le voyage du comte d'Egmont fut donc *Cependant l'entrevue de Bayonne effrayoit les Flamands, que Marguerite cherchait en vain à ramener.* inutile, et cependant l'entrevue de Bayonne répandit la terreur en Flandre comme en France. Marguerite, forcée d'obéir aux ordres de son frère, chercha toutes les voies de douceur: mais il n'y en avoit point pour soumettre au despotisme des peuples jaloux de leurs priviléges. Elle n'étoit point aidée par son conseil: car les seigneurs de la nation que Philippe y avoit fait entrer, dans la vue de se les attacher, parloient ouvertement contre toute entreprise qui tendoit à détruire l'ancien gouvernement: tels étoient entre autres, le prince d'Orange, le comte d'Egmont et le comte de Horn.

<small>Ils lui demandent la liberté de conscience.</small> En 1566, le comte de Bréderode et le comte de Nassau, frère du prince d'Orange, accompagnés de quatre cents hommes presque tous de la noblesse, se présentèrent devant la régente, et lui demandèrent la liberté de conscience avec la suppression de l'inquisition. Elle répondit qu'elle en écriroit au roi d'Espagne, et en attendant elle fit suspendre l'exécution des édits jusqu'à nouvel ordre. Elle prit ce parti modéré, malgré les conseils du comte de Barlémont, qui lui disoit de ne pas se mettre en peine de ces gueux ameutés.

<small>Ligue des gueux.</small> Ce propos injurieux donna un nom à cette ligue, et un nom est quelque chose, surtout quand il rappelle une offense. Bréderode mit une besace sur ses épaules, et but dans une écuelle de bois. Tous burent à son exemple dans la même écuelle : tous crièrent *vivent les gueux ;* tous jurèrent de sacrifier leur vie à la défense de la patrie. Cette ligue devint célèbre ; et le devint peut-être plus, que si elle eût pris tout autre nom.

<small>Soulèvement</small> Marguerite ne put plus contenir le peu-

ple, qui prévoyoit trop bien la réponse du conseil d'Espagne. Il se souleva dans plusieurs endroits, pilla les églises, brisa les images et professa publiquement la nouvelle religion. Philippe s'applaudit en quelque sorte de cette révolte, parce qu'il crut avoir un prétexte pour ôter aux Flamands tous leurs priviléges. Il chargea de ses ordres Ferdinand de Tolède, duc d'Albe, auquel il donna un corps de troupes Espagnoles. C'étoit un bon capitaine; mais un homme sanguinaire, qui croyoit conduire des peuples comme des soldats. Marguerite fit de vains efforts pour faire tomber le choix de son frère sur un autre.

Arrivé dans les Pays-Bas, le duc d'Albe parut craindre de n'être pas assez redouté. Il prit toutes sortes de mesures pour répandre la terreur. Il rendit publique toute l'étendue des pouvoirs qu'il avoit reçus du roi d'Espagne : il affecta de montrer les troupes qu'il avoit amenées : il déclara qu'il se proposoit de bâtir des citadelles, et il fit arrêter le comte d'Egmont et le comte de Horn. Marguerite, voyant qu'elle n'avoit pas la puissance d'empêcher les maux qu'elle présageoit, demanda et obtint la permission de se retirer. Elle partit, après avoir tout tenté pour persuader à son frère plus de modération. Elle fut regrettée de tous les Flamands.

Cruautés du duc d'Albe.

Philippe étoit bien éloigné de désapprouver la sévérité de son ministre; car il se retrouvoit lui-même dans cette ame cruelle. Le duc d'Albe sévit donc avec la dernière rigueur. Sans égard pour les priviléges de la nation, il traita de criminel quiconque osoit parler de privilége; et il établit un conseil terrible qu'on nomma pour cette raison *le conseil de sang*. On prétend que dans le cours d'un mois, deux mille personnes furent mises en prison, et trente mille s'enfuirent dans les pays étrangers. Cependant le prince d'Orange qui s'étoit retiré en Allemagne, sollicitoit les peuples à la révolte, et ramassoit des forces pour venir à leur secours.

La terreur qu'elles répandent en France, cause le soulèvement des Huguenots.

Les Huguenots de France ne voyoient pas sans inquiétude l'oppression où étoient ceux des Pays-Bas. Ils craignoient pour eux-mêmes un pareil sort; les soupçons qu'avoit fait naître l'entrevue de Bayonne se renouvelèrent; et la conduite du duc d'Albe dans les Pays-Bas, fut une des causes qui hâta la guerre civile en France.

Le prince de Condé avoit alors de nouveaux sujets de mécontentement ; car la reine ne lui avoit pas donné l'autorité qu'elle lui avoit promise, lors de la paix de 1563. Il se ligua donc avec Coligni. Le projet fut formé d'enlever Charles IX, qui étoit à Monceaux. Il échoua ; et le roi, qui n'échappa qu'avec peine, se retira dans sa capitale. *Condé est à leur tête.*

Condé s'étoit rendu maître de plusieurs places aux environs de Paris : mais les troupes qui étoient dans la ville, se trouvant supérieures aux siennes, le connétable sortit, lui présenta la bataille dans la plaine de S. Denis, et fut blessé mortellement. Cette action ne fut pas décisive ; et chaque parti s'attribua la victoire. *Bataille de S. Denis. 1567.*

L'année suivante la paix se fit, et fut bientôt rompue. Condé et Coligni, qu'on avoit voulu enlever, reprirent les armes. La Rochelle leur ouvrit ses portes, et ils y reçurent un secours de la reine de Navarre, qui leur amena son fils Henri, prince de Béarn, âgé de quinze ans. Cette guerre se *La reine de Navarre amène son fils à la Rochelle.*

fit avec plus de fureur que toutes les précédentes.

Condé perd la vie à la bataille de Jarnac. Le prince de Condé perdit la bataille et la vie près de Jarnac, en 1569. Le duc d'Anjou, frère de Charles, commandoit l'armée royale. La mort du chef eût dissipé les rebelles, si Coligni n'eût relevé leur courage. Il mit à leur tête Henri et le fils de Condé.

Bataille de Moncontour. Henri qui ne donnoit encore qu'un nom à son parti, se trouva la même année à la bataille de Moncontour, qui fut perdue, et où il fit présager que son nom seroit grand un jour.

Paix qui fut prise pour un piége. Coligni, souvent battu, trouvoit toujours des ressources. Il reparut avec une nouvelle armée; il fut même en état de menacer Paris. C'est pourquoi le roi, qui manquoit de ressources, fut contraint de faire la paix. On prétend cependant que ce ne fut qu'un piége pour exécuter les projets qu'on soupçonnoit avoir été formés à Bayonne. Par ce traité, les Huguenots obtinrent la liberté de conscience et plusieurs villes pour leur sûreté.

Conduite Pendant cette guerre, Élisabeth donna

des secours aux Huguenots, et Philippe à Charles IX. Le roi d'Espagne regardoit les troubles de France comme son affaire, se reposant de la Flandre sur le duc d'Albe, dans lequel il avoit mis toute sa confiance. Mais, par ses secours comme par ses conseils, il n'a fait que du mal à la France, sans savoir en tirer aucun avantage. En désapprouvant toujours la paix, et en exhortant toujours à la dernière rigueur, il n'a jamais employé assez de forces, ni pour soutenir le parti qu'il paroissoit favoriser, ni pour acquérir quelque chose lui-même. Cependant il me semble qu'en ne faisant que ce qu'il falloit pour faire durer les troubles en France, il n'en faisoit pas assez pour les faire finir dans les Pays-Bas.

de Philippe II, dans cette dernière guerre.

Élisabeth se conduisoit avec plus de sagesse. Comme un de ses principaux soins étoit de tenir ses sujets catholiques dans l'impuissance de former quelque conspiration, elle devoit prendre des mesures pour leur ôter tout espoir de secours de la part de Philippe et de Charles IX. Il étoit donc de son intérêt d'entretenir les troubles en France et dans les Pays-Bas, et elle rem-

Conduite d'Élisabeth avec les Huguenots et avec les Flamands.

plissoit son objet, en empêchant seulement
que les Protestans ne fussent tout-à-fait
opprimés : elle n'avoit donc garde de faire
pour eux tout ce qu'ils demandoient. Elle
les soutenoit en France, parce qu'elle ne
craignoit pas Charles IX : mais elle se
contenoit d'observer les Pays-Bas, sans
se déclarer encore ; parce que les vastes
et paisibles états, où Philippe étoit absolu, le rendoient redoutable. Elle gagnoit
cependant à tous ces troubles ; car les
Flamands, qu'elle accueilloit, cherchoient
un asyle en Angleterre, où ils appor-
toient les manufactures, le commerce et
l'industrie.

<small>Elle se sai-
sit d'une somme
que Philippe
envoyoit au duc
d'Albe.</small>

Quoiqu'elle fût attentive à ne point fournir de prétexte au roi d'Espagne, elle se
permit néanmoins un coup hardi. Des vaisseaux qui avoient été attaqués par des cor-
saires, s'étant réfugiés dans ses ports, elle
apprit qu'ils portoient quatre cent mille
écus au duc d'Albe, et que cette somme
avoit été prêtée par les Génois. Elle s'empara de cet argent, en déclarant qu'elle
l'empruntoit elle-même. Le duc d'Albe,
qui en avoit besoin pour payer ses troupes,

fut dans la nécessité de mettre de nouveaux impôts. La tyrannie avec laquelle il les établit souleva le peuple ; et il l'irrita encore par la sévérité des châtimens. Il en fut plus odieux et moins puissant : c'est ce qu'Élisabeth avoit prévu. Cette affaire fut le sujet d'une négociation, et occasionna seulement quelques hostilités passagères entre l'Angleterre et l'Espagne.

Pendant qu'Élisabeth offensoit ou ménageoit avec adresse les puissances étrangères, et ne se comprometoit jamais, tout plioit sous son joug en Angleterre, où elle sentoit toute l'étendue de son autorité. Nous allons voir dans un parlement les derniers efforts d'une liberté déjà bien foible.

Le chancelier Bacon défendit, au nom de la reine, de délibérer sur aucune affaire d'état. Cette défense regardoit sans doute l'article du mariage, et celui de la succession : car il y avoit long-temps que les parlemens n'osoient toucher aux choses que le souverain s'étoit réservées, telles que la paix, la guerre, les alliances et les négociations.

Cependant Stricland, un des membres

propose un bill pour rectifier la liturgie. de la chambre des communes, proposa des bills pour rectifier la liturgie. Il vouloit surtout proscrire le signe de la croix dans le baptême. Un autre demanda la suppression des génuflexions, qui se font en recevant les sacremens. Ils prétendoient que c'étoit là des cérémonies superstitieuses.

La chambre des communes demande la permission de délibérer sur ce bill. Les courtisans rejetèrent ces bills, disant que le parlement ne pouvoit se mêler des cérémonies de religion, sans entreprendre sur la suprématie de la reine, et sur la prérogative royale dont la suprématie faisoit partie. Un nommé Pistor, scandalisé de leur retenue, s'éleva contre eux. Il soutint que ces questions regardoient le salut des ames, et que, par conséquent les prérogatives royales, ainsi que les royaumes n'étoient rien en comparaison. Il fut approuvé de la chambre des communes. Cependant craignant de se mêler d'une affaire d'état, elle arrêta qu'on présenteroit une requête à la reine, pour lui demander la permission d'aller en avant sur ces bills.

Élisabeth défend à Stricland de reparoître au parlement; ce qui Élisabeth, aussi jalouse de la suprématie que des autres droits de sa couronne, manda Stricland, et lui défendit de reparoître à la

chambre des communes. Cet acte d'auto- *soulève les esprits.*
rité sur le représentant d'une partie des citoyens, souleva les esprits. On se plaignit que les libertés étoient violées : on remarqua que, si cet exemple n'étoit pas dangereux sous un gouvernement aussi juste que celui de la reine, il le deviendroit sous ses successeurs, parce qu'ils s'en feroient un droit. On ajouta même que, quels que fussent les priviléges de la couronne, ils n'étoient pas sans limites, et que le souverain ne pouvoit ni faire ni abroger des lois de sa seule autorité.

La hardiesse de ces discours parut *Après bien des contestations, on*
étrange, parce qu'il y avoit long-temps que *suspend toutes délibérations.*
de pareilles vérités ne se faisoient plus entendre. Les courtisans raisonnèrent sur des principes bien différens, et les contestations furent vives : mais parce que plus on s'échauffoit, moins il étoit possible de rien décider, on convint de suspendre quelque temps toutes délibérations.

Élisabeth, en faisant une tentative har- *Élisabeth profite de ce mo-*
die, ne se comprometttoit pas, parce qu'elle *ment pour permettre à Stric-*
savoit céder à propos, pour reprendre bien- *land de retourner au parlement.*
tôt plus d'autorité. Elle saisit le moment

où l'on ne délibéroit pas, pour rendre à Stricland la permission de siéger dans le parlement. Elle parut, par cette démarche, regarder le silence des communes, comme un acte d'obéissance dont elle vouloit les récompenser. Elle fit dire ensuite par la chambre-haute, qui entra dans ses vues, qu'elle avoit examiné les articles de réforme : que son intention étoit de les publier, comme chef de l'église anglicane; et qu'elle ne permettoit pas de les discuter. Cette conduite adroite et ferme fit insensiblement oublier tous ces bills.

Quelques membres disent quele droit d'acror ler des priléges exclusifs, est une partiede la prérogative.

Robert Bell ayant ensuite ouvert un avis contre un privilége exclusif, accordé à une société de marchands, Élisabeth envoya ordre de passer rapidement sur cette matière, et d'éviter les longs discours. Les membres de la chambre-basse comprirent qu'elle trouvoit mauvais qu'on eût agité cette question. C'est pourquoi quelques-uns établirent le droit d'accorder des priviléges, comme faisant partie de la prérogative royale. Ils attestèrent, pour le prouver, les registres des autres parlemens; c'est-à-dire, qu'ils autorisèrent un abus, parce qu'il y en avoit déjà eu des exemples. Sur de pareils principes trop ordinaires, ils conclurent que, demander si la reine pouvoit user de ce droit, c'étoit mettre en doute si elle étoit reine ; et que l'avis de Bell étoit un attentat contre son autorité. Ils avertirent donc la chambre d'user de plus de circonspection, et de ne pas forcer Élisabeth à déployer toute sa puissance.

Ces discours déplurent ; mais, trop intimidée pour les désapprouver hautement, la chambre des communes déclara qu'elle n'avoit jamais eu d'autre intention que de faire à ce sujet de très-humbles remontrances à sa majesté. Cependant un des membres eut le courage de représenter ces discours comme le langage d'une lâche adulation : il soutint qu'ils étoient injurieux à la chambre, et il recommanda de songer aux moyens de conserver la liberté de la parole et tous les priviléges du parlement. Alors Bell, qui avoit été mandé par le conseil, revint avec une contenance si abattue, qu'il répandit une terreur générale, et on ne parla plus qu'avec beaucoup de réserve. Comme il n'étoit pas possible de voir où

D'autres traitent ces discours de flatteries ; mais enfin tous se soumettent.

finissoit la prérogative, qui s'étendoit au gré du souverain, on craignoit toujours de paroître vouloir lui opposer une digue. On alloit comme en tâtonnant dans les ténèbres : on avoit peur à chaque question que les moins timides proposoient : on se demandoit : Pouvons-nous l'agiter ? la reine n'en sera-t-elle pas offensée ? On prenoit de grands détours; on faisoit de longs préambules ; on louoit sur-tout le gouvernement; et souvent on ne paroissoit parler que pour éviter de dire son avis.

<small>C'est dans ce parlement que la reine achève de rendre son autorité tout-à-fait absolue.</small>

Vous voyez que l'autorité souveraine, parvenue à son comble, étoit tout-à-fait absolue. Les fonctions des parlemens se bornoient à diriger les manufactures de cuir, et les fabriques de toile, à veiller à la conservation des faisans et des perdrix, à faire réparer les ponts et chaussées, à punir les vagabonds et les mendians, et à maintenir la police dans la campagne. Leurs plus beaux priviléges étoient d'accorder des subsides, de juger la noblesse, quand il ne plaisoit pas à la reine de nommer une commission, et d'être l'instrument dont elle pouvoit se servir toutes les fois qu'elle ne

vouloit pas paroître agir de sa seule au-
autorité.

Elisabeth étoit si persuadée que sa pré- *Elle agissoit et parloit, comme bien convaincue que sa prérogative n'avoit pas de bornes.*
rogative n'avoit point de bornes, qu'elle
traitoit d'audacieux et de téméraires ceux
qui avoient agité les questions que j'ai rap-
portées. Elle menaçoit quiconque auroit à
l'avenir la même présomption; et elle trouvoit qu'on manquoit d'obéissance et de fidélité, lorsqu'on osoit seulement proposer des
remontrances. Bien loin de faire un mys-
tère des maximes despotiques qu'elle adoptoit, elle les montroit, sans détour et avec
hauteur, dans tous ses discours, et dans
toutes ses dépêches au parlement.

Cependant elle faisoit quelquefois un *Quoiqu'elle abusât quelquefois de son pouvoir, elle étoit aimée.*
mauvais usage de son pouvoir. Le privi-
lége qu'elle conserva si despotiquement,
avoit été accordé en faveur de quatre
courtisans, et entraînoit la ruine totale de
sept ou huit mille sujets industrieux. Ce
n'étoit pas même là le seul exemple de cet
abus qui se multiplioit tous les jours : elle
se servoit de ce moyen ruineux pour son
peuple; parce qu'en vendant ces priviléges,
elle évitoit de demander trop souvent des

subsides qui l'auroient forcée à ménager le parlement. Cependant le despotisme de son gouvernement n'empêchoit pas qu'elle ne fût adorée. C'est qu'on s'y étoit accoutumé peu-à-peu, et que, ne conservant aucun souvenir du passé, on ne connoissoit que l'administration présente. Au reste, aux abus près dont je viens de parler, elle usoit sagement de sa puissance; et il me paroît hors de doute, que si elle eût eu moins d'autorité, l'Angleterre auroit été déchirée par des guerres civiles.

Vous avez été étonné, en voyant les matières sur lesquelles ce parlement si soumis a montré quelques restes de liberté. Il faut vous en faire voir la cause, afin de vous préparer aux révolutions des règnes suivans.

Toute la résistance du dernier parlement venoit des Puritains, dont le fanatisme sera funeste à l'Angleterre.

Pendant que le luthéranisme s'établissoit en Angleterre, il se forma une secte d'enthousiastes, qui trouvoient qu'on ne réformoit point assez. Dans leurs ravissemens et dans leurs extases, ils se croyoient seuls capables de purger le culte de tout ce qu'ils nommoient idolâtrie; et ils avoient pris le nom de Puritains. Leur principe étoit de n'avoir rien de commun avec l'église romaine. En conséquence, ils condamnoient toutes les cérémonies en usage, et ils regardoient comme autant d'objets de scandale, la simarre, le rochet, le surplis, l'étole, le bonnet carré, en un mot, tous les vêtemens des prêtres et des évêques. Ils vouloient même encore supprimer tout l'ordre épiscopal. Ils ne pouvoient donc pas approuver Élisabeth, qui, jugeant l'appareil nécessaire pour conserver la religion parmi le peuple, ne s'éloignoit du culte de l'église que le moins qu'il lui étoit possible. Or ce sont ces Puritains qui proposoient de corriger la liturgie, et c'est leur fanatisme qui donnoit au parlement une apparence de liberté. Persuadés que la réforme qu'ils imaginent, regarde le salut des ames, ils sont prêts à sacrifier leur vie pour l'établir. Ils seront, par conséquent, peu disposés à reconnoître la suprématie des souverains. Ils leur résisteront : ils prêcheront qu'il ne faut pas leur obéir sur ce qui concerne le culte. Pour appuyer sur des principes leur doctrine séditieuse, ils examineront la prérogative royale : ils chercheront ce qu'elle a été dans différens temps : ils traiteront d'abus et d'usurpation toute autorité qui les contrariera ; et ils réclameront l'ancienne liberté. Nous verrons cette secte changer tout-à-fait le gouvernement de l'Angleterre.

Alors Pie V formoit le projet d'ôter l'empire de la Méditerranée aux Turcs.

Lorsqu'Élisabeth achevoit de vaincre les derniers efforts d'une liberté expirante, il se formoit en Italie une ligue contre les Turcs, qui continuoient la guerre contre les Chrétiens. Selim II, fils du célèbre Soliman, régnoit alors sur eux. L'ame de cette ligue étoit Pie V, pontife altier, ambitieux, remuant, sévère, cruel même. Sous lui, le tribunal de l'inquisition devint en Italie plus sanguinaire qu'il ne l'avoit été : il fomenta les troubles en France : il tenta de soulever l'Irlande contre la reine d'Angleterre : il donna la fameuse bulle *In cœna Domini*, qui se publie à Rome tous les ans le jeudi saint, et qui excommunie tout prince qui exige des ecclésiastiques quelque contribution, sous quelque nom que ce puisse être. Bien éloigné de la modération que demandoient les temps malheureux de l'église, il avoit de grandes qualités, qui auroient été mieux sur un trône que sur le saint siége. Riche et puissant par son économie, il pouvoit fournir aux grands projets qu'il formoit, et donner des secours à ses alliés. Il se proposa d'ôter aux Turcs l'empire de la Méditerranée.

De toutes les puissances, les Vénitiens et le roi d'Espagne furent les seuls qui entrèrent dans ses vues, parce que c'étoit celles qui s'intéressoient davantage au succès de ce projet, et Philippe pouvoit donner de grands secours. La flotte fut composée de deux cent vingt galères, de six grosses galéasses, de vingt-cinq vaisseaux, et de plusieurs autres navires. D. Juan, ou Jean, fils naturel de Charles-Quint, la commandoit. Sous lui étoit Marc-Antoine Colonne, général nommé par le pape, qui avoit fourni la sixième partie de l'armement. Les Vénitiens avoient donné le commandement de leurs forces à Veniero et à Barbarigo. Cette flotte rencontra, près du golfe de Lépante, celle des ennemis, beaucoup plus considérable. Les généraux turcs n'étoient pas d'accord. Le conseil qu'un d'eux donna d'éviter l'action, eût rendu inutile l'armement des Chrétiens. Il ne fut pas suivi; et les Turcs

Les Vénitiens et Philippe entrent dans ses vues. Bataille de Lépante.

furent entièrement défaits. Leurs forces maritimes en ont été si affoiblies, que depuis ils n'ont plus été redoutables sur mer.

{1571.}

D. Juan se fit par cette victoire un nom célèbre dans toute la chrétienté. Il passa, en 1573, en Afrique, et prit Tunis : mais les Espagnols reperdirent cette conquête l'année suivante. Pie V étoit mort en 1572 ; la ligue ne subsistoit plus, et les opérations mal concertées ne pouvoient pas avoir les mêmes succès.

{Dans ce même temps la cour de France ne s'appliquoit qu'à dissiper les craintes des Huguenots.}

L'Angleterre étoit tranquille, sous l'autorité absolue d'Élisabeth, et les armes des Chrétiens venoient d'abattre la puissance maritime des Turcs, lorsque le fanatisme méditoit en France des conjurations inouies, et telles que les langues n'ont pas d'expression pour tracer l'horreur qu'elles inspirent.

La paix de 1570 n'avoit pas rassuré les Huguenots : plus elle leur étoit favorable, plus ils craignoient les piéges d'une cour perfide. Henri, Condé, et l'amiral qui servoit de père à ces princes, se tenoient éloignés, et veilloient dans la méfiance : mais le conseil du roi ne négligeoit rien pour dissiper les soupçons : il observoit scrupuleusement la tolérance : il sévissoit contre les Catholiques, qui tentoient de l'enfreindre : il donnoit des emplois à la noblesse protestante, il la combloit de graces ; et il déclaroit que le roi, convaincu de la difficulté de contraindre les consciences, étoit déterminé à laisser à chacun le libre exercice de sa religion.

Il ouvrit une négociation avec la reine d'Angleterre, et lui proposa d'épouser le duc d'Anjou. C'étoit encore un artifice pour persuader aux Huguenots qu'il ne conservoit plus la même antipathie contre eux. Elisabeth trouvoit aussi son intérêt à se prêter à cette négociation. Car Philippe ne pouvoit être qu'inquiété de la voir au moment de s'allier avec la France ; et les partisans de Marie, en Ecosse et en Angleterre, devoient en être intimidés. Les deux cours parurent donc se rapprocher ; les difficultés s'applanirent : on offrit, on céda de part et d'autre : le mariage parut sur le point de se conclure. Mais on ne s'étoit si fort avancé, que parce qu'on voyoit que l'article de

Elle ouvre une négociation avec Elisabeth.

la religion pouvoit toujours être un obstacle invincible.

<small>Elle feint de vouloir déclarer la guerre à l'Espagne.</small>

Ces artifices ne furent pas les seuls. Charles dit qu'il vouloit déclarer la guerre au roi d'Espagne. Il parut le prouver, en faisant un traité avec Elisabeth, en permettant au comte de Nassau de lever des troupes en France, et en lui promettant de porter ses armes dans les Pays-Bas. Il ajouta même que l'amiral étoit seul capable de conduire cette guerre : enfin il offrit Marguerite sa sœur en mariage au prince de Béarn.

<small>Charles IX donne sa sœur Marguerite à Henri, et c'est alors qu'on égorge les Huguenots.</small>

Il n'étoit plus possible de conserver des soupçons. Pouvoit-on croire que Charles, dont on connoissoit le caractère emporté, seroit capable de dissimuler jusqu'à ce point ? La principale noblesse protestante se rendit donc à Paris, pour se trouver aux noces de Henri. Elles se firent le 18 du mois d'Août ; et la nuit du 23 au 24, jour de S. Barthélemi, les Huguenots furent égorgés. On n'épargna ni enfans, ni femmes enceintes. Les Catholiques dans ce désordre exercèrent leur vengeance, les uns sur les autres. Sept cents maisons furent pillées.

<small>1572.</small>

Le massacre dura plusieurs jours, et le roi lui-même, de ses fenêtres tira, dit-on, sur ses sujets. Coligni fut assassiné des premiers. Henri et Condé ne sauvèrent leur vie, qu'en faisant abjuration. La reine de Navarre étoit morte quelque temps auparavant, et on a soupçonné qu'elle avoit été empoisonnée.

De pareils ordres sanguinaires avoient été expédiés dans les provinces. On obéit à Meaux, à Rouen, à Orléans, à Troies, à Bourges, à Lyon, à Toulouse et dans d'autres villes. Mais il y eut des gouverneurs qui se refusèrent à cette cruauté. Tels furent les comtes de Tendes et de Charni ; le vicomte d'Orte, S. Heran, la Guiche, Tanegui le Veneur, Maudelot, de Gordes, etc.

C'est le duc de Guise, fils du dernier mort, qui fut chargé d'exécuter dans la capitale ce projet, que Catherine de Médicis et le conseil avoient formé de sang-froid. Cet événement confirma que, dans l'entrevue de Bayonne, il avoit été résolu d'exterminer les Huguenots de façon ou d'autre. Il ne seroit pas possible d'assurer le nombre des personnes qui périrent dans le royaume. Les mémoires de Sulli le portent à plus de soixante-dix mille, et Péréfixe à cent mille.

Consternation de la cour de Londres à cette nouvelle. Charles, pour se justifier dans les cours étrangères, fit publier qu'il avoit voulu prévenir une conjuration des Huguenots comme s'il eût été possible que tous ceux qui avoient été massacrés, eussent conspiré, et que, dans cette supposition absurde, les chefs se fussent livrés sans précaution. Fénélon, alors ambassadeur en Angleterre, eut honte d'être Français, quand il se vit forcé de présenter à la reine cette trahison monstrueuse comme un acte de prudence. Lorsqu'il vint à l'audience, il trouva toute la cour vêtue de deuil : le silence et l'obscurité ajoutoient à ce triste appareil : aucun regard ne se tourna sur lui : il parvint jusqu'à la reine, sans qu'on fît aucun mouvement à son approche : Elisabeth montra son étonnement, sans laisser voir toute son indignation, blâma le conseil de France, et plaignit le roi.

Joie de Philippe. Mais à Madrid, lorsque la nouvelle de ce massacre y fut portée, on connut pour la première fois que Philippe étoit sensible à la joie. Il n'en avoit donné aucun signe en apprenant la victoire de Lépante : mais sa gravité ne put cacher la satisfaction qu'éprouvoit son ame, en se représentant le sang répandu de tant de citoyens. Il fit des présens au courier ; il écrivit à Charles pour le féliciter : il se réjouit avec ses courtisans : il se réjouit en public ; et il exigea des corps qu'ils vinssent lui faire compliment.

Élisabeth vit alors le fondement qu'elle pouvoit faire sur l'alliance de Charles. Elle vit ce qu'elle pouvoit attendre de ce prince et de Philippe, si jamais ils étoient assez maîtres chez eux, pour tenter de protéger les Catholiques d'Angleterre. Elle prit donc les mesures les plus sages, pour prévenir les attentats dont elle étoit menacée. Cependant elle feignit de croire aux protestations d'amitié, que la France ne cessoit de lui faire : elle parut même se prêter à la proposition qu'on lui fit d'épouser le duc d'Alençon, troisième frère de Charles : il n'étoit plus question du duc d'Anjou. Elle triomphoit sur-tout, lorsque la coquetterie entroit pour quelque chose dans la politique, et d'ailleurs elle étoit flattée de penser

A ce massacre, Élisabeth jugeant ce qu'elle doit attendre de Charles et de Philippe, songe à leur donner de l'occupation chez eux.

qu'un prince, plus jeune qu'elle de vingt-cinq ans, soupiroit pour ses attraits : car jusques dans sa vieillesse elle eut la manie de se croire belle.

La S. Barthélemi, qui ne pouvoit être utile à la religion,

Il est bien étrange qu'on ait imaginé d'égorger en une nuit tous les Huguenots qui étoient en France ; et quand on les eût égorgés, n'en restoit-il pas en Allemagne? n'en restoit-il pas dans les Pays-Bas et en Angleterre? Que gagnoit donc la religion à ce massacre ? Mais le fanatisme est toujours aveugle, et ceux qui le dirigent ne songent pas à la religion.

Rend les Huguenots plus puissans que jamais.

La S. Barthélemi chassa du royaume une quantité de Huguenots, qui se sauvèrent en Angleterre, en Allemagne et dans la Suisse, où ils excitèrent l'indignation des Protestans. Ceux qui ne purent pas s'enfuir, cherchèrent un asyle dans quelques citadelles. Montauban, Castres, Nîmes et la Rochelle, formèrent une confédération. Ce parti, qu'on croyoit avoir exterminé, eut bientôt dix-huit mille hommes sur pied, et se vit maître d'environ cent villes, châteaux ou forteresses. La noblesse d'Angleterre offrit de lever vingt-deux mille hommes d'infanterie, et quatre mille chevaux, de les conduire en France, et de les y entretenir pendant six mois. Mais Élisabeth, qui n'approuvoit pas cette espèce de croisade, contint cette ardeur indiscrète. En Allemagne, au contraire, les princes protestans permirent de lever des troupes chez eux.

La guerre civile recommence pour la quatrième fois. Le duc d'Anjou fait le siége de la Rochelle. Mais son armée y périt presque toute entière; car, soit dans les assauts, soit par les maladies, il perdit plus de vingt-quatre mille hommes. La place capitula cependant, parce qu'on fit aux Huguenots les propositions les plus avantageuses, et le traité fut tout à leur avantage. Ce prince partit ensuite pour la Pologne : il venoit d'en être élu roi.

_{1573. L'armée du duc d'Anjou se ruine devant la Rochelle, qui capitule.}

Le duc de Guise, avec les talens de son père, et des manières aussi séduisantes, avoit encore plus d'ambition. Son ame, formée parmi les troubles, en étoit devenue plus audacieuse. La foiblesse qu'il voyoit dans le gouvernement, et le sentiment de sa supériorité, sembloient lui applanir le

_{Catherine de Médicis s'unit au duc de Guise et au cardinal de Lorraine.}

chemin même du trône. Il s'étoit fait une grande réputation dans les dernières guerres, et sa puissance mettoit la cour dans la nécessité de le ménager. Catherine de Médicis, qui cherchoit toujours des appuis, s'unit avec lui et avec le cardinal de Lorraine, parce qu'elle prévit la mort de Charles, qui étoit tombé malade.

<small>1574.
Parti des mécontens ou des politiques. Mort de Charles IX.</small>

Cette démarche fit naître un nouveau parti, qu'on nomma *les mécontens* ou *les politiques;* parce qu'il se proposoit de réformer l'état, en abattant la puissance des Guises. Le maréchal, duc de Montmorenci, qui en étoit le chef, mit à la tête le duc d'Alençon. Cette conspiration ayant été découverte, les maréchaux de Montmorenci et de Cossé furent mis à la Bastille, et le duc d'Alençon avec le roi de Navarre, furent renfermés dans le château de Vincennes. Le prince de Condé, qui s'évada, se retira en Allemagne. La guerre continuoit, et les Huguenots

<small>1574.</small>

se battoient en désespérés, lorsque Charles mourut. Ce prince ne manquoit pas d'esprit. Amiot, son précepteur, lui avoit donné des connoissances et du goût pour les lettres : mais naturellement violent, emporté, féroce même, il ne parut sur le trône que pour être l'instrument de la vengeance et de l'ambition de ceux qui l'entouroient. Il nomma sa mère régente, jusqu'au retour du duc d'Anjou son héritier, car il ne laissa pas d'enfant légitime.

Henri III se repentit alors d'avoir accepté la couronne de Pologne. Il eut quelque peine à s'échapper, parce que les Polonais le gardoient à vue. Il revint par Vienne, Venise et Turin. L'empereur Maximilien II, fils de Ferdinand, les Vénitiens et le duc de Savoie, lui conseillèrent d'accorder une amnistie générale, et de ne plus faire la guerre aux Huguenots. Cette conduite eût fait espérer un gouvernement tout différent de celui de son frère. Les peuples, qui se flattent sur les plus légères apparences, en auroient auguré d'autant plus favorablement, que ce prince montoit sur le trône avec une sorte de réputation, parce qu'il s'étoit trouvé à la tête des armées, qui avoient remporté des victoires. Il y a donc lieu de présumer que la modération eût rétabli le calme. Elle étoit d'autant plus nécessaire, que les Huguenots, dans une

Henri III revient de Pologne. Raisons qu'il avoit d'user de modération.

assemblée tenue en Rouergue, venoient de reconnoître pour chef, Condé, qui levoit alors des troupes en Allemagne ; que le maréchal d'Anville, frère de Montmorenci s'étoit déclaré chef des mécontens; qu'il avoit pris sur lui de convoquer les états de Languedoc, province dont il étoit gouverneur, et qu'il traitoit pour faire alliance avec les Huguenots. Henri avoit encore une autre raison : c'est qu'il haïssoit secrètement les Guises, et qu'il vouloit les abaisser. Il ne falloit donc pas soulever contre lui-même, le parti auquel ils étoient odieux.

Il fait la guerre aux Huguenots.

Le seul acte de modération qu'il se permit, fut de rendre la liberté à son frère, le duc d'Alençon, et au roi de Navarre. D'ailleurs, à peine fut-il arrivé, qu'il fit marcher des troupes contre les Huguenots du Dauphiné, du Languedoc, de la Guienne et du Poitou : mais d'Anville recevoit des secours du roi d'Espagne et du duc de Savoie, et commençoit à devenir redoutable.

1576. Il demande la paix, et il ne l'obtient qu'en subissant la loi.

Alors Henri fit des propositions de paix qu'on méprisa. Il n'a pas su saisir le moment de s'attacher les rebelles, et ils veulent actuellement lui donner la loi. Sur ces entrefaites, l'évasion du duc d'Alençon donne un chef aux mécontens ; et Condé amène d'Allemagne des secours aux Huguenots. Cependant le roi peut à peine rassembler vingt mille hommes. Il fallut rendre la liberté aux maréchaux de Montmorenci et de Cossé, et les prier d'employer le crédit qu'ils avoient sur le duc d'Alençon, pour obtenir de lui une trève de six mois. Le roi la paya cent soixante mille écus, qu'il donna aux Allemands, levés par le prince de Condé. Il accorda de plus six villes de sûreté aux Huguenots et aux mécontens, et il permit le libre exercice de la religion protestante.

Pendant cette trève, le roi de Navarre s'échappa de la cour : il déclara que son abjuration avoit été forcée, se mit à la tête des Huguenots, et eut sur-le champ un armée de trente mille hommes. Cependant comme il n'avoit point d'argent, il écouta les propositions que la reine lui fit faire : il obtint des conditions encore plus avantageuses que celles de la trève, et ce fut la cinquième paix générale conclue avec les Huguenots.

1576. Le roi de Navarre se met à la tête des Huguenots, et obtient des conditions encore plus avantageuses.

La ligue se forme.

Les Catholiques murmurèrent des priviléges qu'on venoit d'accorder aux hérétiques. Le duc de Guise excita ces murmures : les magistrats de Péronne et la noblesse de Picardie, formèrent une ligue pour la destruction du calvinisme. Cet exemple fut suivi dans plusieurs provinces, et les Huguenots furent attaqués dans différentes villes. Le duc de Guise, chef de cette ligue, qu'on nomma sainte, y fit entrer le roi d'Espagne.

Henri, forcé par les états de Blois, devient chef de la ligue.

Ces troubles se passoient lorsque Henri tint les états à Blois. Tous les députés étoient catholiques, ou même engagés pour la plupart dans la ligue. Ils demandèrent au roi de ne souffrir qu'une seule religion. Il fut donc arrêté qu'on révoqueroit les priviléges accordés aux Huguenots, et qu'on leur déclareroit la guerre. Henri, trop foible pour avoir une volonté, fut contraint d'entrer dans la sainte ligue, et il ne lui resta d'autres ressources, que de s'en déclarer le chef, afin que le duc de Guise ne le fût pas, ou ne parût pas l'être.

1577.

Nouvelle paix dont les conditions sont moins

La guerre recommence donc, et finit la même année par une paix moins favorable.

aux Protestans que la précédente. Les Ca- *favorables aux Huguenots.*
tholiques néanmoins se plaignirent encore.
Il n'étoit donc pas possible d'éteindre la
haine qui séparoit les deux partis, et la
situation du roi se trouvoit telle, qu'il n'é-
toit plus en son pouvoir ni de tolérer, ni de
persécuter.

Les traités violés si souvent, ne permet- *Mais les deux*
toient pas de compter sur une paix durable. *partis traitoient de mauvaise foi*
L'animosité qui s'étoit accrue, avoit fait *et avec défiance.*
des Français deux peuples ennemis : le fa-
natisme les armoit pour leur ruine récipro-
que ; et dans le temps même qu'on signoit
la paix, chaque parti eût cru manquer de
prudence, s'il ne se fût pas préparé pour
une nouvelle guerre.

Entre ces deux partis, le roi n'étoit rien. *Entre ces deux*
Pour être quelque chose en apparence, il *partis, Henri, qui n'étoit rien,*
donnoit son nom à la ligue, et il n'étoit *s'abandonnoit à ses plaisirs.*
qu'un instrument du duc de Guise. Cepen-
dant il s'endormoit dans l'oisiveté, dans les
plaisirs, dans la débauche même. Il dissi-
poit ses finances avec ses *mignons*, jeunes
débauchés, qui le gouvernoient. Il faisoit
presque regretter les brigandages de la
guerre, par les impôts dont il fouloit son

peuple en temps de paix ; il perdoit tou les jours l'affection de ses sujets, et se rendoit méprisable à toute l'Europe. Catherine de Médicis put voir alors combien il lui étoit impossible de commander en divisant. Il eût fallu d'autres talens que les siens pour régner sur deux hommes, tels que le duc de Guise et le roi de Navarre, qui partageoient toute la France. La paix se rompit encore, elle se renoua; et les troubles subsistèrent toujours quelque part jusqu'en 1584, que la guerre recommença avec plus de fureur que jamais.

<small>Élisabeth ménageoit la France par de feintes négociations, et donnoit des secours aux Huguenots.</small> Élisabeth voyoit avec inquiétude l'agrandissement du duc de Guise : elle craignoit encore l'alliance qu'il avoit faite avec Philippe, qu'elle regardoit comme son ennemi. Cependant elle ne vouloit pas rompre ouvertement avec la cour de France : elle se prêtoit toujours à la négociation de son mariage avec le duc d'Alençon, alors duc d'Anjou; et elle s'y prêtoit d'autant plus volontiers, que Henri III, jaloux de son frère, auroit été fâché de la voir réussir. Mais en même temps, elle ne refusoit pas tout secours aux Huguenots ; car

c'étoit en partie avec son argent, que Condé avoit levé des troupes en Allemagne.

Elle eût voulu secourir encore les Protestans des Pays-Bas. Elle les eût secourus, si elle l'eût pu, sans se compromettre avec le roi d'Espagne, que l'état de foiblesse où elle voyoit ces peuples, lui faisoit une loi de ménager. Le duc d'Albe cependant avoit déjà bien avancé le moment où elle pourroit se conduire avec moins de circonspection. On s'étoit soulevé de tous côtés : la Hollande et la Zélande avoient secoué le joug : le prince d'Orange avoit eu des avantages en plusieurs occasions ; et Philippe avoit rappelé le duc d'Albe en 1573, rejetant les mauvais succès sur la conduite de ce général. Il ne pouvoit pourtant lui reprocher que la sévérité qu'il avoit conseillée lui-même. Le duc d'Albe se vantoit d'avoir fait périr, par la main du bourreau, dix-huit mille personnes dans le cours de cinq ans. De ce nombre étoient le comte d'Egmont et le comte de Horn.

Le duc d'Albe avoit avancé le moment où elle pourroit donner des secours aux Flamands sans se compromettre.

Réquesens, d'un caractère modéré, fut envoyé dans les Pays-Bas : mais la modé- *La Hollande et la Zélande lui offrent la souveraineté.*

ration ne pouvoit plus rien sur des peuples qui avoient en horreur la domination espagnole. La guerre continua. Cependant les peuples de Hollande et de Zélande, craignant de succomber, demandèrent des secours à la reine d'Angleterre, et lui offrirent la souveraineté de leur pays. Ils suivoient en cela les conseils du prince d'Orange même.

<small>Elle la refuse, et offre sa médiation.</small> Elisabeth, trop sage pour avoir l'ambition des conquêtes, se contentoit de maintenir la tranquillité dans ses états. Elle n'eut garde d'accepter une souveraineté qui l'exposoit à une guerre avec l'Espagne, ne pouvant pas d'ailleurs attendre de grands secours de la part de ces deux provinces. Elle répondit avec reconnoissance, elle offrit sa médiation, et ouvrit une négociation avec la cour de Madrid.

<small>Pacification de Gand, ou traité des provinces qui s'unissent pour la défense de la liberté.</small> Sur ces entrefaites, Réquesens mourut. Alors les troupes espagnoles, sans paie et sans chef, se portèrent aux derniers excès. Anvers et Mastricht ayant été pillés, et les autres villes étant menacées de l'être, toutes les provinces, excepté le Luxembourg, s'unirent pour repousser les violences, et ap-

pelèrent à leur secours le prince d'Orange et les Hollandais. Elles firent un traité, connu sous le nom de pacification de Gand, par lequel elles arrêtèrent l'expulsion des troupes étrangères, et le rétablissement de la liberté.

D. Juan, envoyé par le roi d'Espagne, trouva les états maîtres du gouvernement, et son autorité ne fut reconnue, que parce qu'il ratifia le traité de Gand, au nom de Philippe, et qu'il renvoya les troupes espagnoles. Il viola bientôt tous ses engagemens, se saisit de Namur, et fit revenir les troupes, quoiqu'il fût assez difficile de dompter ces peuples par la force. On prétend qu'il projetoit encore d'épouser la reine d'Écosse, et de conquérir l'Angleterre. Mais Élisabeth lui donna de l'occupation dans les Pays-Bas : car, voyant toutes les provinces en état, par leur union, de faire une vigoureuse résistance, elle ne craignit plus de s'allier avec elles, et de leur donner des secours. Elle négocia même en cette occasion si adroitement avec la cour de Madrid, qu'elle mit Philippe dans la nécessité de dissimuler son ressentiment.

D. Juan viole le traité qu'il a ratifié, Élisabeth donne des secours aux Flamands.

1577.
Alexandre Farnèse, gouverneur des Pays-Bas.

D. Juan mourut en 1577. On a soupçonné Philippe de l'avoir fait empoisonner, parce qu'il en redoutoit l'ambition : on a dit aussi que le prince d'Orange avoit eu l'art de le rendre suspect au roi d'Espagne. Quoi qu'il en soit, les Provinces-Unies eurent à se défendre contre un bien plus grand homme. C'est Alexandre Farnèse, duc de Parme, fils d'Ottavio. Ce prince étoit dans les Pays-Bas, où il avoit amené des troupes d'Italie, et il en prit le gouvernement. Fait pour la guerre, pour le cabinet, pour les négociations, il avoit l'art, peu connu dans son siècle, d'employer la clémence à propos. Il recouvra des provinces : il reprit la supériorité sur les rebelles : mais enfin les choses étoient trop désespérées, et il ne put empêcher l'union d'Utrecht.

Association de sept provinces.

Sept provinces, Gueldre et Zutphen, Hollande, Zélande, Utrecht, Frise, Over-Issel et Groningue, signèrent, le 23 janvier

1577.

1579, une association, qui est l'époque du commencement de la République des Provinces-Unies. Le prince d'Orange en fut déclaré chef, sous le nom de stathouder.

Mathias et le duc d'Anjou.

Il y avoit alors deux princes qui tentoient

de se faire des souverainetés dans les Pays-Bas. Le premier étoit Mathias, archiduc d'Autriche, fils de l'empereur Maximilien II. Les seigneurs du Brabant, jaloux du prince d'Orange, l'avoient appelé, et lui avoient donné le gouvernement de leur province : mais il n'avoit déjà plus d'autorité. Le second étoit le duc d'Anjou, qui fut proclamé duc de Brabant et comte de Flandre. Il n'eut pas plus de succès. Ambitieux, sans talens, il ne se contenta pas de l'autorité limitée que les états lui avoient confiée : il voulut gouverner en despote des peuples qui s'étoient donnés librement; et il fut contraint de revenir en France, où il mourut peu de temps après. Le prince d'Orange, dont Philippe avoit mis la tête à prix, fut assassiné par Balthasar Gérard, franc-comtois, que le fanatisme arma, plutôt que la récompense offerte. Maurice son fils, âgé de dix-huit ans, lui succéda dans le stathoudérat, et fut grand comme lui. Nulle part la guerre ne se fit avec plus de fureur que dans les Pays-Bas, ni avec plus d'habileté.

Pendant que le fanatisme des peuples,

sabeth au milieu des troubles de l'Europe. l'ambition des grands, et l'imprudence des souverains troubloient l'Europe, Élisabeth maintenoit la tranquillité dans ses états, par sa prudence et par sa fermeté. Elle ne craignoit rien d'aucune puissance étrangère: elle étoit à l'abri de toute insulte de la part de l'Écosse où les Protestans, qu'elle avoit rendus supérieurs, étoient ses alliés : Henri III, trop foible pour régner dans ses propres états, ne pouvoit être un ennemi redoutable : le duc de Guise, qui commandoit à ce roi, trouvoit dans les Huguenots un parti, qu'un chef habile rendoit puissant : Philippe enfin, épuisoit ses vastes états pour soumettre des peuples que le désespoir armoit ; il devoit au moins s'écouler bien du temps avant qu'il pût former quelqu'entreprise sur l'Angleterre, et encore toute entreprise de cette espèce étoit bien hasardeuse. Dans le cas d'une guerre, Élisabeth, se voyoit de grandes ressources dans la confiance et dans l'amour de ses sujets. Par son économie, elle avoit non seulement remboursé les emprunts qu'elle avoit faits au commencement de son règne, elle avoit encore acquitté toutes les dettes de la couronne, quoique contractées sous les règnes précédens. Cette conduite établissoit si bien son crédit, qu'elle pouvoit, sans user de violence, disposer de la bourse de ses sujets : fonds de richesses bien plus solide que les trésors que Philippe tiroit des Indes. Nous en verrons la preuve.

Cependant les haines de religion étoient en Angleterre comme ailleurs une semence de désordres. Les excommunications de la cour de Rome, qui relevoient les sujets du serment de fidélité, suffisoient pour faire prendre les armes aux catholiques, et des missionnaires enthousiastes leur prêchoient continuellement la révolte en croyant prêcher la religion. Il fallut donc sévir : la multitude des sectes, animées à se détruire, forçoit l'autorité ; et un souverain qui embrassoit un parti, étoit dans la nécessité de déclarer la guerre à l'autre : il falloit obéir au préjugé dominant, qui regardoit comme peu attaché à une secte, quiconque ne faisoit pas tous ses efforts pour exterminer les sectes contraires.

Elle est cependant forcée à sévir contre le fanatisme.

Élisabeth employa donc les châtimens. Cependant elle eut d'abord la prudence de

Elle use d'abord de modération.

ne pas porter au désespoir par des persécutions trop violentes. Elle n'exigeoit de serment de suprématie que de ceux qui devoient y être soumis par leurs places, ou par le ministère public dont ils étoient chargés. Elle toléroit même l'exercice de la religion catholique dans les maisons particulières, lorsque ceux qui la professoient, ne cherchoient point à troubler l'état. Mais elle traitoit les Puritains avec plus de rigueur, parce qu'ils s'arrogeoient des droits étranges, tant en matières civiles qu'en matières de religion. En 1581, le parlement voyant les séditions que les Catholiques tentoient d'exciter, décerna des peines contre eux. Ces peines néanmoins n'étoient encore que des amendes ou flétrissures. Mais un autre parlement, tenu en 1584, décerna la peine de mort contre les jésuites et tous les prêtres catholiques qui paroîtroient en Angleterre : la religion catholique ne fut donc plus tolérée, et ce fut le commencement d'une persécution violente. Cependant il n'y eut point de guerres civiles ; parce que l'attention et la fermeté d'Élisabeth prévenoient ou faisoient

Le parlement l'autorise à plus de violence.

échouer les conspirations. Le parlement, qui voulut se reposer sur elle de la tranquillité du royaume, l'autorisa à nommer des commissaires pour faire le procès à quiconque prétendroit à la couronne, ou trameroit quelque soulèvement. Elle créa aussitôt une commission ecclésiastique; tribunal redoutable, qui ne fut soumis à aucune loi : c'étoit une vraie inquisition, établie encore plus contre les Puritains, que contre les Catholiques. Tel étoit le malheur des temps : les Protestans avoient en horreur l'inquisition, et ils établissoient parmi eux un tribunal semblable.

Les persécutions, qui bouleversoient les autres états, troubloient si peu le repos de l'Angleterre, qu'Élisabeth osa s'engager dans une guerre ouverte avec le roi d'Espagne : elle trouva même encore des ressources, pour donner des secours d'argent aux Huguenots de France. *Mais les persécutions ne causent point de séditions.*

Les États-Généraux, c'est ainsi qu'on nomme la république de Hollande ou des Provinces-Unies, se trouvèrent fort affoiblis, par la seule mort de Guillaume, prince d'Orange. Le duc de Parme avoit *Les états-généraux offrent la souveraineté de leurs provinces à Henri III, et puis à Élisabeth.*

eu de grands avantages sur eux, et ils se voyoient au moment de retomber sous la domination d'Espagne. Ayant donc besoin d'un secours étranger, ils offrirent la souveraineté de leurs provinces d'abord au roi de France, et ensuite à la reine d'Angleterre.

Le duc de Guise aspire au trône.

Après avoir vu combien Henri III étoit éloigné de pouvoir accepter une pareille offre, nous verrons quelle fut la réponse d'Élisabeth, et le parti qu'elle prit.

La mort du duc d'Anjou, arrivée en 1584, laissoit le roi de Navarre héritier présomptif de la couronne, parce que Henri n'avoit point d'enfant. Le duc de Guise forma le projet de l'exclure du trône, pour s'y placer lui-même. La religion lui servit de prétexte, et il renouvela la ligue dans laquelle il fit entrer Philippe et le pape Grégoire XIII. Il persuada même au cardinal de Bourbon, oncle du roi de Navarre, de s'en déclarer le chef, lui offrant la couronne, comme à l'héritier légitime. Il y eut alors trois partis ; celui des ligueurs, celui des protestans, et celui du roi, le plus foible de tous.

1585.

Timide, inappliqué, irrésolu, dissipateur, Henri étoit méprisé de ses sujets, autant qu'un prince l'ait jamais été. Il eut le secret, dans ces temps superstitieux, de se rendre méprisable, même par les pratiques de dévotion qu'il affectoit pour persuader de son attachement à la religion : c'est qu'on ne pouvoit pas les concilier avec les mœurs dissolues qu'on lui connoissoit. Je crois cependant, comme on l'a dit, qu'elles étoient sincères : mais je crois aussi qu'il n'avoit aucune idée de la vraie piété. Il passa donc pour hypocrite; et comme on le craignoit aussi peu qu'on le respectoit, les prédicateurs déclamèrent en chaire contre lui et soulevèrent le peuple.

Les prédicateurs déclament contre Henri III qui se rend tous les jours plus méprisable.

Son royaume lui échappoit : car les ligueurs lui faisoient la guerre, ainsi qu'au roi de Navarre. Il se joint à eux, en signant le traité de Nemours, par lequel il s'engage à ne souffrir que la religion catholique. En conséquence, il ne donne que six mois aux Huguenots pour se convertir, ou pour sortir de France. La guerre s'allume dans la plupart des provinces.

Henri III est forcé de se joindre aux ligueurs.

Sur ces entrefaites, Sixte-Quint qui suc-

Le roi de Na-

cède à Grégoire XIII, désapprouve la ligue, et en même temps il la favorise, puisqu'il excommunie le roi de Navarre et le prince de Condé. Le roi de Navarre en appelle au concile général, et fait afficher son acte d'appel aux portes du vatican.

Trois curés de Paris, quelques docteurs et des bourgeois forment une nouvelle ligue, en faveur du duc de Guise. Ils partagent entre eux les seize quartiers de cette capitale, et ils sont au moment de se saisir de la bastille, de l'arsenal, du temple, du palais du louvre et de la personne du roi. Le duc d'Épernon arrive pour faire échouer leur projet : mais cette ligue subsiste sous le nom de la ligue des seize.

Le roi de Navarre défait, près de Coutras en Saintonge, le duc de Joyeuse, qui est assassiné, lorsqu'il veut se rendre prisonnier. *Il n'y a que des guerres de religion*, dit M^r. le président Hénault, *où l'on voit de semblables meurtres. Le duc de Guise périt ainsi devant Orléans, le prince de Condé à Jarnac, le maréchal de S. André à Dreux, et le connétable de Montmorenci à S. Denis.*

Le duc de Guise défait les Allemands, qui venoient au secours des Huguenots, et le roi de Navarre n'a pas pu profiter de la victoire de Coutras. La religion qui faisoit prendre les armes, ne tenoit pas lieu de solde : chacun retournoit donc chez soi après un certain temps ; et le vainqueur, à qui l'argent manquoit, étoit forcé de finir la campagne, lorsqu'il auroit pu compter sur de nouveaux succès. Cette manière de faire la guerre la rendoit, à la longue, plus destructive. Ajoutons à cela que Henri III, qui combattoit à regret pour les ligueurs, ralentissoit à dessein les opérations. Il auroit trop craint le duc de Guise, si le parti des Huguenots eût été tout-à-fait ruiné : c'est ainsi que tout contribuoit à faire durer les désordres et les calamités.

Mais les Allemands, qui viennent à son secours, sont défaits par le duc de Guise, et il ne peut tirer parti de la victoire.

La conduite du roi n'étoit pas si adroite, qu'on ne démêlât ses vues. La ligue des seize fit plus : elle l'accusa d'avoir appelé les Allemands au secours du roi de Navarre. A cette occasion, toutes les provinces s'empressèrent de lever de nouvelles troupes pour le duc de Guise.

La ligue des seize accuse Henri III d'avoir appelé les Allemands au secours des Huguenots.

Le roi revient à Paris, après avoir contri-

On l'insulte publiquement.

bué à chasser les Allemands. Il y voit croître le mépris pour sa personne, et l'enthousiasme pour le duc de Guise, qu'on regarde comme le sauveur de la France. C'est publiquement, c'est dans les chaires qu'on l'insulte, et la Sorbonne décide qu'on peut ôter le gouvernement aux princes, qu'on ne trouve pas tels qu'il faut, comme l'administration au tuteur, qu'on a pour suspect. Le roi intimidé osa à peine faire une réprimande à ces prêtres ignorans, fanatiques et rebelles.

<small>1588.
On lui demande de se déclarer ouvertement pour la ligue.</small>
Toujours plus hardis, le duc de Guise et les principaux chefs de la révolte, lui adressèrent un mémoire, par lequel ils lui demandèrent de se déclarer plus ouvertement pour la ligue, de publier le concile de Trente, d'établir l'inquisition, et de leur livrer des places de sûreté. On lui enjoignoit encore de fournir aux frais de la guerre, et de faire saisir les biens des Huguenots. *Beau plan qui mettoit la religion catholique en sûreté dans le royaume,* dit le père Daniel, *et y détruisoit l'hérésie.* Il n'est pas vrai que l'hérésie eût été détruite. Mais on parloit ainsi dans les

temps de la ligue, afin de porter les peuples à la révolte. Cependant vous ne seriez rien aujourd'hui, Monseigneur, si l'esprit séditieux qui se trouve dans cette histoire, où les rois sont bassement flattés, n'eût été réprimé par les vertus de Henri IV.

Le roi feint d'approuver tout ce qu'on lui propose. Cependant les insultes continuelles des seize réveillent un moment son courage timide, ou du moins sa colère, et il menace de les faire pendre : mais il est sur le point lui-même d'être enlevé par cette faction. Peu de temps après, le duc de Guise arrive pour la soutenir, et ose se présenter à Henri III, qui lui avoit défendu de venir à Paris. *Il veut montrer de la fermeté, et il est sur le point d'être enlevé.*

Henri fait entrer pour sa sûreté des troupes dans la ville, et les distribue dans différens quartiers. Les factieux répandent que c'est un corps de Huguenots, qui va se rendre maître de la capitale. A ce bruit, les sujets les plus fidèles se joignent à eux: tout le peuple prend les armes : on tend les chaînes dans les rues : des barricades s'élèvent par-tout : les soldats renfermés ne peuvent plus se réunir : on tire sur eux du *Forcé à s'enfuir, il se retire à Chartres, où il signe l'édit de réunion.*

haut des maisons : on les assomme avec des pavés : le roi s'enfuit à Chartres : le duc de Guise est maître de Paris : toutes les villes se déclarent pour l'un ou l'autre parti : on est au moment de voir une guerre civile entre les Catholiques même : enfin pour la prévenir, Henri est obligé de signer l'édit de réunion. Plus honteux que le traité de Nemours, cet acte tendoit sur-tout à exclure du trône le roi de Navarre. Le prince de Condé étoit mort de poison à S. Jean d'Angeli; et Charlotte de la Tremouille, sa femme, qui fut accusée de l'avoir empoisonné, accoucha quelques mois après d'un fils, qui sera le père du grand Condé.

Il fait assassiner, aux états de Blois, le duc de Guise et le cardinal de Lorraine, et il rend les rebelles encore plus audacieux.

1589.

Les états se tinrent à Blois. Le roi y fit assassiner le duc de Guise et le cardinal de Lorraine son frère : mais n'ayant pris aucunes mesures pour établir son autorité, la ligue en devient encore plus redoutable. Elle a pour chef le duc de Mayenne, autre frère du duc de Guise. Les prédicateurs déclament contre Henri : les confesseurs refusent l'absolution à ceux qui le reconnoissent pour souverain : la Sorbonne délie les sujets du serment de fidélité : le parlelement de Paris, qui reste seul fidèle, est conduit à la Bastille : les ligueurs forment un autre parlement : et on fait le procès à Henri de Valois, ci-devant roi de France et de Pologne.

Le roi, qui dans cette situation n'avoit pas seulement une armée, se jette entre les bras du roi de Navarre. Il est bientôt en état de faire le siége de Paris, et cette ville ne paroît pas pouvoir lui résister. Mais Sixte-Quint, à qui il a demandé inutilement l'absolution pour le meurtre du cardinal de Lorraine, l'a excommunié, et le fanatisme, allumé plus que jamais, arme un scélérat qui poignarde Henri. C'est un moine dominicain nommé Jacques Clément. J'ai passé rapidement sur ces temps d'horreur, puisqu'enfin j'étois obligé d'en parler, et je reviens à l'Angleterre. *Il est poignardé.*

1589.

Les ministres d'Élisabeth furent partagés sur la réponse qu'elle devoit faire à la proposition des États-Généraux. Les plus circonspects conseilloient de la rejeter. Ils lui représentoient, que si jusqu'alors elle avoit donné quelques secours aux Flamands, *Une partie du conseil d'Élisabeth lui conseilloit de refuser la souveraineté des Provinces-Unies, et de ne point se mêler de la guerre des Pays-Bas.*

elle avoit moins paru vouloir les soustraire à la domination espagnole, que diminuer l'oppression sous laquelle ils gémissoient; et qu'elle s'étoit assez justifiée auprès de Philippe, en l'invitant à les traiter avec plus de douceur, et en lui faisant voir qu'elle avoit dû prendre des mesures contre les projets de D. Juan, dont l'ambition avoit été suspecte à ce monarque même. Ils remarquoient combien il étoit dangereux de donner un pareil exemple au roi d'Espagne, qui fomentoit déjà sourdement les factions d'Angleterre, et qui désormais seroit autorisé à les protéger ouvertement. Ils craignoient enfin sa puissance, qui s'étoit encore accrue depuis quelques années; car l'acquisition qu'il avoit faite du Portugal en 1580, ajoutoit à ses anciens états un royaume opulent, plusieurs possessions dans les Indes orientales, de nouvelles forces navales, et toutes les richesses d'un grand commerce.

Une autre partie lui conseilloit d'accepter la souveraineté.

Les autres ministres trouvoient au contraire de l'imprudence à laisser succomber les Pays-Bas. Ils prévoyoient qu'aussitôt que Philippe les auroit subjugués, il tourneroit ses armes contre l'Angleterre : le regardant comme l'ennemi caché d'Élisabeth, et jugeant que, quelque ménagement qu'on gardât avec lui, la religion et les mécontentemens qu'il avoit déjà reçus, lui fourniroient toujours assez de prétextes. Ils conseilloient donc d'accepter les offres des États-Généraux.

Élisabeth ne suivit ni l'un ni l'autre de ces conseils opposés, et prit un parti plus sage. Elle refusa la souveraineté, qui auroit pu l'engager à défendre ces provinces de tout son pouvoir ; et qui par conséquent, pouvoit dans la suite porter dommage à son royaume. Mais ne voulant pas abandonner des peuples, dont les intérêts lui paroissoient si liés aux siens, elle fit alliance avec eux. Par ce moyen, elle ne fut obligée qu'à remplir les engagemens du traité qu'elle contracta : elle se réserva de faire à son choix, plus ou moins, suivant les conjonctures : elle se fit chérir des Flamands, par l'idée qu'elle leur donna de sa modération : elle fit prendre un nouvel essor à leur amour pour la liberté : elle les força par les secours qu'elle leur accordoit, et

Elle la refuse, et s'allie des États-généraux.

par ceux qu'elle pouvoit ajouter dans la suite, à chercher de nouvelles ressources dans leur courage; et elle put déjà se flatter de trouver un jour en eux des alliés puissans. Si les choses réussissoient ainsi, il est certain que cette alliance, fondée sur l'intérêt commun, valoit mieux pour l'Angleterre que l'acquisition de plusieurs provinces.

Elle leur envoie des secours.
Cette conduite est on ne peut pas plus sage : mais malheureusement les rois ont quelquefois des favoris, et une reine coquette court bien risque de ne les choisir que sur les agrémens. Or le comte de Leicester, qui eut le commandement des troupes destinées à cette guerre, n'étoit qu'un favori aimable, dont le courage et la capacité ne répondirent point à la confiance d'Elisabeth. Les Flamands, qui connoissoient la faveur où il étoit auprès d'elle, le reçurent avec les mêmes respects que s'il eût été leur souverain. Il ne conserva pas long-temps la considération, qu'il ne devoit qu'à sa qualité de favori. Bientôt devenu odieux par ses hauteurs, et méprisable par sa conduite, il força la reine d'Angleterre

à le rappeler, et les états donnèrent le commandement au jeune Maurice, digne adversaire du duc de Parme.

Élisabeth porta la guerre en Amérique, parce que c'étoit le pays où Philippe avoit le plus de richesses et le moins de forces. Elle jugea d'ailleurs, que dans l'espoir d'une fortune, aussi grande que facile et rapide, les Anglais entreroient volontiers dans ses vues, et feroient les frais des armemens. En effet ils équipèrent une flotte de vingt vaisseaux. François Drake en fut l'amiral, et Christophe Carlisle eut le commandement des troupes de terre. Elle portoit deux mille trois cents volontaires, sans compter les matelots. *Elle porte la guerre en Amérique.*

Drake étoit alors le plus grand homme de mer. Il s'étoit déjà enrichi par ses pirateries, en attaquant les Espagnols dans les places les plus fortes qu'ils eussent au nouveau monde; et en 1577, il avoit tenté d'y faire une nouvelle expédition avec le consentement d'Élisabeth. Il partit avec cinq vaisseaux, gagna la mer pacifique par le détroit de Magellan, et fit de riches prises sur les Espagnols, qui ne l'attendoient pas. *Expérience de Drake, qui a le commandement de la flotte.*

Craignant ensuite d'être pris, s'il retournoit par le même chemin, il fit voile aux Indes orientales, et revint par le cap de Bonne-Espérance. Il est le premier commandant en chef qui ait fait le tour du globe : car Magellan, dont le vaisseau avoit fait le même trajet, mourut dans son passage.

<small>Ses succès engagent les Anglais à former de nouvelles entreprises sur l'Amérique.</small>

La flotte dont on lui donna le commandement à la fin de 1585, eut encore de grands succès. Il surprit S. Jago près du Cap-Verd : il se rendit maître de S. Domingue et de Carthagène : en revenant, il brûla quelques villes sur les côtes de la Floride : enfin il rapporta de si grandes richesses, et fit si bien connoître la foiblesse des Espagnols dans ces contrées, qu'il anima la cupidité des Anglais pour ces sortes d'entreprises. C'étoit donc là une guerre qui se faisoit aux frais de Philippe, et qui enrichissoit l'Angleterre.

<small>1586.</small>

<small>Mais Marie Stuart donnoit de l'inquiétude à Élisabeth.</small>

Les plus grandes inquiétudes d'Élisabeth venoient de Marie Stuart. Elle se sentoit souvent chanceler sur son trône, depuis qu'elle la retenoit prisonnière. Cette princesse, éclairée par ses malheurs, n'avoit plus que des vertus. Elle avoit étouffé tous ces sentimens criminels, que la jeunesse, l'inexpérience, et le concours funeste de plusieurs circonstances avoient mis dans une ame où ils étoient étrangers. Son esprit, sa raison, la dignité de sa conduite et sa modestie, permettoient à peine de croire qu'elle eût jamais été coupable. Son crime étoit devenu un problême, et elle méritoit qu'on la crût innocente.

Cette façon de penser, qui gagnoit tous les jours, sur-tout parmi les Catholiques, rendoit Élisabeth odieuse, et faisoit regarder comme une injustice l'oppression de Marie. Toute l'Europe paroissoit scandalisée : la France et l'Espagne ne cessoient de demander la délivrance de cette princesse : elles menaçoient même quelquefois : l'espérance d'épouser une reine d'Écosse, qui avoit des droits sur l'Angleterre, faisoit à Marie de nouveaux partisans parmi les princes étrangers et parmi les grands du royaume ; et elle avoit tout l'esprit et toute l'adresse nécessaires pour mouvoir de sa prison tous ceux qui vouloient s'intéresser à son sort. Ce furent là les causes de plusieurs conspirations : la première se fit en 1569.

<small>Toute l'Europe s'intéressoit au sort de cette princesse, et ce fut la cause de plusieurs conspirations.</small>

Norfolk, qui aspire à la main de Marie, est enfermé dans la tour.

Le duc de Norfolk, le plus grand seigneur d'Angleterre par sa naissance, par sa fortune et par son crédit, joignoit à ces avantages une conduite sage et généreuse, qui le rendoit cher tout-à-la-fois aux Catholiques et aux Protestans. Comme il étoit encore d'un âge proportionné à celui de la reine d'Ecosse, il parut si convenable de les unir, que ses amis et ceux de Marie, pensèrent en même tems à ce mariage. Trop vertueux pour vouloir susciter une révolte, Norfolk ne se prêta d'abord à ces vues, que dans l'espérance d'avoir l'agrément d'Elisabeth. C'étoient des choses difficiles à concilier; car il eût fallu que cette reine eût rétabli la réputation de Marie, et lui eût rendu la liberté et la couronne. Si jusqu'alors elle avoit montré de la répugnance pour tous les mariages proposés à cette princesse, elle devoit en avoir encore davantage. Il crut donc devoir lui faire une sorte de violence, en faisant approuver ses desseins à la plus haute noblesse. Plusieurs grands se déclarèrent pour lui : Leicester, qui fut du nombre, écrivit lui-même à Marie une lettre, qui fut signée des personnes du premier rang. La réponse favorable qu'elle fit, donna de nouvelles espérances à Norfolk ; et il en conçut de plus grandes encore, lorsque les rois de France et d'Espagne, qu'on avoit consultés secrètement, eurent approuvé cette entreprise. On proposa d'enlever Marie : mais Norfolk s'y opposa, soit qu'il ne voulût pas être la cause d'une révolte, soit qu'il craignît que cette princesse, devenue libre, ne jetât les yeux sur un autre. L'entreprise dans laquelle il s'étoit engagé, étoit difficile pour un homme vertueux : car s'il ne pouvoit pas renoncer à l'ambition d'épouser la reine d'Ecosse, il ne pouvoit pas non plus prendre sur lui d'y réussir par toutes sortes de voies. Pendant qu'il hésite, et qu'il ne fait les choses qu'à demi, William Cecil, ministre actif et vigilant, découvre toute la trame de ce complot. Norfolk est enfermé dans la tour : plusieurs seigneurs sont gardés à vue, ou mis aux arrêts dans leurs maisons : Marie est transférée dans un lieu plus sûr que celui où elle étoit; et pendant quelque temps, on interdit tout accès auprès d'elle.

Soulèvement dans le nord; Élisabeth rend la liberté à Norfolk.

Sur ces entrefaites, une révolte s'éleva dans le nord. Les comtes de Northumberland et de Westmoreland, qui en étoient les chefs, avoient communiqué leur plan à Marie : ils étoient soutenus par le duc d'Albe ; et les Catholiques, qui étoient en grand nombre dans ces provinces, se joignoient à eux. Elle fut dissipée : on sévit si cruellement contre les séditieux, qu'au moins huit cents personnes périrent par la main du bourreau. Mais Élisabeth rendit la liberté à Norfolk, qui du fond de sa prison, avoit sollicité ses amis et ses partisans à prendre les armes pour elle. Elle exigea seulement qu'il renonçât au mariage de la reine d'Écosse, et qu'il gardât jusqu'à nouvel ordre les arrêts dans sa maison.

Pour prévenir les conspirations, Élisabeth feignoit de vouloir rétablir Marie sur le trône.

Pour prévenir de pareilles conspirations, Élisabeth paroissoit s'intéresser au sort de Marie : elle entretenoit avec elle une correspondance d'amitié : elle négocioit avec les Écossais pour la rétablir sur le trône. Mais ce n'étoit qu'un artifice, et il ne lui étoit pas difficile de faire échouer tous les projets qu'elle feignoit d'adopter. La reine d'Écosse, forcée à dissimuler avec elle, lui témoignoit la plus grande confiance, et entroit cependant dans tous les desseins que formoient ses partisans pour lui rendre la liberté.

En 1571, le duc d'Albe ouvrit une négociation avec elle ; et la trouvant bien convaincue de la perfidie d'Élisabeth, il la fit entrer dans une conspiration qu'il tramoit, par le moyen d'un marchand florentin. Lodolfi, c'est le nom de ce marchand, paroissoit avoir tout disposé pour susciter une révolte en Angleterre, et pour faciliter le débarquement des troupes qui devoient être transportées des Pays-Bas. Le pape et le roi d'Espagne approuvoient ce complot, et le duc de Norfolk consentoit à se mettre à la tête des mécontens. Ce seigneur jugeoit qu'il avoit perdu sans retour la faveur de la reine : il voyoit avec chagrin qu'on ne lui laissoit qu'une liberté fort restreinte. Le dépit se joignit donc à l'ambition, et il étouffa ses premiers remords, à mesure qu'il ouvrit son ame à de nouveaux sentimens ; faisant des efforts pour déguiser son crime, et ne se croyant pas rebelle pour vouloir rendre la liberté à Marie, et l'é-

Le duc d'Albe trame une nouvelle conspiration, qui coûte la vie à Norfolk.

pouser avec le consentement même d'Élisabeth. Cecil découvrit encore cette conspiration ; et Norfolk, quoiqu'il se défendît d'avoir eu l'intention d'attenter à l'autorité de la reine, reconnut l'équité de la sentence qui le condamnoit, et mourut avec fermeté. Les communes demandèrent qu'on fît encore le procès à la reine d'Écosse : rien n'eût été plus odieux que d'y consentir ; car enfin cette princesse étoit autorisée à tout entreprendre pour s'affranchir d'une prison où elle étoit retenue contre toute justice.

1586. Autre conspiration encore découverte. Des fanatiques formèrent une autre conspiration quelques années après. Ils se proposoient d'assassiner Élisabeth, et de délivrer la reine d'Écosse. Ils n'avoient point d'hommes de nom à leur tête : cependant pleins de confiance, ils voulurent communiquer leur projet à Marie : mais leurs lettres ayant été interceptées, on se saisit des chefs, et on les exécuta.

Une commission sur Marie, et la condamne à perdre la tête. Élisabeth n'hésita plus. Comme la demande que les communes lui avoient faite la flattoit de l'aveu de la nation, elle nomma quarante commissaires, auxquels elle donna le pouvoir d'interroger, de juger Marie : pouvoir qu'elle n'avoit pas elle-même. Les révoltes auxquelles les persécutions portoient les Catholiques, et la guerre ouverte alors avec l'Espagne, la déterminèrent à fouler toutes les lois de l'équité, plutôt que de laisser vivre une prisonnière, qui lui donnoit tous les jours de plus grandes inquiétudes. Marie fut condamnée à perdre la tête.

1586.

Voilà ce qu'Élisabeth attendoit : mais elle redoutoit le dernier pas qui lui restoit à faire, lorsqu'elle considéroit la honte dont elle alloit se couvrir. Elle se flatta de sauver sa gloire par sa duplicité : elle affecta la plus grande répugnance : elle donna des marques de la compassion la plus tendre : elle rejeta les sollicitations de ses courtisans et de ses ministres. Cependant elle convoqua un parlement, bien assurée que ce corps, qui lui étoit toujours dévoué, suivroit les impressions des courtisans et des ministres. En effet, il demanda l'exécution de la sentence contre Marie.

Un parlement dem a l'exécution de cette sentence.

Élisabeth feignit encore : elle se plaignoit même de la violence qu'on lui faisoit.

Élisabeth feint de s'y refuser, mais elle desi-

roit qu'on vainquît sa répugnance. Cependant les courtisans, trop adroits pour ne pas démêler ses vrais sentimens parmi ses plaintes, ne cherchoient qu'à dissiper des scrupules sur lesquels elle ne demandoit qu'à s'aveugler. Elle consentit d'abord à rendre publique la requête que le parlement lui avoit présentée.

Le jeune roi d'Écosse sollicitoit vivement pour sa mère, et les puissances étrangères se joignoient à lui. Élisabeth, qui vouloit paroître mépriser les menaces, montroit alors plus de sincérité, et juroit la perte de Marie. Mais aussitôt que ses ministres la pressoient, elle reprenoit sa duplicité, et sembloit demander qu'on vainquît sa répugnance. Ils ne négligèrent rien pour lui prouver que la tranquillité de l'Angleterre ne pouvoit se concilier avec la vie de la reine d'Ecosse.

Bruit qu'elle fait courir à cet effet. Cependant on dit qu'une flotte espagnole est arrivée au havre de Milford ; que les Ecossais ont fait une irruption ; qu'une armée, conduite par le duc de Guise, a débarqué dans la province de Sussex, que le nord se soulève ; que Marie, échappée de sa prison, a rassemblé des troupes ; qu'il y a une nouvelle conspiration pour assassiner la reine; et que même elle est assassinée. Ce sont des bruits qu'Elisabeth faisoit répandre elle-même, afin que le cri de la nation demandât la mort de la reine d'É-cosse. Alors elle signa l'ordre ; chargea Davison, secrétaire d'état, d'y faire apposer les sceaux ; voulant, disoit-elle, qu'il fût prêt, si l'on tentoit de délivrer Marie.

1587.

Davison avoit obéi, lorsque le lendemain elle lui ordonna de suspendre, et le réprimanda de sa précipitation. Inquiet sur le parti qu'il devoit prendre, il consulta les autres ministres, qui lui conseillèrent d'aller en avant, et qui lui promirent de le justifier et de prendre tout sur eux.

Ses ministres vont en avant.

Marie apprit sa sentence, et n'en fut point troublée. Elle écrivit à la reine d'Angleterre, avec autant de modération que de dignité, sans se plaindre, sans se permettre un mot, par lequel elle parût vouloir écarter la mort. Elle demandoit que son corps fût porté en France; qu'on laissât jouir ses gens de ce qu'elle leur légueroit; qu'on leur permît de se retirer où ils jugeroient à propos; que son exécution fût publique, et

Marie Stuart apprend sa sentence.

qu'elle eût pour témoins ses anciens domestiques, afin qu'on ne noircît pas sa mémoire, en lui supposant des foiblesses dont elle ne se croyoit pas capable. Elle vouloit obtenir ces grâces d'Elisabeth, et la conjuroit de ne la pas renvoyer à ses ministres. Elle n'en reçut point de réponse.

On lui dit de se préparer à la mort pour le lendemain.

Les comtes de Kent et Shrewsbury se transportèrent au château de Fotheringay, dans le comté de Northampton, où étoit Marie, et lui dirent de se préparer à la mort pour le lendemain matin à huit heures. Elle répondit sans émotion, et même avec un sourire naturel, qu'elle n'auroit pas cru que la reine, sa sœur, eût consenti à l'exécution d'une sentence prononcée contre une personne, qui n'étoit soumise ni aux lois, ni à la juridiction de l'Angleterre : mais qu'enfin elle bénissoit le moment qui alloit terminer ses malheurs.

Sa fermeté à sang-froid.

Lorsqu'elle se vit libre, elle hâta son souper, et se mit à table avec sa gaieté et sa douceur ordinaire; disant qu'elle avoit besoin de prendre un peu de nourriture, de peur que l'accablement du corps n'exposât l'ame à quelque foiblesse : elle but à la santé de tous ses gens qu'elle avoit fait venir, et elle voulut qu'ils bussent avec elle. Ils se précipitèrent à ses genoux, lui demandant pardon des négligences qu'ils avoient commises : elle leur demanda pardon elle-même des mortifications qu'elle avoit pu leur donner. Ils fondoient en larmes, et elle les consoloit.

Elle fit apporter l'inventaire de son mobilier : elle mit à côté de chaque article le nom de celui pour qui elle en disposoit. Elle distribua de l'argent à quelques-uns, proportionnant les récompenses au grade et au mérite : enfin elle écrivit au roi de France et au duc de Guise, son cousin, pour les leur recommander.

Elle se mit ensuite au lit, dormit quelques heures, passa le reste de la nuit en prières, pénétrée des sentimens de sa religion, et heureuse de pouvoir penser qu'on eût été moins ardent à sa perte, si elle n'eût pas été catholique.

Le matin, quand on vint la prendre, le sort de ses gens après elle fut son unique inquiétude. On la rassura à cet égard : mais elle ne put cacher son indignation au refus qu'on lui fit de les avoir pour témoins de ses derniers sentimens. *Je suis cousine de votre reine*, s'écria-t-elle, *descendue comme elle de Henri VII, veuve d'un roi de France, et reine d'Ecosse.* Sa fermeté sembloit rendre le refus encore plus odieux. On consentit donc qu'elle fût accompagnée d'un petit nombre de ses domestiques. Elle fit choix de quatre hommes et de deux de ses femmes. « Adieu, mon cher Melvil, dit-elle à un d'eux. Tu vas voir le terme lent et desiré de mes malheurs. Publie que je suis morte inébranlable dans ma religion, et que je demande au ciel le pardon de ceux qui ont été altérés de mon sang. Dis à mon fils, qu'il se souvienne de sa mère. Adieu, encore une fois, mon cher Melvil, ajouta-t-elle en l'embrassant ; ta maîtresse, ta reine se recommande à tes prières ».

Sa mort.

On la conduisit dans une salle, où l'on avoit élevé un échafaud tendu de noir. Les spectateurs, qui la remplissoient, furent frappés en voyant le maintien assuré de cette reine, belle encore. Leur ame touchée à la vue des charmes, des grâces et de la douceur de toute sa figure, se pénétroit de respect, en considérant l'air de dignité répandu sur toute sa personne. Ils admiroient le courage intrépide avec lequel elle avançoit au supplice : ils se rappeloient l'enchaînement malheureux des circonstances de sa vie ; et ce n'étoit que gémissemens de toutes parts. Elle se tourna du côté de ses domestiques, en mettant le doigt sur la bouche, pour leur faire signe de garder le silence. Elle leur donna sa bénédiction, leur dit de prier pour elle, et tendit sa tête sans montrer la moindre frayeur. Ainsi mourut Marie Stuart, dans la quarante-sixième année de son âge, et dans la dix-neuvième de sa détention en Angleterre.

1587.

A cette nouvelle, Elisabeth frappée de surprise, resta stupide, sans parole, sans mouvement. Après quelque temps vinrent les regrets, les gémissemens, les larmes. Furieuse contre tous ceux de son conseil, elle les chassa de sa présence. Ils étoient coupables, disoit-elle, de la mort de sa chère sœur : ils l'avoient fait périr contre son intention, qui leur étoit bien connue. C'est ainsi qu'avec une dissimulation gros-

Faux regrets d'Elisabeth.

sière, elle feignoit une douleur qui l'accusoit elle-même, et la rendoit plus odieuse. Davison, victime de cette feinte, fut contraint de se feindre coupable lui-même. Il fut jugé comme tel : il n'osa se défendre, et fut condamné à une amende, qui le ruina. Il vécut dans la misère. Elisabeth lui donna dans la suite quelques légers secours, comme par grâce.

<small>Philippe faisoit alors des préparatifs contre l'Angleterre.</small> Philippe projetoit alors la conquête de l'Angleterre. Les préparatifs qu'il faisoit paroissoient formidables : c'étoit une flotte composée de cent cinquante vaisseaux, portant seize cents pièces de canon de fonte, et mille cinquante de fer, montée de huit mille matelots et de vingt mille soldats, sans compter les volontaires. On avoit encore préparé des bateaux plats pour transporter trente-cinq mille hommes que le duc de Parme avoit rassemblés dans les Pays-Bas. Il devoit les commander, et c'étoient de vieilles troupes, conduites par d'excellens capitaines. Que pouvoit opposer Elisabeth à tant de forces ? Une marine bien foible, des soldats qu'une longue paix ne rendoit pas propres à la guerre, des capitaines peu ex-

périmentés. Il ne falloit que deux victoires à l'ennemi ; une sur mer assuroit la descente, une autre sur terre achevoit la conquête.

Cependant Alexandre Farnèse désapprouvoit avec raison le plan du roi d'Espagne. Il vouloit qu'avant tout, on se rendît maître de quelques places maritimes dans les Pays-Bas : il voyoit les risques que couroit l'armée navale, si elle étoit assaillie de la tempête, sans avoir de ports où se retirer. Mais Philippe, au lieu d'écouter des conseils aussi prudens, donna le nom d'*Invincible* à sa flotte, ou s'applaudit de ce qu'on le lui donnoit, et fit mettre à la voile.

Les vents, les flots et les Anglais ruinèrent la plus grande partie de cette flotte; et le reste, en fort mauvais état, revint en Espagne. Presque tout le royaume fut en deuil pour cet armement, qui avoit épuisé ses revenus et ses forces. Il faut admirer, disent les historiens, la fermeté de Philippe, qui, ayant appris cette nouvelle, dit froidement : *Je ne les avois pas envoyés combattre les vents et les flots.* Je j'admirerois, peut-être, s'il n'avoit pas eu l'imprudence de rejeter les conseils du duc de Parme. Je dis *peut-être*, parce que je ne vois pas que le courage d'un souverain consiste à se montrer insensible, lorsque ses sujets périssent pour lui; sur-tout, s'il n'a pas prévu qu'il y a des vents et des flots sur l'océan. Pendant que ses généraux gagnoient la bataille de S. Quentin, il étoit dans sa tente entre deux moines, avec lesquels il demandoit la victoire au ciel; et il n'en sortit qu'après s'être assuré de l'entière défaite des Français. Un prince qui veille avec tant de prudence sur lui, est volontiers téméraire, quand il n'expose que ses soldats ; et lorsqu'il fait des pertes, sa fermeté apparente n'est que le masque d'une ame vaine, qui ne veut pas avouer ses torts.

<small>Il réussissoit mieux à soulever l'Irlande contre l'Angleterre.</small> Philippe réussissoit mieux dans les tentatives qu'il formoit pour soulever l'Irlande. Aussi la chose étoit-elle facile: car si d'un côté cette province n'avoit jamais pu secouer tout-à-fait le joug, de l'autre les rois d'Angleterre n'y avoient jamais eu que peu d'autorité.

L'Irlande, qui cultivoit les sciences du temps de Charlemagne, étoit devenue tout-à-fait barbare, pendant que les autres peuples se poliçoient. Ce fut l'effet de la conduite que tinrent les Anglais pour y conserver leur domination.

Le gouvernement des Anglais avoit rendu barbares les peuples de cette île.

Tant qu'ils furent occupés des guerres de France, dont les succès mêmes auroient tourné à leur désavantage, ils négligèrent l'Irlande, province, fertile, qui, par sa situation, devoit contribuer à leur puissance. Ils la forcèrent même à la révolte par la tyrannie qu'ils ne cessèrent d'y exercer; ayant toujours refusé de l'associer aux lois de l'Angleterre, et ayant donné pour paie aux soldats qu'ils y envoyoient, la liberté d'y vivre à discrétion. Les Irlandais, réduits au désespoir, abandonnèrent les villes, cherchèrent dans leurs bois et dans leurs marais un asyle contre l'inhumanité de leurs maîtres, et n'en sortirent plus que comme des bêtes féroces, animées par la vengeance à la destruction de leurs ennemis.

L'imprudence des rois d'Angleterre accrut encore ces maux. Trop foibles pour soumettre cette île, ils en abandonnèrent la conquête à tous ceux qui furent en état de lever des troupes. Plusieurs aventuriers s'y formèrent donc des principautés : mais, voulant s'attacher leurs sujets, ils renoncèrent bientôt à tous les usages de leur patrie : ils se firent barbares, et l'Angleterre eut en eux de nouveaux ennemis.

<small>Sans prendre part aux questions qui troubloient l'église, les Irlandais haïssoient la réforme, parce qu'ils haïssoient les Anglais.</small>
Trop ignorans pour être curieux, les Irlandais ne prirent point de part aux questions qui s'agitèrent dans le cours du seizième siècle. Attachés à leur religion, qu'ils nommoient catholique, et qu'ils avoient défigurée par des pratiques bizarres et superstitieuses, ils craignirent la réforme que le gouvernement d'Angleterre vouloit établir, et ils conçurent une nouvelle haine contre les Anglais; haine d'autant plus violente, qu'elle se cachoit à eux-mêmes sous le zèle de la religion. Si nous ajoutons que dans leurs révoltes ils ne pouvoient attendre des secours que des papes et des princes catholiques, nous aurons les raisons qui les ont conservés à l'église, pour être un jour mieux instruits.

<small>Elisabeth n'avoit pas assez de troupes pour les soumettre.</small>
Comme l'Irlande coûtoit beaucoup plus à l'Angleterre qu'elle ne rapportoit, Elisa-

beth n'y entretenoit qu'un corps de mille hommes, qu'elle portoit à deux mille dans les cas extraordinaires. Ses revenus et son économie ne lui permettoient peut-être pas d'en faire davantage. Mais de si petites forces ne faisoient qu'irriter les Irlandais, et les enhardir à la révolte. Les soulèvemens furent continuels pendant tout le règne d'Elisabeth.

En 1580, Philippe fit passer, pour la première fois, un corps de troupes en Irlande. C'étoit sept cents Espagnols ou Italiens, qui venoient conquérir cette île au nom de Grégoire XIII; et ce pape en vouloit faire un royaume pour son neveu Buon-Compagno. Le roi d'Espagne continua d'y fomenter l'esprit de révolte, et cette guerre devint la plus onéreuse pour Elisabeth. Cependant, sur la fin de son règne, elle y eut des succès, qui firent augurer la fin des troubles.

Philippe leur envoyoit des secours pour les entretenir dans la révolte.

Depuis la défaite de la flotte Invincible, la puissance de Philippe continua de s'affoiblir : il parut n'en conserver que pour épuiser ses ennemis, et pour s'épuiser encore plus lui-même, quoiqu'il eût de plus

Mais sa puissance s'affoiblissoit, et cependant il se flattoit encore de disposer de la France.

grandes ressources qu'aucun d'eux. En un mot, il faisoit le malheur de l'Europe, sans en tirer aucun avantage. Cependant il ne pouvoit renoncer aux espérances que les divisions de la France lui avoient fait concevoir. Il regardoit déjà ce royaume comme à lui ; ou du moins il ne doutoit pas qu'il n'amenât les choses au point d'en pouvoir disposer.

<small>Il est vrai que Henri IV trouvoit de grands obstacles, mais il les surmonte.</small> En effet Henri IV avoit les plus grands obstacles à surmonter. Son armée ayant été affoiblie par la retraite des seigneurs, qui ne vouloient pas reconnoître un roi protestant, il avoit été obligé de lever le siége de Paris. Il s'étoit retiré en Normandie avec sept mille hommes, et le duc de Mayenne l'y avoit suivi à la tête de trente mille. Tout paroît donc assurer sa perte ; mais son courage lui reste. Les victoires d'Arques et d'Ivri, qui font une révolution dans les esprits, préparent les peuples à reconnoître leur roi. Tous font des vœux pour lui, tout demandent au ciel de lever les obstacles qui lui ferment le chemin du trône, et c'est <small>Vainqueur, il abjure. 1594.</small> dans ces circonstances que Henri couronne ses succès par son abjuration.

Rome veut encore résister ; mais les Français aiment un roi qu'ils estiment. Les villes lui ouvrent leurs portes: il est maître de Paris, sans répandre une goutte de sang : enfin tout se soumet, jusqu'au duc de Mayenne, qui fut depuis un sujet fidelle.

L'année précédente le roi avoit déclaré la guerre à l'Espagne. Le duc de Parme étoit mort en 1592 : la puissance des Provinces-Unies s'étoit affermie par les succès du comte Maurice; et, devenues redoutables à l'Espagne, elles étoient en état d'y porter la guerre. En effet leur flotte combinée avec celle des Anglais, battit la flotte espagnole à la vue de Cadix, et cette place fut prise et pillée. La perte des Espagnols en cette occasion fut estimée à vingt millions de ducats, et la guerre des Pays-Bas en avoit consumé cinq cent soixante-quatre millions, de l'aveu de Philippe. Après tant de désastres, ce prince, songeant aux embarras qu'il pouvoit laisser à son fils, encore jeune, fit des propositions de paix à Henri.

La France avoit besoin de repos. La difficulté étoit de combiner ses intérêts avec ceux de l'Angleterre et des Provinces-

Unies, ses alliées : car Philippe refusoit de traiter avec la Hollande, comme avec un état indépendant; et Élisabeth ne vouloit pas abandonner cette république. Ces deux puissances s'opposoient donc à la paix. Cependant les raisons solides de Henri, et la franchise avec laquelle il les exposoit, ayant écarté ou diminué ces obstacles, il conclut à Vervins un traité particulier, par lequel il recouvra toutes les places dont l'Espagne s'étoit emparée pendant les guerres civiles. Philippe mourut quelques mois après, la même année.

{1598.}

{Jugement sur Philippe.} On a représenté ce prince comme un grand politique, qui, du fond de son cabinet, remuoit toute l'Europe : je ne conçois pas pourquoi on lui fait cet honneur. En effet qu'a-t-il remué ? la France ? Elle se remuoit assez toute seule. Il a fomenté les factions, il a sur-tout voulu soutenir la ligue : mais, sans autorité dans les partis pour lesquels il se déclaroit, il croyoit les faire mouvoir, et il n'étoit que l'instrument dont ils se servoient. Il a troublé le Milanès et le royaume de Naples avec l'inquisition, qu'il ne lui a pas été possible d'y établir

Il a remué les Pays-Bas, si mal-adroitement qu'il en a perdu plusieurs provinces. Il a fait passer quelques secours en Irlande, et il a remué des rebelles qui se remuoient sans lui depuis long-temps. Il n'a pas pu causer le moindre soulèvement en Angleterre. Enfin, souvent humilié par des ennemis qu'il paroissoit devoir écraser, il n'a remué l'Espagne que pour la ruiner. Elle étoit la première puissance de l'Europe, lorsque Charles-Quint la lui céda : il ne lui laisse plus que l'ambition de l'être encore, et une politique artificieuse qui troublera ses voisins, et qui ne la relevera pas elle-même. Philippe n'a été qu'une ame cruelle, un esprit faux et brouillon.

LIVRE DOUZIÈME.

CHAPITRE PREMIER.

De Henri IV, jusqu'à la paix de Vervins.

<small>Un prince doit étudier la vie de Henri IV pour apprendre à l'imiter.</small>

J'AVOIS mérité vos reproches pour n'avoir dit qu'un mot de Philopémen, que vous saviez être un grand homme. Cependant, Monseigneur, j'ai passé rapidement sur Henri IV, dont la mémoire doit vous être chère à bien des titres, et qui est un des princes des plus accomplis qu'il y ait jamais eu. Je ne sais si vous pensez à m'en faire des reproches : mais je dois le supposer. Je vous laisserai néanmoins beaucoup de choses à desirer, afin, qu'étant forcé d'étudier un jour par vous-même la vie de ce grand homme, vous soyez, s'il est possible, plus porté à l'imiter. Une curiosité stérile n'est pas ce qu'on exige de vous. Ce seroit peu de savoir ce qu'a fait Henri IV; il faut lui ressembler.

La branche des Bourbons remonte à un des plus grands rois : car Antoine père de Henri, descendoit de Robert comte de Clermont, cinquième fils de S. Louis. Antoine avoit épousé Jeanne d'Albret, fille héritière de Henri d'Albret, roi de Navarre, et de Marguerite de Valois, sœur de François Ier. Ce Henri d'Albret étoit fils de Jean, sur qui Ferdinand le Catholique avoit envahi la haute Navarre. Il ne conserva que la basse, qui est en-deçà des Pyrénées, petite province peu fertile : mais il avoit encore les pays de Béarn, d'Albret, de Foix, d'Armagnac, de Bigorre, et plusieurs autres domaines.

Henri, fils d'Antoine de Bourbon et de Jeanne d'Albret descendoit de S. Louis.

Antoine commandoit en Picardie une armée contre Charles-Quint, et c'est dans son camp que Jeanne sentit, pour la première fois, remuer dans son sein un enfant que le ciel destinoit à bien des traverses, comme pour faire paroître avec plus d'éclat

Sa naissance.

les vertus dont il vouloit le combler. Jeanne étoit au neuvième mois de sa grossesse, lorsqu'elle revint à Pau, auprès de Henri d'Albret, son père, qui vouloit recueillir lui-même le fruit qu'elle portoit, et en faire l'objet de ses soins. Elle arriva le 4 décembre 1553, et le 13 elle accoucha heureusement d'un fils.

1553.

Son éducation.

Cet enfant ne pouvoit pas tomber en de meilleures mains, que celles de son grand père. Henri d'Albret le fit élever dans le château de Courasse, situé dans les montagnes de Béarn. Là, vêtu et nourri comme les enfans du pays, courant dans les montagnes, et grimpant comme eux sur les rochers, il ne voyoit rien qui lui fît soupçonner qu'il fût prince, et il se formoit pour être un grand roi. La Gaucherie, son premier précepteur, cultiva son esprit par des lectures et par des entretiens. Assez sage pour abandonner ce fatras d'études, imaginé dans des siècles barbares, et plus fait pour dégoûter que pour instruire, il songea surtout à jeter dans l'ame de son élève des semences de vertu. Après la mort de la Gaucherie, Henri fut confié à Florent Chrétien.

1566.

C'étoit encore un homme de mérite : mais comme il étoit huguenot, il entra volontiers dans les vues de la reine de Navarre, qui ayant embrassé le calvinisme depuis quelques années, vouloit que son fils fût élevé dans cette fausse religion.

Henri n'avoit que quinze ans, lorsque sa mère le conduisit à la Rochelle, et le mit à la tête des Huguenots. A cet âge il remarqua les fautes de Condé et de Coligni; c'étoient cependant deux grands capitaines. A la journée de Jarnac, il jugea imprudent d'engager une action, et quelques jours auparavant il avoit conseillé d'attaquer le duc d'Anjou, dans un moment qui en effet eût été favorable. Pendant la bataille de Moncontour, l'amiral ne voulant pas exposer ce jeune prince, dont il connoissoit l'ardeur, le mit à l'écart sur une colline avec une garde de quatre mille chevaux. L'avant-garde du duc d'Anjou fut enfoncée; et si le corps de réserve eût donné tout-à-coup, il achevoit la victoire. Henri qui vouloit fondre sur l'ennemi, et qui en fut empêché, s'écria : *nous perdons la bataille.* On la perdit, et ce ne fut pas la

A l'âge de quinze ans, il voyoit en capitaine expérimenté.

1569.

faute de ce nouveau Philopémen, qui voyoit en grand capitaine.

Prisonnier à la cour de Charles IX, il est exposé à des périls, et il n'échappe pas à tous.

Les jeux étranges et funestes qui suivirent ses noces, le retinrent en quelque sorte dans les fers, et l'exposèrent à de nouveaux périls, contre lesquels il ne fut jamais bien en garde. Il eut des foiblesses qu'on pardonne à son âge, mais qui ne s'excusent pas quand elles durent au-delà; car je ne dois pas vous cacher ses défauts.

Il ne faut pas craindre pour lui ceux qu'on peut éviter avec une conduite prudente et courageuse.

Fait pour échapper à tous les piéges, qu'on évite avec de la prudence et du courage, il se conduisit parfaitement bien au milieu des ennemis qu'il savoit conjurer sa perte. Cependant il se trouvoit dans une situation bien délicate. Il lui importoit de conserver l'estime du public, et de montrer tous les jours de nouvelles vertus, pour se faire estimer tous les jours davantage. Mais ses vertus étoient injurieuses à une cour corrompue : elles faisoient ombrage à l'ambition des Guises : elles attisoient la haine de Catherine de Médicis : elles allumoient la jalousie dans l'ame lâche et fausse du duc d'Alençon, et dans celle du duc d'Anjou, qui, tout aussi foible, n'avoit qu'une réputation dérobée : enfin elles excitoient les fureurs d'un roi cruel. Cependant ce n'étoient pas là les ennemis les plus dangereux pour Henri : car il sut se mettre à l'abri de leurs coups. Il eut l'art de ménager tout-à-la-fois la cour et les Huguenots; et malgré la haine qui divisoit ces deux partis, il continua d'être cher à l'un, sans être suspect à l'autre.

Mais enfin Henri étoit jeune, et l'appât du plaisir le fit tomber dans des piéges, dont il ne connoissoit pas encore le danger. Catherine de Médicis avoit toujours autour d'elles plusieurs demoiselles jeunes, jolies et coquettes. Par leur moyen elle découvroit les secrets que la passion ne sait pas cacher à ce qu'on aime : elle démêloit les pensées et les desseins des courtisans : elle semoit parmi eux la défiance, la jalousie, la division ; et l'amour préparoit, au milieu des fêtes, les guerres qui devoient désoler la France. Tels étoient les ressorts secrets de la politique de cette reine.

Il faut craindre les plaisirs avec lesquels Catherine de Médicis tendoit des piéges et tramoit des intrigues.

Henri aima donc, et quelques années de séjour dans cette cour efféminée lui firent contracter des habitudes, qui répandront quelques taches sur sa gloire, et qui feront

Henri fut donc sensible à l'amour, et le fut pour toute sa vie : mais il aima toujours ses devoirs ; c'est-

à-dire, les fatigues, les périls et la gloire. le malheur de sa vie. Cependant sa première éducation sur les rochers de Béarn, lui avoit fait un tempérament, que l'amour même ne pouvoit pas énerver. C'est pourquoi les plaisirs qu'il aimoit, n'avoient pas assez de prise sur lui pour le fixer : il leur échappoit toutes les fois que ses devoirs l'appeloient à la fatigue et aux périls. On l'a vu dans les camps se confondre parmi les soldats, se coucher sur la paille comme eux, fouir avec eux la terre, et se nourrir du même pain. Lorsqu'il assiégeoit une place, il visitoit les travaux jour et nuit : il disposoit lui-même les batteries : il marquoit le lieu où l'on devoit ouvrir une mine : il traçoit les tranchées ; et souvent corrigeant les fautes de ses ingénieurs, il diminuoit le péril, abrégeoit le travail, et gagnoit plusieurs jours. Dans les batailles, il s'exposoit comme ses soldats ; et son panache blanc leur montroit le chemin de l'honneur et de la victoire. Il étoit toujours au milieu des hasards ; mais il y étoit avec un sang froid, qui faisoit son salut et celui de ses troupes. Il voyoit tout, il veilloit sur tout, et ses ordres venoient toujours à propos, parce qu'il ne s'engageoit pas comme un téméraire qui, entraîné par un faux desir de gloire, va devant lui, et ne voit pas à côté. Ses soldats trembloient souvent pour lui, mais ils ne craignoient jamais pour eux. Il croyoit leur devoir donner l'exemple, jugeant que son sort étoit de vaincre ou de mourir, et qu'il ne pourroit faire un jour le bonheur de la France, qu'après avoir échappé aux plus grands dangers.

« Il a signalé son courage héroïque, re-
» marque Péréfixe, en quatre ou cinq ba-
» tailles rangées, en plus de cent combats
» fort sanglans, et en deux cents siéges de
» places. Avant que la mort de Henri III
» l'eût appelé à la couronne, il eut à sou-
» tenir sept guerres, qu'il termina heu-
» reusement par sept traités de paix; et
» dans ces guerres, il se vit à diverses fois
» et en divers lieux, quarante-cinq armées
» sur les bras, n'ayant rien de bien assuré
» que sa propre vertu pour supporter un
» si grand fardeau ». Jamais la valeur et les talens militaires n'ont été mis à tant d'épreuves; et Henri avoit encore à combattre des troupes aguerries et fanati-

Jamais capitaine n'en a donné tant de preuves.

ques, commandées par des capitaines expérimentés.

<small>Cependant il ne lui auroit pas suffi d'avoir tous les talens militaires.</small>

Cependant, s'il n'avoit eu que les qualités d'un grand général, peut-être n'eût-il jamais été roi de France. Car on dompte difficilement le fanatisme avec des victoires; et dans ces sortes de guerres les chefs peuvent être défaits, mais ils ne manquent jamais de soldats. Henri avoit encore d'autres talens et d'autres vertus.

<small>Son activité et sa prévoyance, pouvoient sans doute beaucoup.</small>

D'un jugement sûr, il déméloit les desseins des ennemis, il en connoissoit le fort et le foible; il prévoyoit ce qu'ils devoient faire, ce qu'ils feroient et ce qu'ils ne feroient pas; il les surprenoit, et n'étoit jamais surpris. Il exécutoit avec tant de promptitude, que le duc de Parme le comparoit à un aigle, qui fond tout-à-coup où on ne l'attend pas. Son activité paroissoit le multiplier. C'est lui qui concertoit ses entreprises; c'est lui qui les conduisoit. Il se trouvoit par-tout, il veilloit sur-tout; et il trouvoit peu d'obstacles qu'il n'eût prévus; et qu'il ne surmontât. *Invia virtuti nulla est via*, c'étoit sa devise.

<small>Mais ses autres vertus p...</small>

Juste, vrai, exact observateur de sa parôle, franc, d'un accès facile, généreux, bienfaisant, clément, et père du peuple, il falloit enfin qu'il gagnât le cœur de ses sujets. Il sut même gagner ses ennemis, plus habile à réunir pour lui les esprits divisés, que Catherine de Médicis n'étoit habile à semer les divisions. On a dit qu'il a conquis son royaume : cela est vrai, si on n'a égard qu'aux siéges et aux combats. Ce qui est plus vrai encore, c'est qu'il a dû sa couronne à ses vertus plus qu'à ses armes. Ses talens militaires, qui le mettent à côté des plus grands capitaines, ne sont pas ce qu'il y a de grand en lui. Plus vous étudierez la vie de Henri, Monseigneur, plus vous serez convaincu que je n'exagère pas. Mais je ne puis vous en donner qu'une légère esquisse ; il faudroit une autre plume pour achever ce tableau. Je vais mettre sous vos yeux les principales circonstances, dans lesquelles il s'est trouvé enveloppé : vous verrez par-là comment tout conspiroit à sa ruine, et vous jugerez mieux de sa conduite.

voient davantage, et il leur dut la couronne.

Henri III étant monté sur le trône en 1574, épousa, l'année suivante, Louise de Lorraine. La maison de Guise en devint

Henri aimoit le duc de Guise, parce qu'il l'estimoit.

plus puissante. Cependant Henri, c'est ainsi que je nommerai toujours notre Philopémen, notre Aristide, notre Thémistocle, notre Épaminondas, car il est tout cela, Monseigneur : cependant, dis-je, Henri estimoit le duc de Guise, et en étoit estimé. Ce sentiment avoit rapproché ces deux rivaux ; ils vivoient dans une étroite familiarité, et ils s'aimoient : car si les grandes ames peuvent avoir des intérêts contraires, elles ne savent pas haïr.

Mais il ne pouvoit aimer le duc d'Alençon, qu'il méprisoit.

Henri ne haïssoit pas le frère du roi, connu sous les noms de duc d'Alençon et de duc d'Anjou : mais comme il ne pouvoit pas l'estimer, il se sentoit repoussé, et il se trouvoit plus à son aise, en s'éloignant de lui.

Marguerite, sa femme, tâchoit de l'en rapprocher.

Marguerite, sa femme, cherchoit pourtant à le rapprocher de son frère, qu'elle aimoit passionnément. Cette reine, qui ne pouvoit vivre sans intrigues, vouloit par cette union se faire un parti puissant à la cour.

Mais toute union offensoit Catherine de Médicis.

Toute union faisoit ombrage à Catherine de Médicis. Elle travailloit donc à diviser, inspirant de la jalousie au roi contre la reine, et se servant de la coquetterie de ses femmes, pour tendre ses filets à de jeunes princes, trop faits pour s'y prendre. C'est ainsi que cette marâtre répandoit la discorde, faisoit le malheur de ses enfans, celui de la France, et souffloit sur les Valois un poison qui devoit les exterminer.

Sur ces entrefaites, le roi étant tombé dangereusement malade, crut avoir été empoisonné par le duc d'Alençon. Un soupçon de cette espèce étoit l'effet des défiances que la reine-mère donnoit à ses fils. Le roi ne douta point. Il fit venir Henri : il lui conseilla, il lui ordonna même de faire périr le duc d'Alençon ; l'assurant que s'il ne le prévenoit, il en seroit lui-même la victime. *Les favoris du roi, qui avoient la même opinion que leur maître*, dit Péréfixe, *sacrifioient déjà ce prince à leur vengeance, par des regards meurtriers.* En effet, tout étoit contre lui, et rien ne le défendoit ; parce qu'il étoit généralement haï et méprisé. La vertu de Henri veilla sur ses jours. Cet Aristide eut horreur du forfait qu'on lui commandoit ; et quoique la mort du duc d'Alençon, lorsque le roi étoit mourant, parût le placer sur le trône, il ne

Générosité de Henri envers le duc d'Alençon.
1574.

songea qu'à dissiper les soupçons odieux qu'on avoit formés.

1576. Le duc d'Alençon se met à la tête des mécontens.

Le roi recouvra la santé : mais il conserva toute sa haine contre son frère. Il se fit un plaisir de l'exposer au mépris des courtisans, ne songeant pas qu'il se rendoit méprisable lui-même; et il montra sa haine si ouvertement, que les favoris, à ce qu'on prétend, osèrent former le projet d'assassiner le duc d'Alençon. Ce fut dans cette circonstance que ce prince s'évada, et se mit à la tête des mécontens et des Huguenots.

Catherine s'en applaudit, et attend avec impatience qu'Henri quitte aussi la cour.

La reine-mère s'applaudissoit des troubles qu'elle faisoit naître. Comme elle craignoit de perdre toute l'autorité, parce que son fils paroissoit vouloir prendre connoissance des affaires, elle ne cherchoit qu'à lui susciter des embarras, afin que ce prince indolent ne pût pas se passer d'elle. Son soin principal étoit d'animer tous les partis. Avec ce caractère elle étoit charmée de l'évasion du duc d'Alençon; et elle attendoit avec impatience celle du roi de Navarre.

Quoique l'amour le retînt, il s'échappe, et les Huguenots le reconnoissent pour chef.

L'amour retenoit Henri enchaîné auprès de madame de Sauves : la gloire brisa ses fers. Il étoit à craindre que les

Huguenots ne s'accoutumassent à ne voir à leur tête que le prince de Condé ou le duc d'Alençon. Henri s'échappa avant qu'on eût commencé les hostilités. On négocioit même alors de part et d'autre, et la paix fut bientôt faite. Le traité fut favorable aux Huguenots. Condé eut le gouvernement de Picardie. On donna le duché d'Anjou au duc d'Alençon. Henri, qui n'obtint rien de la cour, acquit l'estime et l'amour des Huguenots, qui le reconnurent pour chef.

1576.

Mais vous ne pourriez pas suivre l'histoire de Henri dans les détails les plus intéressans et les plus instructifs, si je ne vous faisois pas connoître le marquis de Rosny, ami de ce roi.

Pour suivre l'histoire de Henri IV, il faut connoître Rosny.

Maximilien de Béthune, marquis de Rosny, d'une maison des plus anciennes et des plus illustres, n'avoit qu'onze ans, lorsqu'au commencement de 1572, il fut présenté à la reine de Navarre et à Henri. Son père, qui le présenta, lui avoit donné une excellente éducation ; et voyant en lui des germes de vertus, il crut faire un vrai présent au roi de Navarre, en lui donnant

Rosny, ayant été présenté à Henri par son père, part pour Paris.

son fils ; et assurer une fortune à son fils, en lui obtenant la protection de ce prince. Si les Huguenots n'évitèrent pas les piéges qu'on leur tendoit, ce ne fut pas la faute de cet homme sage. Il ne cessa jusqu'au dernier moment de faire voir combien on devoit peu compter sur une cour perfide, dont les desseins étoient d'autant plus suspects, qu'elle promettoit davantage. Mais enfin voyant le départ de Henri, et voulant que son fils courût la même fortune, il le fit aussi partir pour Paris.

Dangers que court Rosny pendant le massacre de la S. Barthélemi.

A trois heures du matin, le jour de St. Barthélemi, Rosny ayant été réveillé au bruit des cloches, et des cris du peuple, son gouverneur et son valet-de-chambre sortirent pour apprendre le sujet de cette alarme : ils ne revinrent point, et on n'a jamais su ce qu'ils étoient devenus. Cet enfant, resté seul avec son hôte, qui étoit huguenot, et qui le pressoit d'aller à la messe, eut le courage de chercher son salut, en affrontant le danger qui le menaçoit. Ayant pris sa robe d'écolier et un gros livre sous son bras, il essaya de se sauver au collége de Bourgogne, dont le principal étoit son ami. Il trouva trois corps-de-garde sur son chemin. Dès le premier, il fût arrêté et rudoyé, et on ne le laissa passer qu'après avoir remarqué le livre qu'il portoit ; car il se trouva par hasard que c'étoit des heures. Il passa les deux autres avec le même bonheur. On crioit de toute part, *tue, tue, Huguenot ;* on enfonçoit les portes ; ou pilloit les maisons ; on égorgeoit hommes, femmes, enfans. Néanmoins sans se déceler par aucun signe de frayeur, il arriva au collége de Bourgogne, où le principal le tint caché pendant trois jours. Après ce temps, un édit qui défendoit de tuer davantage, ayant été publié, le massacre diminua, sans cesser tout-à-fait, et il y eut un peu plus de sûreté pour les Huguenots : Rosny put alors donner de ses nouvelles à son père, qui étoit fort en peine ; et conformément aux ordres qu'il en reçut, il continua ses études à Paris, et s'attacha de plus en plus au roi de Navarre, qu'il n'abandonna jamais dans les plus grandes adversités.

Il quitta Paris, pour suivre Henri en 1576. Ce fut alors que la ligue, s'étant formée, força le roi à rompre la paix, et à se

Lorsque Henri s'échappa de la cour, il quitta Paris pour le suivre.

déclarer chef de faction. Les Huguenots, attaqués tout-à-la-fois, en Dauphiné, en Languedoc, en Guienne, en Poitou, firent des pertes considérables. Si les Catholiques avoient suivi ces premiers avantages avec vigueur, ils en auroient pu avoir de plus grands encore : mais le roi craignoit la trop grande puissance de la ligue ; et la reine-mère avoit besoin d'une nouvelle paix, pour semer de nouvelles divisions.

Sensible à l'amour, Rosny plaît à Henri par ce foible : mais il lui plaît encore plus par ses vertus.

1572.

L'année d'après que le traité eut été signé, Catherine fit un voyage en Guienne, sous prétexte de conduire sa fille Marguerite au roi de Navarre. Les cours des reines et de Henri s'étant réunies à Auch, il ne fut plus question que de jeux, de plaisirs et d'amours. Rosny, jeune encore, eut comme les autres des foiblesses, qui contribuèrent sans doute à le rendre cher au roi de Navarre. Mais elles ne durèrent pas, et il avoit d'ailleurs des qualités que ce prince savoit discerner, et dont il recueillera les fruits : c'étoient un grand jugement, un grand courage et une probité parfaite.

Intrigue de Catherine et de Marguerite parmi les fêtes.

Les deux reines avoient chacune leur escadron. C'est ainsi que Henri nommoit la suite de jolies femmes, qu'elles avoient avec elles ; et il convenoit que ce corps de troupes étoit bien redoutable. En effet, Catherine sema la division entre lui, le prince de Condé, M. de Turenne, et les principaux chefs Huguenots, et Marguerite se servit contre elle des mêmes armes. Non seulement elle prit dans les filets de ses filles plusieurs des gentilshommes de la cour de sa mère : elle s'avisa encore d'inspirer elle-même de l'amour à Pibrac, qui en avoit toute la confiance. C'étoit un magistrat de 50 ans, qui avoit été ambassadeur au concile de Trente, et qui, dans toutes les affaires où il avoit été employé, avoit montré autant de sagesse que de talent. Marguerite se fit un plaisir malin de faire succomber cet homme grave. Pibrac ne fit plus que ce qu'elle voulut ; et Catherine, qui n'avoit pas prévu une passion aussi folle dans une tête aussi sage, se laissa conduire par son confident, qui se laissoit mener par Marguerite. Sa négociation ne réussit donc pas aussi bien qu'elle se l'étoit promis; et les deux cours se séparèrent un peu plus aigries qu'auparavant.

Henri n'aimoit pas Marguerite. Il la regardoit plutôt comme sœur du roi, que comme sa femme; et il se proposoit de faire rompre un jour son mariage, où il y avoit des nullités. Marguerite ne l'aimoit pas davantage; et si elle l'avoit servi, c'étoit par coquetterie et par goût pour l'intrigue.

Une raillerie inconsidérée fait perdre la Réole à Henri.
Pendant que les cours étoient à Auch, Henri perdit la Réole par une imprudence. Il avoit donné le gouvernement de cette place importante à Ussac, gentilhomme fort considéré dans le parti Huguenot. Or ce capitaine, quoique vieux et fort laid, devint amoureux d'une des filles de la reine-mère. Les jeunes courtisans en firent des plaisanteries; et Henri, jeune aussi, ne le ménagea pas davantage. Ussac, offensé des railleries de son maître, oublia son devoir, et livra la Réole aux Catholiques. Voilà une leçon pour les princes, Monseigneur: s'il n'est pas facile d'imiter les vertus de Henri, il faut au moins éviter ses fautes.

Guerre des amoureux.
1579.
Une nouvelle guerre civile, qu'on nomma la guerre des amoureux, fut l'effet des intrigues que l'amour avoit conduites, pendant que les cours n'avoient paru occupées que de

fêtes. Elle se fit dans le même esprit, et voici comment on se provoquoit souvent au combat : *Allons, cavaliers, un coup de pistolet pour l'amour de nos maîtresses. Des hommes, qui marchent sous les drapeaux de Mars et de l'Amour, pourroient. ils se retirer, sans avoir donné un coup d'épée ?* L'esprit de ce temps n'étoit qu'un mélange d'hypocrisie, de fanastisme, de galanterie et de cruauté.

Il fallut encore négocier. Coutras ayant été choisi pour le lieu des conférences, Catherine, Marguerite, le duc d'Anjou, Henri et sa sœur la princesse de Navarre, s'y rendirent. Tout s'y passa, comme à l'ordinaire, en intrigues galantes : car c'étoit toujours là le grand ressort de la guerre et de la paix. On avoit fait une trève pour Coutras et une lieue et demie à la ronde. La reine-mère n'avoit pas voulu l'étendre plus loin; assurant qu'avant qu'une trève générale eût été publiée dans tout le royaume, elle auroit conclu la paix, ou qu'elle en auroit ôté toute espérance. Il arriva par cet arrangement, que ceux qui vivoient ensemble à Coutras parmi les plaisirs, s'égorgeoient,

<small>Conférences de Coutras.</small>

lorsqu'ils se rencontroient à une lieue et demie de cette ville. On étoit quelquefois obligé de nommer des experts, et de compter en quelque sorte les pas, pour savoir si les hostilités commises étoient une infraction à la trève, et si les choses qu'on s'enlevoit réciproquement, étoient de bonne prise.

<small>On fait la paix.</small> Personne ne desiroit plus la paix que le duc d'Anjou, parce qu'il avoit besoin que les deux partis lui donnassent des secours pour son entreprise des Pays-Bas. Il s'employa donc vivement, et elle se fit en conséquence des conférences qui se tinrent à Fleix.

<small>1580.</small> Elle fut presque aussi funeste que la guerre, par les impôts dont le roi chargeoit le peuple, et par la violence avec laquelle il en autorisoit la levée.

<small>Pendant cette paix, Henri commençoit à s'endormir dans les plaisirs.</small> Elle parut menacer la France d'un plus grand malheur : car Henri commençoit à s'endormir dans le repos, et les plaisirs enchaînoient déjà ses vertus. Il avoua lui-même que, s'il n'eut été réveillé au bruit de tant d'ennemis qui conjuroient sa perte, l'oisiveté l'eût peut-être enseveli dans un coin de la Guienne. Combien de circonstances,

combien de revers même il faut rassembler pour former un grand homme; puisque Henri, avec toutes les dispositions de l'esprit, de l'ame et du corps, n'étoit pas grand encore ! Je tremble, Monseigneur, quand j'y pense: car des états aussi petits, aussi tranquilles et aussi soumis que ceux de Parme, ne donnent de puissance, que ce qu'il en faut précisément pour s'endormir.

Henri se réveilla, lorsqu'après la mort du duc d'Anjou, ses ennemis armèrent pour l'exclure du trône. Il ne s'endormira plus. Cinq princes du sang embrassèrent son parti: le duc de Montpensier, gouverneur du Poitou, avec son fils le prince de Dombes; le prince de Condé, qui tenoit une partie du Poitou, de la Saintonge et de l'Angoumois; le comte de Soissons, et le prince de Conti, son frère. Tous ces princes étoient catholiques, excepté le prince de Condé. Le Maréchal d'Anville Montmorenci, gouverneur du Languedoc, se déclara encore pour lui, ainsi que Lesdiguières, qui de simple gentilhomme, étoit devenu comme souverain du Dauphiné. Parmi les seigneurs Huguenots, qui fortifièrent son parti, les principaux

Il se réveille au bruit de ses ennemis réunis, et se fait un parti puissant. 1585.

étoient Claude de la Trémouille, duc de Thouars, très-puissant en Poitou et en Bretagne; Henri de la Tour, vicomte de Turenne; Chatillon, fils de l'amiral Coligni; René, chef de la maison de Rohan; et Rosny, qu'il ne faut pas oublier, fut des premiers à se rendre auprès de son maître. Il apporta quarante mille francs. Le roi de Navarre et toute sa cour ensemble n'auroient pas pu faire une pareille somme; ce qui prouve bien qu'il avoit mal employé les années de paix. D'habiles négociateurs, car il savoit choisir ceux qu'il employoit, lui obtinrent encore des secours d'Élisabeth et des princes Protestans d'Allemagne. En un mot, il se disposa si bien et si promptement à la défense, que la ligue, qui croyoit devoir l'écraser, se trouva trop foible pour exécuter les grands projets qu'elle avoit formés. Il ne se fit point d'exploit considérable, pendant les années 1585 et 1586.

Suspension d'armes, pendant laquelle Catherine cherche inutilement à semer la division dans le parti de Henri.

La reine-mère ayant offert sa médiation, il y eut une suspension d'armes, pendant laquelle cette princesse se rendit à S. Brix, près de Cognac, pour conférer avec Henri, ou plutôt pour chercher l'occasion de le désunir d'avec les chefs de son parti. Il démêla ses desseins, et les fit échouer. Mais que demandez-vous, dit la reine, après bien des conférences inutiles? Rien de tout cela, répondit Henri, en regardant les filles qu'elle avoit à sa suite. Faut-il que la peine que j'ai prise ne produise aucun fruit, dit-elle une autre fois? et m'en retournerai-je sans avoir obtenu le repos que je desire? Madame, répliqua le roi de Navarre, je n'en suis pas cause : ce n'est pas moi qui vous empêche de coucher dans votre lit, c'est vous qui ne voulez pas que je couche dans le mien. La peine que vous prenez, vous plait et vous nourrit ; le repos est le plus grand ennemi de votre vie.

Les cours des deux rois passèrent le reste de l'hiver en festins et en danses. Car la misère publique ne pouvoit arrêter ce goût contagieux que Catherine avoit répandu; et l'austérité de la prétendue réforme n'en garantissoit pas même les Huguenots.

Au printemps, la guerre recommença, et devint vive, sur-tout à la fin de la campagne. Plus de vingt-cinq mille Allemands furent défaits par le duc de Guise, parce

Bataille de Coutras.
1587.

que des contre-temps ne leur avoient pas permis de concerter leur marche avec Henri, et qu'ils étoient commandés par des chefs qui ne s'accordoient pas. Joyeuse avoit alors perdu la bataille de Coutras. C'étoit le mignon favori du roi de France. En conséquence, on n'avoit pas douté à la cour ni à Paris, qu'il ne fût le seul homme envoyé du ciel pour la destruction des Huguenots. Sixte-Quint lui avoit donné tous les domaines de Henri, et il croyoit lui-même marcher à une conquête assurée, avec des troupes nombreuses que la noblesse la plus brillante embarrassoit de sa mollesse et de son luxe, et où chacun vouloit commander. Cependant les forces qu'il alloit combattre, consistoient principalement dans les débris de fer et de soldats, échappés aux batailles de Jarnac et de Moncontour.

L'armée victorieuse se sépare.

Henri, sans être ébloui du succès de ses armes, montra autant de générosité après la victoire, qu'il avoit montré de courage et de conduite pendant la bataille. Mais cette victoire ne produisit pas les effets qu'on en devoit attendre. Les chefs, divisés secrètement par de vieilles jalousies, se séparèrent tout-à-fait, aussitôt que l'ennemi commun parut moins à craindre, et chacun voulut s'occuper de ses intérêts particuliers. Le projet du prince de Condé étoit d'avoir pour lui l'Anjou, le Poitou, l'Aunis, la Saintonge et l'Angoumois, laissant les autres provinces au roi de Navarre ; et Turenne, qui portoit ses vues sur le Limousin et sur le Périgord, crut avoir trouvé le moment favorable à son ambition. Il fut un de ceux qui hâtèrent le plus la séparation des troupes. Condé s'étant donc retiré à la Rochelle, et Henri en Béarn, l'armée victorieuse se trouva dissipée huit jours après la bataille.

Il eût sans doute été difficile à Henri de conserver toutes les troupes sous ses ordres : mais il n'étoit pas fâché d'aller voir la comtesse de Guiche, dont il étoit amoureux : il étoit même impatient de mettre à ses pieds les dépouilles des ennemis. Le comte de Soissons l'entretenoit encore dans ces dispositions, parce qu'il vouloit aussi aller voir la princesse de Navarre, qu'il comptoit épouser ; et l'amitié que Henri avoit

Henri étoit impatient de mettre ses lauriers aux pieds de la comtesse de Guiche.

pour sa sœur et pour ce prince, servit de prétexte au voyage de Béarn.

<small>Il se brouille avec le comte de Soissons qui, ne cherchant son alliance, ne songeoit qu'à l'abandonner.</small>

Cependant le comte de Soissons n'étoit pas sincèrement attaché à Henri. Persuadé que ce prince ne pouvoit manquer de succomber sous les efforts du pape, du roi d'Espagne et de la ligue, il ne songeoit à s'allier avec lui que dans l'espérance de s'approprier un jour les biens de la maison de Navarre ; et il se proposoit de se retirer à la cour de France aussitôt que le mariage auroit été conclu. De pareils sentimens brouillèrent bientôt ces deux princes, et le mariage ne se fit pas.

<small>1588. Circonstances qui l'appellent au trône.</small>

La mort du prince de Condé, qui arriva l'année suivante, répandit la consternation parmi les Huguenots, et les divisa encore, parce qu'elle alluma l'ambition des chefs. Mais les barricades de Paris, la fuite du roi et le meurtre des Guises faisoient voir de plus grands désordres parmi les Catholiques. Je passe rapidement sur ces temps malheureux ; et, sans m'arrêter sur l'attentat qui trancha les jours du dernier des Valois, je viens au moment où Henri fut appelé au trône.

Il étoit sans doute avantageux pour Henri d'avoir été appelé au secours du dernier roi ; moins parce qu'il se voyoit aux portes de Paris, maître de plusieurs places et à la tête d'une armée, que parce qu'il avoit eu occasion de se faire connoître davantage des Catholiques. Ses vertus lui firent des partisans parmi ceux qui lui auroient été contraires ; et il lui eût fallu bien du temps pour se mettre dans une position aussi favorable, si, à la mort du dernier Valois, il se fût trouvé confiné dans le Béarn. Tout étoit néanmoins dans la confusion la plus grande : il le voyoit lui-même, et il sentoit qu'il avoit besoin de beaucoup de prudence. Il n'en manquera pas.

Les Huguenots ne balancèrent pas à le reconnoître : mais c'étoit la moindre partie de ses forces. Cet exemple fut suivi dans le premier moment par un nombre assez considérable de seigneurs et de gentilshommes catholiques. Les uns s'attachèrent à lui sincèrement et sans rien exiger, tels que le maréchal d'Aumont, Givri et Humières ; d'autres ne firent cette première

Obstacles qui l'en éloignoient. Les seigneurs catholiques songeoient à l'abandonner, ou à se vendre cher.

démarche, que parce qu'ils n'avoient pas eu le temps de concerter encore leurs mesures. Le scrupule qu'ils se faisoient ou vouloient se faire de servir un roi Huguenot, leur servoit de prétexte pour se vendre cher. Quelques-uns demandoient même des provinces en souveraineté. Le maréchal de Biron, par exemple, demanda le Périgord.

Un refus devoit naturellement l'irriter ; et cependant il étoit dangereux de lui accorder sa demande, puisque c'eût été enhardir les autres seigneurs, et se mettre dans la nécessité de leur en accorder autant. Quel étoit dans ce siècle le prince qui n'eût pas usé de dissimulation, et tout promis pour ne rien tenir? Henri, franc et de bonne-foi, refusa, et sut cependant s'attacher Biron. Ce maréchal jura même de ne pas permettre qu'aucune province fût jamais démembrée. Il fit plus : Sanci avoit amené au feu roi, des Suisses, qui, étant des cantons catholiques, refusoient de porter les armes pour un prince huguenot : Biron se joignit à lui pour les engager au service de Henri.

Le comte de Soissons recules

J'ai déjà dit que le duc d'Épernon et

d'autres seigneurs abandonnèrent le roi. Les princes du sang ne lui donnoient pas moins d'embarras. Il y en avoit six alors, un vieux cardinal de Bourbon, le cardinal de Vendôme, le comte de Soissons, le prince de Conti, le duc de Montpensier et le prince de Dombes, son fils. Tous avoient des prétentions. Le comte de Soissons, brouillé avec Henri, intriguoit, sur-tout pour empêcher qu'il ne fût reconnu, s'il ne se faisoit catholique. La résolution en fut même prise par une partie de la noblesse ; et François d'O, surintendant des finances, chez qui elle s'étoit assemblée, eut la hardiesse de le déclarer au roi. Henri répondit avec autant de fermeté que de douceur ; témoignant qu'il desiroit de les conserver, mais qu'il ne craignoit pas de les perdre. Il fut reconnu dans une assemblée plus nombreuse, qui se tint chez François de Luxembourg, duc de Pinei, et dont le résultat fut que Henri protégeroit l'exercice de la religion catholique dans ses terres, qu'il s'en feroit instruire lui-même, et qu'il ne donneroit pas les emplois aux Huguenots. Cette assemblée crut

autres princes du sang et une partie de la noblesse, remuent pour empêcher qu'il ne soit reconnu.

devoir députer vers le pape, pour lui faire agréer les motifs de son obéissance à son roi légitime.

<small>Les gouverneurs des provinces songent à se rendre souverains et indépendans.</small> Il étoit encore bien difficile au roi de conserver les provinces qui paroissoient soumises : car les gouverneurs, n'imaginant pas comment il se dégageroit de tous les obstacles dont il étoit enveloppé, croyoient prévoir le moment où la France alloit se diviser en une multitude de principautés ; et chacun songeoit à se rendre souverain dans sa province. Tels étoient le maréchal de Montmorenci en Languedoc, et Lesdiguières en Dauphiné.

<small>Turenne s'applique à le rendre suspect aux Huguenots, qu'il flatte du vain projet de se gouverner en république.</small> Turenne remuoit de son côté. Il projetoit de faire une seule république de toutes les églises réformées du royaume : il vouloit les mettre sous la protection de l'électeur Palatin, pour en obtenir des secours; et il comptoit en être le chef, avec le titre de lieutenant-général de cet électeur. Mais il ne montroit en cela que de mauvais desseins et peu de jugement, comme le remarquoit Henri. En effet, rien n'étoit plus chimérique que de prétendre gouverner par les mêmes lois les églises des Huguenots,

éparses dans la France et séparées par des églises catholiques. Le roi n'appréhendoit donc pas cette association. Il craignoit seulement que les projets chimériques de Turenne ne fissent illusion aux Huguenots. En effet, ils n'en voyoient pas, comme lui, l'impossibilité. Les plus ambitieux, qui ne demandoient que des troubles, feignoient d'en croire l'exécution facile : ils entraînoient les plus simples dans leur sentiment, et ils les portoient à la révolte, en faisant prévoir que Henri se convertiroit tôt ou tard, et les abandonneroit. C'est ainsi que tout faisoit obstacle au roi de France, jusqu'aux projets chimériques de ses ennemis.

Heureusement ses ennemis n'avoient pas moins de peine à se concilier : tant leurs intérêts se croisoient et se contrarioient. Le pape n'avoit garde d'entrer sincèrement dans toutes les vues du roi d'Espagne. Il ne le trouvoit déjà que trop puissant ; et il prévoyoit bien, disoit Rosny, que, si ce prince s'agrandissoit encore, il n'en seroit bientôt lui-même que le chapelain. Il étoit donc de son intérêt de reconnoître Henri,

D'un autre côté, les ennemis de Henri ne pouvoient pas agir de concert. Le pape n'avoit garde d'entrer dans toutes les vues du roi d'Espagne.

s'il se faisoit catholique, plutôt que de souffrir que la France tombât sous la domination de la maison d'Autriche.

Philippe, incapable de suivre un plan, se contrarioit lui-même dans ses projets.

Le roi d'Espagne, à qui la révolte des Pays-Bas ne permettoit pas d'employer assez de forces pour conquérir la France, n'avoit point de dessein arrêté. Se trouvant d'ailleurs mieux dans un cabinet qu'à la tête d'une armée, il attendoit beaucoup plus de sa politique artificieuse que du sort des armes ; et il se proposoit de prendre son parti, suivant les conjonctures. S'il ne pouvoit pas être roi de France lui-même, il vouloit disposer de cette couronne en faveur d'un seigneur qui épouseroit sa fille; ou anéantir cette puissance, en partageant le royaume entre tous les grands qui pouvoient former des prétentions ; ou enfin s'accommoder avec Henri, si ce roi vouloit lui céder quelques provinces. Dans cette vue, il entretenoit la division parmi les chefs, donnant à tous de grandes espérances et de foibles secours, et se flattant que les désordres viendroient au point, qu'il donneroit la loi. Mais en roulant dans sa tête un si grand nombre de projets, les mesures qu'il prenoit dans un temps, renversoient celles qu'il avoit prises dans un autre; et il ressembloit lui seul à plusieurs alliés, qui ne peuvent pas s'accorder. Le grand art de la politique, est de savoir d'abord prendre le bon parti, et ensuite de s'y tenir toujours, sans jamais s'en écarter. Ce sera l'art de Henri.

Les artifices, les plus fins dans les com- *Il donnoit de la méfiance aux chefs de la ligue.* mencemens, deviennent grossiers, lorsqu'ils se répètent; parce qu'en trompant, on ouvre enfin les yeux à ceux qu'on trompe. Le roi d'Espagne ne donna donc que de la méfiance. Les chefs de la ligue connurent qu'il ne vouloit contribuer à affermir aucun d'eux en particulier; et de leur côté, ils songèrent à se servir de lui, sans lui laisser prendre trop d'autorité.

Les principaux chefs qui paroîtront à la *Les chefs eux-mêmes avoient des intérêts contraires.* tête de la ligue, sont les ducs de Mayenne, de Nemours, son frère utérin, de Lorraine, de Savoie, de Mercœur de la maison de Lorraine, et de Guise, fils de celui qui avoit été assassiné à Blois. Mais ils étoient en général si divisés, qu'on doit moins les regarder comme une ligue, que comme des chefs qui se font chacun des intérêts séparés.

Les gentilshommes aussi désunis, changeoient de vues au gré des conjonctures, et souvent au gré des galanteries.

Les gentilshommes, qui, sans être assez puissans pour faire un parti, étoient au moins assez nécessaires pour faire valoir leurs services, avoient encore leurs intérêts particuliers, et changeoient de vues suivant les conjonctures. Toujours au moment de quitter un chef pour un autre, chacun d'eux formoit les plus grands projets sur les plus petites espérances. Les femmes sur-tout nourrissoient cette incertitude dans les esprits, car la galanterie continuoit toujours; et l'amour, cherchant par des intrigues à fortifier tour-à-tour chaque parti, semoit la méfiance parmi ceux-mêmes qui paroissoient suivre un seul chef.

Les villes avoient aussi leurs intérêts à part, et pensoient à se gouverner en républiques.

Si les grands avoient chacun leurs intérêts, les principales villes avoient aussi les leurs. Plusieurs se flattoient de trouver pendant les troubles l'occasion de se gouverner en républiques. C'est le gouvernement que les seize vouloient établir à Paris: mais ils n'étoient pas les plus forts, et les autres citoyens demandoient un roi.

Vous n'avez point vu dans l'histoire, de situation semblable à celle où vous voyez la France. Quelle que fût l'anarchie des fiefs, il y avoit au moins des lois et des droits convenus : actuellement tout est prétention, méfiance, intérêt contraire. En peu d'années cependant le génie de Henri rétablira l'ordre et la paix. Cela est plus étonnant que les conquêtes de tous les héros de l'antiquité. Tâchons d'en démêler les causes.

En peu d'années Henri rétablira l'ordre et la paix.

L'excès même des désordres amènera la paix. Les peuples, accablés de misère, se lasseront enfin d'une guerre civile, qui interrompt tout commerce, et qui les expose continuellement au pillage des soldats. Ils reviendront de l'erreur où ils étoient, de pouvoir former des républiques; ils regarderont avec mépris, avec haine, cette multitude de souverains imaginaires, qui, entreprenant d'élever leurs trônes sur les malheurs publics, se renversent mutuellement : et ils chercheront un roi qui puisse enfin leur faire goûter le repos. S'ils le trouvent, les chefs de la ligue, sortant de leur illusion, connoîtront combien il leur est impossible à tous de se concilier, et à chacun en par-

Circonstances qui amèneront ce moment désiré.

ticulier de dominer : alors ils ne chercheront plus qu'à se soumettre; et les uns après les autres ils saisiront le moment favorable pour se faire un mérite de leur obéissance, et obtenir de meilleures conditions. C'est ainsi que cette ligue formidable se dissoudra peu-à-peu.

<small>C'est dans les qualités de Henri et de Mayenne qu'il faut prévoir l'événement.</small>

La ligue a de plus grandes forces, si on compte les hommes : mais ce n'est pas ainsi qu'il faut juger : il ne faut considérer que Henri et Mayenne. Celui qui saura le mieux se concilier les esprits dans son parti, et se faire estimer dans le parti contraire : celui, en un mot, qui aura le plus de vertus, vaincra infailliblement.

<small>Mayenne avec du mérite, avoit dans l'ame et dans le corps une pesanteur qui le privoit de grâces et de ressort.</small>

Quoique le duc de Mayenne eût du mérité, il avoit un défaut capital pour un capitaine : je veux dire une ame lente dans un corps massif, auquel il falloit beaucoup de nourriture et de sommeil. Cette pesanteur, que ses courtisans appeloient gravité, lui ôtoit toutes les grâces de la figure, rendoit inutile les ressources de son esprit, et ne lui permettoient pas d'avoir cet extérieur affable qui attache. Sixte-Quint, qui avoit trop d'esprit pour faire cas de la ligue qu'il protégeoit, prédit qu'elle ne manqueroit pas de succomber : car, disoit-il, le Béarnois, c'est ainsi qu'il nommoit Henri, est moins de temps au lit que Mayenne à table.

Ce n'est pas seulement par son activité que Henri devoit vaincre, c'est encore par le concours heureux de plusieurs autres qualités, c'est-à-dire, une belle figure, un esprit prompt, agréable et facile; une ame humaine et généreuse, une clémence qui pardonnoit, sans conserver aucun ressentiment, une estime sincère et tendre pour les hommes de mérite, le don de les récompenser avec un mot ingénieux et flatteur, et sur-tout une probité à toute épreuve. Il étoit impossible de ne pas l'aimer quand on avoit quelque part à sa familiarité, ou seulement quand on le connoissoit. Sa probité étoit si connue, que, lorsqu'il marchoit à Paris avec son prédécesseur, les villes des environs, qui capitulèrent, ne voulurent pour sûreté que sa parole, méprisant les écrits, les sermens et les otages du dernier des Valois. Transportez-vous donc aux temps où les peuples seront las de la guerre, et vous jugerez que tous les vœux se tour-

Henri, au contraire, joignoit à une activité surprenante toutes les qualités qui attirent l'estime et l'amour.

neront sur Henri. Si, comme votre philosophie vous l'apprend, les effets sont contenus dans les causes, je viens de vous faire en abrégé l'histoire de ce grand prince jusqu'à la paix de Vervins. Après cette exposition, nous pourrons passer rapidement sur les événemens principaux.

<small>Mayenne fait proclamer roile vieux cardinal de Bourbon.</small> Après la mort du dernier Valois, le duc de Mayenne fit proclamer roi, sous le nom de Charles X, le vieux cardinal de Bourbon, que Henri tenoit prisonnier à Tours. Il se réserva la qualité de lieutenant-général du royaume, n'osant prendre la couronne lui-même : car le roi d'Espagne et les autres chefs de la ligue s'accordoient à ne la pas mettre sur sa tête, quoiqu'ils ne sussent pas trop ce qu'ils en vouloient faire ; le peuple, en général, vouloit un Bourbon.

<small>1590.
Situation difficile d'où Henri sort par une retraite.</small> L'année suivante, Mayenne marcha au secours de Rouen, que le roi menaçoit ; et Henri, forcé de se retirer à Dieppe, se vit enveloppé d'une armée trois fois plus nombreuse que la sienne. Déjà les chefs de la ligue se disputoient d'un œil jaloux les dépouilles de ce prince, et publioient qu'il ne pouvoit leur échapper qu'en sautant dans la

mer. En effet on lui conseilloit de s'embarquer, pour se retirer à la Rochelle, ou pour aller demander des secours à la reine Elisabeth. Cette démarche eût porté coup à sa réputation, et, par conséquent à ses affaires. Henri ne suivit donc que les conseils de son courage, et vainquit.

Il reçut alors un renfort de quatre mille hommes, qu'Elisabeth lui envoya, avec vingt-deux mille livres sterling pour prévenir la désertion des troupes suisses et allemandes. Cette somme étoit si considérable pour lui, remarque M^r. Hume, qu'il avoua ne s'être jamais vu autant d'argent. Ainsi, pendant que la ligue avoit presque toujours des troupes entretenues par l'Espagne et par le pape, Henri étoit hors d'état de soudoyer les siennes. Souvent il se voyoit obligé d'en licencier une partie, et de congédier les gentilshommes, qui avoient besoin de retourner chez eux pour amasser quelque argent. Mais il étoit sûr de les voir revenir, aussitôt qu'ils le pouvoient : car ils sacrifioient volontiers pour lui leur fortune et leur vie.

Il reçoit d'Elisabeth un secours d'hommes et d'argent.

C'est ainsi qu'il fit la guerre pendant trois

Il n'avoit que peu de troupes

ou quatre ans, n'ayant jamais que dix, douze ou quinze mille hommes de troupes, et n'étant pas encore assez riche pour les tenir toujours sous ses drapeaux. Mais son activité se communiquoit à ses capitaines et à ses soldats, tandis que la lenteur de Mayenne étoit contagieuse dans le parti contraire. Or il est naturel qu'une petite armée qui vole, pour ainsi dire, fasse plus qu'une grande qui se meut pesamment.

qu'il ne pouvoit pas même soudoyer.

La connoissance des hommes et des affaires donnoit encore un grand avantage à Henri. Il connoissoit parfaitement le caractère de tous les chefs de la ligue : il n'ignoroit pas les obstacles qu'ils se faisoient mutuellement, il jugeoit de leurs projets et de leurs moyens; et en leur faisant la guerre, il négocioit avec eux; mais en grand homme, sans artifice et sans finesse.

Sa prévoyance et sa franchise.

Dans la journée d'Ivri, où la déroute des ligueurs fut complète, son cri de victoire fut : *épargnez, sauvez les Français.* Il arrêta la fureur des soldats : il traita les prisonniers avec humanité : non seulement il fit quartier aux Suisses, qu'il pouvoit

Sa générosité après la victoire.

tailler en pièces; mais il leur rendit leurs enseignes, et les renvoya chez eux, où ces braves gens allèrent célébrer la générosité de leur vainqueur. Cette action lui attacha les cantons catholiques.

Henri fit ensuite le siége de Paris. Bientôt maître des faubourgs, il pouvoit réduire par famine cette ville, où il y avoit deux cent trente mille habitans. La misère y étoit si grande, que plusieurs sautant par-dessus les murailles, préféroient de mourir par le fer des assiégeans. Mais le roi, qu'ils avoient offensé, veilloit sur leurs jours : quoi qu'on pût lui représenter, il ne pouvoit refuser de tendre les bras à ceux qui avoient recours à sa clémence. Il permettoit même de donner quelques secours de vivres aux assiégés. Les soldats leur en vendoient, et les capitaines en envoyoient à leurs amis et aux dames. Un assaut eût vraisemblablement emporté cette place : Henri ne voulut pas le donner. C'eût été livrer le peuple à la fureur des soldats, et il aimoit mieux vaincre par son humanité, que par des armes ensanglantées du sang de ses sujets. Il prévoyoit que tôt ou tard il vaincroit par cette

Siége de Paris.

voie; et c'est le fanatisme des moines qui retardoit ce moment.

<small>Le duc de Parme fait lever.</small>
Cependant le duc de Parme vient au secours des assiégés; et le roi lève le siége pour marcher à lui avec toutes ses forces. Mais Farnèse prend si bien ses mesures, qu'il évite le combat, se rend maître de Lagni-sur-Marne, fait descendre des vivres par la rivière, met l'abondance dans Paris, et se retire. Ce fut la fin de la campagne.

<small>1590.</small>

L'année suivante n'offre pas d'événemens considérables. Comme on manquoit de fonds de part et d'autre, on pouvoit rarement former de grandes entreprises. Les armées qui entroient en campagne, se séparoient au bout de deux ou trois mois, pour se rassembler quelque temps après, et la guerre ne se faisoit que par intervalles.

<small>Siége de Rouen: retraite de Henri.</small>
En 1592, le roi fut obligé de lever le siége de Rouen. Forcé de marcher contre le duc de Parme, qui l'arrête toujours au milieu de ses succès, il alla lui-même avec quatre ou cinq cents chevaux pour reconnoître l'armée ennemie : il l'arrêta long-temps par deux ou trois charges vigoureuses : et il fit une belle retraite. Cependant,

il eut besoin de sa présence d'esprit et de sa valeur, pour sortir du mauvais pas où il s'étoit engagé trop témérairement. Curieux de savoir ce qu'en pensoit Farnèse, il lui écrivit. La retraite est belle en effet, répondit le duc; mais pour moi, je ne me mets jamais en lieu, d'où je sois obligé de me retirer. La critique est d'un homme d'esprit : il fut pourtant lui-même bientôt dans la nécessité de faire une belle retraite. Il la fit, et mérita l'admiration de Henri. Au reste, il est vraisemblable qu'il eût été battu, si Biron eût fait son devoir. Il ne le fit pas à dessein, parce qu'il croyoit trouver son intérêt à faire durer la guerre. Si en temps de paix, les rois donnoient aux grands généraux de la considération à proportion des services qu'ils auroient rendus, ils préviendroient souvent ces sortes d'infidélités. *Retraite du duc de Parme.*

Le cardinal de Bourbon étoit mort en 1590, et depuis ce temps, la jalousie avoit multiplié de plus en plus les divisions parmi les ligueurs. Il s'en étoit aussi formé dans le parti du roi; et elles auroient été funestes, si ce prince ne les eût étouffées dans leur naissance, ou n'en eût au moins arrêté les progrès. *Les divisions se multiplient après la mort du cardinal de Bourbon.*

Tiers-parti qui prétend tout concilier.

Au milieu de ce chaos d'intérêts, qui se croisoient et se heurtoient confusément, il se forme un tiers-parti, qui se proposoit de pacifier le royaume, et de contenter tout le monde; c'est-à-dire, le Pape, le roi d'Espagne, le comte de Soissons, les ducs de Savoie, de Lorraine, de Mayenne, de Guise, de Mercœur, d'Aumale, d'Elbœuf, de Nemours, de Nevers : des gouverneurs, des généraux, des évêques, en un mot, tous ceux qui étoient assez puissans pour former des prétentions. Le cardinal de Vendôme, alors nommé cardinal de Bourbon, étoit un des chefs de ce parti, composé tout-à-la-fois de ligueurs et de royalistes, au nombre de près de cent personnes, qui, sans pouvoir s'accorder entre elles, entreprenoient follement de tout concilier. Tant de pacificateurs étoient si différens par le caractère, par l'esprit, par les connoissances, par les vues, par les intérêts et par la religion, qu'il eût été difficile d'en trouver deux, qui eussent entièrement adopté le même plan. Tout ce qu'on pouvoit juger, c'est que leurs projets ne tendoient qu'à partager le royaume entre plusieurs puissances, et à ne laisser à Henri que le nom de roi avec fort peu d'autorité.

Henri étoit bien éloigné d'entrer en négociation avec ceux du tiers-parti. Il jugeoit que ce seroit les forcer à se réunir pour adopter un plan, leur donner de la considération, et fomenter une faction, qui pourroit se fortifier tous les jours. D'ailleurs, il ne voyoit dans leurs desseins, que des chimères contraires à sa puissance et à sa gloire. Cependant, fatigué des projets qu'on ne cessoit de publier ou de lui présenter, il consulta Rosny, sans s'ouvrir encore sur ce qu'il pensoit lui-même. *Henri refuse d'entrer en négociation avec ce tiers-parti.*

Rosny avoit déjà fait les mêmes réflexions. Ils convinrent donc qu'il falloit temporiser, user de prudence, gagner les moins obstinés, entretenir la division parmi les autres, et sur-tout continuer d'avoir des succès à la guerre. Ils considéroient les villes qui avoient conservé la liberté de disposer d'elles-mêmes, telles que Paris, Toulouse, Aix, Arles, Lyon, Riom, Poitiers, Orléans, Troies, Rheims, Amiens, Abbeville et autres, où l'autorité des chefs étoit limitée par des factions puissantes : ils jugè- *Plan sage de Henri et de Rosny.*

rent qu'il ne seroit pas impossible de les gagner : et que la chose deviendroit plus facile à mesure que les armes du roi prendroient plus d'ascendant. Ils conclurent enfin, qu'en négociant avec chacun en particulier, ils viendroient à bout de dissoudre la ligue et le tiers-parti. En effet, cette conduite devoit augmenter la méfiance et la jalousie qui divisoient déjà les ligueurs. On pouvoit donc prévoir que les choses viendroient au point, que plusieurs ne croiroient pouvoir s'assurer une fortune, qu'en se jetant entre les bras du roi; et que les plus ambitieux, pour peu qu'ils fussent habiles, seroient les premiers à traiter, puisque ce seroit le moyen d'obtenir de meilleures conditions.

Impuissance de Mayenne.

Mayenne, déconcerté par la conduite sage du roi, voyoit qu'il lui devenoit tous les jours plus difficile de mouvoir à son gré le vaste et monstrueux corps de la ligue. Poussé comme par des vents contraires, auxquels il cédoit tour-à-tour, il ne pouvoit tenir de route certaine. Il découvroit des écueils de toutes parts, il se voyoit près du naufrage, et il sentoit le gouvernail lui échapper des mains.

Les ligueurs ne s'accordoient que sur une seule chose : ils demandoient tous un roi. Il fallut donc obéir à cette impulsion, et Mayenne convoqua les états à Paris. Jamais assemblée ne fut plus tumultueuse. Les avis, les projets, les délibérations ressembloient à ceux qui la composoient : ils étoient contraires, absurdes, ridicules. Le roi d'Espagne, qui se proposoit de donner sa fille Isabelle au roi qui seroit élu, offroit aux états de grands secours d'hommes et d'argent. Mais il promettoit beaucoup, et pouvoit peu. Il n'avoit plus de grands capitaines. Le duc de Parme étoit mort; et Maurice de Nassau, qui défendoit la liberté des Provinces-Unies, faisoit une diversion favorable à Henri. D'ailleurs Philippe, en projetant le mariage de sa fille avec le nouveau roi, se faisoit un ennemi de Mayenne, qui, étant marié, se seroit vu exclus du trône.

État de Paris, où tout se passe en tumulte.

1593.

Cependant, si les états élisoient un roi avec l'aveu du Pape, de Philippe et des puissances étrangères, il étoit à craindre que les peuples ne le reconnussent, dans l'espérance de trouver le repos sous ce nouveau

Un roi qu'ils auroient élu pouvoit devenir redoutable.

chef. Dès-lors ce prince paroissoit avoir des droits légitimes ; il devenoit redoutable ; il préparoit au moins de nouveaux troubles ; et on ne voyoit plus quelle seroit la fin de la guerre.

Il étoit difficile qu'ils s'accordassent sur le choix.

Il étoit difficile à la vérité, que tant de chefs, qui vouloient au moins partager le royaume entre eux, s'accordassent sur le choix d'un maître ; et quand enfin le plus grand nombre des suffrages se seroit réuni sur un sujet, il y a lieu de croire que le nouveau roi auroit été bien foible.

Pour embarrasser encore leurs délibérations, Henri leur propose de conférer avec eux.

Dans cette confusion des choses, Henri ne vouloit que gagner du temps pour exécuter à propos un projet qu'il méditoit, et qui devoit donner le repos à la France. Il voulut donc embarrasser par de nouveaux obstacles les délibérations des états ; et dans cette vue, il leur fit proposer de lui envoyer des députés pour conférer avec lui.

Les conférences se tiennent à Soreune, entre les Catholiques des deux partis.

Mayenne y donna les mains, parce que cette proposition suspendoit l'effet des projets du roi d'Espagne. D'un autre côté, comme il redoutoit le génie du roi, il voulut empêcher qu'on ne conférât avec lui ; et il suscita des docteurs qui assurèrent qu'on

ne pouvoit pas conférer avec un hérétique.
Il fut donc arrêté que les Catholiques des
deux partis conféreroient ensemble ; les
conférences se tinrent à Surenne, malgré le
légat qui n'y voyoit rien d'avantageux pour
la ligue.

Cependant à Paris et dans les principales villes, les peuples demandoient en tumulte la liberté du commerce ; et les chefs furent forcés à députer à Henri pour l'obtenir. Nous voici donc au temps où les Français sont las de la guerre. L'assemblée des états la leur rend encore plus insupportable, parce qu'elle les flatte de la paix. Il n'est donc pas douteux que Henri, dont ils estiment le courage, et dont ils aiment les vertus, ne réunisse tous les vœux, s'il se convertit. Tout se dispose en sa faveur : le fanatisme, qui séduit les esprits, est le seul obstacle qui lui reste.

Les peuples sont las de la guerre, et leurs vœux se portent sur Henri.

Il y avoit déjà quelque temps que ce prince songeoit à se convertir : car, au milieu de ses occupations, il avoit trouvé des momens de loisir pour s'instruire. Mais il s'agissoit de faire cette démarche à propos ; parce qu'un changement de religion, s'il

Ils desirent sa conversion, et les Huguenots mêmes la jugent nécessaire.

paroissoit suspect, aliénoit les Huguenots, sans lui attacher les Catholiques. Si c'étoit assez pour lui que sa conversion fût sincère, il falloit, pour le repos de la France, qu'on n'en doutât pas. Jusqu'alors il avoit eu bien de la peine à se ménager entre les deux partis, dont l'un le sollicitoit continuellement à changer, et l'autre craignoit toujours qu'il ne changeât. Heureusement les calamités publiques avoient presque réuni à cet égard tous les esprits dans une même façon de penser, et il n'y avoit plus que les chefs de la ligue qui craignissent de le voir rentrer dans le sein de l'église. D'ailleurs tous les Catholiques le desiroient: ils attendoient ce moment avec impatience; et les Huguenots même, si l'on en excepte les plus enthousiastes, jugeant sa conversion nécessaire et raisonnable, reconnoissoient qu'on peut se sauver dans la communion romaine. La profession de la religion catholique, lui disoit Rosny, feroit bien à vos affaires; et si vous alliez à la messe, vous porteriez à la ligue un coup dont elle ne se releveroit pas. Cependant vous vous attendez bien que moi, qui suis huguenot, je ne vous conseillerai pas de changer de religion: c'est à vous à suivre là-dessus les mouvemens de votre conscience. Mais que feriez-vous, si vous étiez à ma place, lui demanda le roi ? La question eût été embarrassante pour un homme de moins d'esprit que Rosny. Sire, répondit-il, votre majesté sait bien que je ne lui donne jamais de conseil, que sur les choses que j'ai méditées long-temps. Or je n'ai jamais pensé à ce que je ferois, pour devenir roi de France.

Le roi, ayant pris sa résolution, se hâta de la faire connoître aux députés de la ligue, qui conféroient à Surenne. Aussitôt quantité d'ecclésiastiques vinrent le trouver à l'envi, pour avoir part à la gloire de sa conversion déjà faite. Il voulut, pour la forme, qu'ils s'assemblassent avec des ministres protestans. Ils discutèrent en sa présence les points controversés; et comme il lui importoit de se les attacher, il souffrit volontiers qu'ils s'attribuassent tout le mérite de sa conversion. Il abjura dans l'église de S. Denis, au mois de juillet. Tout le peuple de Paris, qui étoit venu en foule à

Il abjure.

1593.

cette cérémonie, reporta la joie dans la capitale.

Mayenne rompt les états.

Cependant, à la première nouvelle du dessein de Henri, les Espagnols et le légat avoient pressé l'élection d'un roi ; et ils proposoient de nommer un seigneur français, qui épouseroit l'infante Isabelle. Le parlement fit à ce sujet des remontrances, et déclara nul tout ce qui seroit fait contre les lois du royaume. Cependant on insista, on proposa le duc de Guise : mais Mayenne, qui auroit mieux aimé faire sa paix avec le roi que d'obéir à son neveu, rompit les états, peu après que Henri eut fait son abjuration. Il sembla que les députés n'étoient venus à Paris que pour être plus à portée de connoître leur légitime souverain, et pour répandre ensuite dans les provinces l'estime qu'ils avoient conçue de sa personne.

Le pape refuse d'absoudre Henri.

La ligue n'avoit plus de prétexte que dans le refus que le pape faisoit de l'absolution : motif qui fit peu d'impression sur les peuples ; parce que la bonne-foi connue de Henri ne permettoit pas de former le moindre soupçon sur aucune de ses démarches.

Rome fut donc forcée à céder quand elle vit la ligue tendre à sa fin; c'est-à-dire, en 1595.

Meaux, Aix, Lyon, Orléans et Bourges furent les premières villes qui rentrèrent sous l'obéissance du roi. Paris suivit cet exemple le 22 de mars. Brissac, qui en étoit gouverneur, et Belin, à qui Mayenne venoit d'ôter ce gouvernement, en ouvrirent les portes. Henri, à la tête de sept mille hommes, fit son entrée avec la même tranquillité que s'il en eût toujours été le maître. Il y avoit cependant encore quatre ou cinq mille Espagnols de garnison, et dix à douze mille factieux : mais le calme et la paix régnoient par-tout : les boutiques étoient ouvertes, et les artisans se mêloient familièrement avec les soldats. Cette confiance du peuple étoit le triomphe des vertus de Henri.

Les villes rentrent sous l'obéissance du roi.

1594.

Les troupes espagnoles sortirent le jour même. Le roi, qui leur avoit donné un sauf-conduit, les regardoit passer d'une fenêtre, leur rendoit le salut, et leur disoit: *Recommandez-moi bien à votre maître ; allez-vous-en, à la bonne heure, mais n'y reve-*

Une reste plus à soumettre que Mayenne dans le gouvernement de Bourgogne, et de recevoir dans celui de Bretagne nez plus. Rosny avoit alors déjà négocié pour la réduction de la ville de Rouen. Villars-Brancas, brave capitaine, qui l'avoit défendue contre Henri, la lui remit. Bientôt toutes les villes et tous les gouverneurs se hâtèrent de conclure leurs traités, et à la fin de l'année il ne resta plus de la ligue que Mayenne qui s'étoit retiré dans son gouvernement de Bourgogne, et Mercœur, qui étoit toujours cantonné dans celui de Bretagne. Toute l'Europe fut étonnée de cette prompte révolution : cependant Henri et Rosny l'avoient prévue.

<small>Henri déclare la guerre à l'Espagne. C'étoit une démarche trop précipitée.</small> Les Espagnols, qui avoient donné des secours à la ligue, continuoient de soutenir le duc de Mayenne ; ils armoient même des assassins contre la vie du roi. Turenne, alors duc de Bouillon, par son mariage avec Charlotte de la Marck, héritière de Bouillon et de Sedan, proposa de déclarer la guerre à Philippe. La chose fut débattue long-temps dans les conseils, et parut si problématique, que le roi fut plusieurs mois avant de se décider : Rosny s'opposa toujours à cette déclaration. Il jugeoit sans doute que, dans la situation où étoit encore

le royaume, il ne falloit pas mettre Philippe dans la nécessité d'employer toutes ses forces; que lorsqu'il se seroit ruiné insensiblement par les secours qu'il donnoit au duc de Mayenne, on seroit toujours à temps de lui déclarer la guerre; et que, par conséquent, il étoit plus sage de temporiser, et d'attendre que la fin de la guerre civile, qui soumettoit toutes les provinces, fermât toute entrée aux troupes d'Espagne. Le roi approuvoit ce conseil prudent. Mais il fut entraîné malgré lui, comptant sur les grandes diversions que promettoient l'Angleterre et la Hollande; sur les projets du duc de Bouillon, qui devoit infailliblement se rendre maître de Luxembourg et des principales villes de cette province, et sur ceux de Sanci, qui se faisoit fort d'engager les Suisses à conquérir la Franche-Comté. La guerre fut donc déclarée au mois de janvier 1595. L'événement prouvera que Rosny avoit raison. En général, il est imprudent de s'engager dans une entreprise, lorsqu'on peut moins la soutenir par ses propres forces, que par les secours que promettent et que ne donnent pas toujours les puissances étrangères. Il falloit sur-tout considérer que l'Angleterre et la Hollande, en conseillant cette guerre, ne songeoient qu'à leurs propres intérêts. Aussi ne firent-elles pas autant qu'elles avoient promis.

<small>Préparatifs de Philippe.</small> Velasco, connétable de Castille, levoit des troupes dans la Lombardie, et le comte de Fuentes, gouverneur des Pays-Bas, rassembloit aussi toutes ses forces. Quand je devrois perdre la Flandre et le Milanès, marchez, leur écrivoit Philippe, et réprimez la témérité du prince de Béarn. C'est ainsi qu'il parloit.

<small>On invite Henri à porter ses armes au-delà de la Franche-Comté.</small> Le connétable de Montmorenci étoit en Dauphiné avec quatre à cinq mille hommes, et il en avoit chassé toutes les troupes du duc de Savoie, qui avoit profité des troubles de la ligue pour s'agrandir aux dépens de la France. Le maréchal de Biron, fils de celui dont j'ai déjà parlé, ayant soumis plusieurs villes en Bourgogne, faisoit le siége du château de Dijon et de celui de Talan, peu distant de cette ville. Or ces deux généraux, informés des préparatifs du connétable de Castille, pressoient le roi

de venir à leur secours; le premier, parce qu'en effet il se trouvoit trop foible pour résister seul aux Espagnols; et le second, parce qu'il auroit été contraint de lever ces deux siéges; ce qu'il regardoit comme une flétrissure à sa gloire.

Henri avoit pris à son service six mille hommes, que le duc de Lorraine avoit licenciés. Ce corps s'étoit rendu maître de Vesoul, et couroit la Franche-Comté. Le roi considéra donc que, s'il réunissoit toutes ces troupes à celles qu'il mèneroit avec lui, il auroit une armée assez forte pour faire des conquêtes de ce côté-là. Mais il falloit s'éloigner de la Picardie et de la Champagne; ce que Rosny n'approuvoit pas, et à quoi le roi ne se déterminoit lui-même qu'avec répugnance. En effet, il importoit bien plus de défendre ces provinces, que de conquérir dans d'autres. Cependant Sanci, qui avoit alors beaucoup de crédit, joignit ses instances à celles de Biron, et le chancelier de Chiverni fit agir Gabrielle d'Étrées qui étoit aimée. Vous voyez que l'amour va faire une faute.

Rosny n'est pas de cet avis: Henri a peine à le suivre.

Henri vit, pour la première fois, en 1590, *Mais la belle Gabrielle l'y détermine.*

la belle Gabrielle, c'est ainsi qu'on l'appeloit (1). Mais alors tout entier à ses affaires, qui ne permettoient point de distractions, il préféra la gloire, sans renoncer à l'amour : et bientôt l'amour saisit les premiers momens de repos que la gloire lui avoit procurés. Ce fut donc la belle Gabrielle qui détermina le roi. On lui avoit persuadé qu'il seroit facile de conquérir la Franche-Comté pour César son fils, qu'elle avoit eu de Henri, ou que Henri croyoit avoir eu d'elle.

Avant de partir pour la Bourgogne, le roi pourvoit à la défense de la Picardie, et à l'administration des [affaires].

Avant de partir, le roi chargea de la défense des frontières de Picardie, Nevers, S. Pol, Bouillon et Villars, donnant le commandement en chef à Nevers dans le cas où ils réuniroient leurs forces. Il établit encore un conseil à Paris pour l'administration des affaires et des finances, pour

---

(1) Dès le commencement de ses amours avec le roi, elle fut mariée à M. de Liancourt. Ce mariage ayant été déclaré nul, elle porta le nom de marquise de Monceaux, et ensuite celui de duchesse de Beaufort. Mais on lui a conservé celui de belle Gabrielle.

l'instruire de tout ce qui se passeroit, et pour recevoir et faire exécuter ses ordres : il fit entrer Rosny, sous prétexte qu'ayant la confiance du prince de Conti, chef du conseil, il seroit propre à faire agréer à ce prince les résolutions qu'on prendroit. Henri, forcé à ménager la jalousie des ministres qu'il avoit trouvés en place, et l'inquiétude des Catholiques, qui auroient craint de voir les affaires entre les mains d'un Huguenot, n'osoit presque employer Rosny, que les lumières et la probité lui rendoient nécessaire; et lorsqu'il vouloit le consulter, il étoit obligé de se cacher de sa cour.

Le connétable de Castille étoit descendu en Franche-Comté, où il avoit repris Vesoul et quelques autres petites places; il avoit ensuite passé la Saône à Gray, et il continuoit de s'avancer; mais avec tant de lenteur, qu'il sembloit que l'approche du roi lui fît craindre de s'engager trop avant. *Les ennemis avoient passé la Saône.*

Henri étant arrivé à Dijon, visita les ouvrages, fit de nouvelles dispositions pour hâter la prise des deux châteaux; et marchant ensuite avec trois cents chevaux ou environ, afin de reconnoître lui-même l'en- *Henri marche avec trois cents chevaux pour les reconnoître.*

nemi, il donna rendez-vous à ses troupes à Fontaine-Française.

Action de Fontaine-Française.
Il avoit passé la rivière de Vigenne, et il étudioit le pays pour y prendre ses avantages : lorsque le marquis de Mirebeau, qu'il avoit envoyé en avant avec cinquante ou soixante cavaliers, revint en désordre. Il avoit été chargé brusquement par un gros de trois ou quatre cents chevaux, et il ne lui avoit pas été possible de reconnoître l'armée ennemie. Biron, qui venoit d'arriver, se chargea d'en apporter des nouvelles. A peine eut-il fait mille pas avec trois cents chevaux, qu'il en apperçut environ soixante sur une colline. Il les chassa, et découvrit toute l'armée marchant en ordre de bataille, et précédée de quatre cents chevaux, que six cents suivoient de près. Toute cette cavalerie, au lieu de charger Biron, se sépara en deux corps, se portant sur sa droite et sur sa gauche, pour reconnoître ce qui étoit derrière lui. Le maréchal qui pénétra leur dessein, partagea sa petite troupe en trois; et faisant ferme au lieu où il étoit, il envoya Mirebeau sur sa droite, et le baron de Lux sur sa gauche. Le combat s'en-

gagea; mais il fallut céder au nombre. La retraite se fit en désordre : cent chevaux, envoyés pour la faciliter, furent encore culbutés; et tous furent ensemble poussés jusqu'au roi, qui n'avoit que trois cents chevaux. Cependant dix-huit cents, encouragés par le succès, tomboient sur lui.

Henri donna la moitié de sa troupe au duc de la Trémouille; et se mettant à la tête de l'autre, il appela les principaux officiers, et leur cria : *à moi, messieurs, et faites comme vous m'allez voir faire.* Si sa harangue fut courte, son action fut aussi prompte que la parole, et les ennemis furent renversés. Biron, qui, quoique blessé d'un coup de sabre à la tête, et d'un coup de lance dans le bas-ventre, avoit rallié cent vingt chevaux, survint pour achever la déroute.

Sur ces entrefaites, huit cents chevaux étant arrivés au roi, l'Espagnol étonné crut voir toute l'armée française, et ne songea plus qu'à la retraite. Il étoit singulier de voir un petit corps de cavalerie poursuivre cette grosse armée, la harceler, et la forcer à repasser la Saône. Cette action se passa à

Fontaine-Française. Je m'y suis arrêté, parce qu'il falloit bien vous donner au moins un exemple de la valeur et du sang-froid du prince de Béarn, pour parler comme Philippe.

<small>Cependant Henri manquoit en Picardie, où ils faisoient des pertes, et dans son conseil, qui se conduisit mal.</small>

Jusqu'ici vous ne voyez pas que l'amour ait de grands torts. Mais, Monseigneur, c'est que Henri ne se trouvoit pas où il étoit plus nécessaire; et malgré la gloire dont il venoit de se couvrir, il reconnut lui-même qu'il avoit fait une faute. Tout alloit mal dans le conseil. Rosny avoit été obligé de se retirer, car on ne lui communiquoit rien d'important, et on lui cachoit tout parce qu'on se méfioit de lui, à cause de ses lumières, de son zèle et de sa probité. En Picardie, Nevers et Bouillon ne purent jamais s'accorder; et il en coûta au roi le Catelet, Dourlens, Cambray, Ardres, Calais, et beaucoup de braves gens, entre autres Humières et Villars.

<small>Mayenne se soumet.</small>

Cependant toute la Bourgogne étoit soumise, et Mayenne désespéré, songeoit à se retirer en pays étranger, lorsque le roi lui tendit les bras, et lui offrit des conditions très-avantageuses. Il se conduisoit ainsi contre l'avis de son conseil, persuadé qu'avec de la générosité on s'attache tous les sujets, et on gagne jusqu'aux plus rebelles. Mayenne ayant accepté, vint à Monceaux saluer le roi. Henri, qui étoit dans le parc, le reçut avec sa franchise, l'embrassa, le prit par la main, et le promena à grands pas, lui montrant tout, et l'entretenant des embellissemens qu'il vouloit faire à cette maison. Puis, s'adressant à Rosny : Si je le promène long-temps, lui dit-il, me voilà vengé de tous les maux qu'il nous a faits : car Mayenne traînoit difficilement son corps lourd, dont une attaque de sciatique retardoit encore les mouvemens. Convenez, lui dit le roi, que je vais un peu trop vite. Il est vrai, sire, que je suis tout hors d'haleine, et j'ai cru que votre majesté alloit me tuer sans y penser. Touchez-là, reprit Henri d'un air ouvert et riant, et souvenez-vous que c'est tout le mal que vous recevrez de moi. Allez vous reposer; et il l'embrassa. Mayenne eut besoin d'un cheval pour retourner au château.

La soumission du chef de la ligue pouvoit excuser le roi d'avoir porté ses principales forces en Bourgogne. Cependant lui-même, il ne se croyoit pas justifié. Mais si, pour défendre la Picardie et la Champagne, il eût négligé de donner des secours au connétable de Montmorenci et au maréchal de Biron, Velasco et Mayenne réunis auroient pu le jeter dans de nouveaux embarras. La grande faute étoit d'avoir déclaré la guerre, lorsqu'il ne paroissoit pas possible de faire face de tous côtés.

Mauvais état des finances. Il y avoit une si grande dissipation des deniers de l'état, qu'à la mort du dernier roi, la couronne devoit près de trois cents millions. Les surintendans, habiles seulement dans l'art d'embrouiller les finances, s'en étoient rendus maîtres, et s'enrichissoient en pillant le peuple et volant le roi. Tel étoit François d'O, que Henri trouva en place, et qu'il fut contraint d'y laisser, pour ménager un parti considérable qui le soutenoit.

Henri forme un conseil de finances, et n'en est pas mieux servi. Après la mort de ce surintendant, il forma un conseil des finances ; parce qu'il jugea qu'il seroit mieux servi par plusieurs personnes, qui veilleroient les unes sur les autres. On prétend que Gabrielle lui fit prendre ce parti, afin d'écarter de la surintendance Sanci, qu'elle n'aimoit pas. Il y eut tout-à-la-fois huit intendans et neuf surintendans des finances, et les choses en allèrent encore plus mal : car, chacun d'eux s'en reposant sur ses collègues, aucun ne faisoit sa charge ; ou s'ils travailloient, ils n'avançoient point, parce qu'ils ne pouvoient s'accorder : tous ne paroissoient occupés que du soin de grossir leurs appointemens. Si Henri avoit besoin d'argent pour quelque entreprise, il ne recevoit que des réponses embarrassées et contradictoires, dans lesquelles il ne démêloit que la difficulté ou même l'impossibilité de trouver des fonds. Cependant il avoit de violens soupçons des dissipations qui se faisoient. Voulant donc savoir si la diminution de ses revenus venoit de la pauvreté du peuple, ou de la mauvaise foi des gens de finance, ou enfin de leur ignorance, il résolut de convoquer les trois ordres de l'état, et de mettre dans son conseil un honnête homme éclairé, qui prît une connoissance exacte des finances, et qui l'avertît de tout ce qui se passeroit.

Il jeta pour cela les yeux sur Rosny. Ce- *Il projette de mettre Rosny à la mise des finances.* pendant parce qu'il craignoit d'offenser ceux du conseil, s'il leur montroit sa méfiance, il vouloit le charger successivement de plusieurs affaires auprès d'eux, afin qu'il pût se ménager leur amitié : croyant qu'ils ne manqueroient pas de lui donner quelques louanges, et se proposant de saisir cette occasion pour le faire entrer dans le conseil sans qu'ils osassent s'y opposer. Rosny qui trouvoit de la fausseté dans le personnage qu'il falloit jouer, refusa de se déclarer ouvertement ami, avec le dessein d'espionner et de desservir en secret. Voulez-vous donc que je donne des batailles pour vous, lui dit Henri ? Hé bien ! n'en parlons plus ; je vous employerai à une autre chose.

Le roi presqu'en colère vint chez Gabrielle, à laquelle il conta cette conversation. Il faut rendre justice à cette belle : elle lui dit qu'il avoit tort, et approuva les scrupules de Rosny. Henri prit donc son parti, *1596.* et mit Rosny dans les finances. Pour vous faire juger combien il avoit besoin de la probité et des lumières de cet homme, il faut que je vous rapporte ce qu'il lui écrivoit d'Amiens, le 15 avril 1596.

« Je vous veux bien dire l'état où je me
» trouve réduit, qui est tel que je suis fort
» proche des ennemis, et n'ai quasi pas un
» cheval sur lequel je puisse combattre, ni
» un harnois complet que je puisse endos-
» ser. Mes chemises sont toutes déchirées;
» mes pourpoints troués au coude ; ma
» marmite est souvent renversée; et depuis
» deux jours je dîne et je soupe chez les uns
» et les autres : mes pourvoyeurs disent
» n'avoir plus moyen de rien fournir pour
» ma table, d'autant qu'il y a plus de six
» mois qu'ils n'ont reçu d'argent. Partant,
» jugez si je mérite d'être ainsi traité, et
» si je dois plus long-temps souffrir que les
» financiers et trésoriers me fassent mourir
» de faim, et qu'eux tiennent des tables
» friandes et bien servies; que ma maison
» soit pleine de nécessités, et les leurs de
» richesse et d'opulence ».

Rosny desiroit de visiter, avant la tenue des états, cinq ou six généralités, afin de connoître plus particulièrement la nature des revenus dans chacune, les améliorations qui se pouvoient faire, l'ordre qu'on avoit suivi jusqu'alors, et les abus qu'il falloit

<small>Pour prendre connoissance des abus des finances, Rosny desire de visiter quelques généralités.</small>

corriger. Ces connoissances étoient nécessaires pour traiter avec les états des moyens de fournir aux besoins du royaume. Il demandoit encore le pouvoir de suspendre les officiers dans chaque lieu, et d'en commettre d'autres en leur place ; parce qu'il étoit nécessaire qu'il pût récompenser ceux qui lui découvriroient les monopoles, et punir ceux qui les voudroient cacher. Le roi, qui approuva beaucoup ce projet, lui défendit d'en parler à personne; et lui dit qu'il vouloit s'en ouvrir avec les principaux du conseil, comme d'un dessein auquel il avoit pensé de lui-même; ajoutant que dans l'espérance d'être choisis pour cette commission, ils ne manqueroient pas d'y donner les mains.

Henri nomme des commissions à cet effet.

La chose réussit comme il l'avoit prévu. Aussitôt dix commissions en blanc furent dressées par ceux-mêmes qui se flattoient d'être employés. Ainsi ils n'avoient rien oublié, et les pouvoirs étoient les plus amples. De tous ceux-là néanmoins un seul fut choisi. Quatre commissions pour quatre généralités, furent remplies du nom de Rosny, et les autres furent données à quatre autres personnes. Malgré les obstacles de toute espèce qu'on mit dans les provinces aux recherches de Rosny, et les calomnies dont en son absence on voulut le noircir auprès du roi, il découvrit bien des abus, et par l'ordre qu'il mit, il rapporta cinq cent mille écus. Les autres commissaires firent des voyages inutiles, excepté Caumartin qui revint avec deux cent mille livres.

L'assemblée projetée se tint à Rouen, et le roi y prononça un discours qu'il avoit sûrement fait : car on y voit son âme, son esprit et ses expressions. Je ne puis rien ajouter à cet éloge : lisez-le, Monseigneur, dans Péréfixe, et méditez-le.

1596. Assemblée des notables tenue à Rouen, pour remédier aux désordres des finances.

Comme on n'avoit pas eu le temps de convoquer tous ceux qui étoient dans l'usage de venir aux états, il ne s'y trouva que des ecclésiastiques, des magistrats, des gens de finance et peu de noblesse. Les députés ne voulurent pas être distingués en trois ordres ; ce qui fit que les gentilshommes, en petit nombre et confondus, eurent peu d'autorité. Cette assemblée prit le titre d'assemblée de Notables.

Les Notables se proposant, conformé- *Conseil de raison imaginé par les notables.*

ment aux vues du roi, de remédier aux désordres des finances, imaginèrent un conseil de raison, dont les membres seroient nommés par l'assemblée, et dans la suite, par les cours souveraines. Ils estimèrent les revenus de l'état à trente millions, et ils en offroient la moitié au roi pour l'entretien de sa maison, des places, des troupes, des ambassadeurs, et de tout ce qui est relatif à la guerre et aux négociations ; réservant l'autre moitié au conseil de raison, pour le paiement des pensions, des rentes et des dettes de l'état, sans que ce conseil fût obligé de rendre aucun compte. Mais on ne porta les revenus à trente millions, que parce que l'on comptoit beaucoup sur un impôt d'un sou pour livre, qu'on mit sur toutes les marchandises et denrées, le blé seul excepté.

Leurs propositions scandalisent tout le conseil du roi. Ces propositions révoltèrent tout le conseil du roi. Il n'eut qu'un cri contre ce partage, par lequel le conseil de raison paroissoit vouloir s'arroger une partie de la souveraineté. Rosny qui écoutoit les déclamations des autres, et qui admiroit la chaleur de leur zèle, dit avec un froid ironique, qu'il étoit de leur avis, et que tout le monde avoit apporté de si bonnes raisons, qu'il n'y pouvoit rien ajouter. Sur cela le roi congédia son conseil, avec ordre de se rassembler le lendemain, disant que la chose étoit assez importante pour mériter d'être méditée plus long-temps.

Ayant ensuite fait venir Rosny : Pourquoi, lui demanda-t-il, n'êtes vous pas de l'avis des autres ? C'est, répondit ce ministre, que les prétentions des Notables sont chimériques, et que, par conséquent, rien n'est plus ridicule que le ton avec lequel votre conseil les rejette. Il lui conseilla de les agréer, soit pour tenir la parole qu'il avoit donnée à l'ouverture de l'assemblée, soit pour se faire un mérite auprès des Notables, qui n'ignoroient pas qu'il avoit cette condescendance contre l'avis de tout son conseil. Il jugeoit que ce conseil de raison ne subsisteroit pas trois mois, parce qu'il prévoyoit l'ignorance et les divisions de ceux qui le composeroient. En effet chacun se piqueroit de soutenir ses intérêts et ceux de sa province, et cependant il n'y auroit parmi eux personne qui eût ni assez d'au-

Rosny conseille à Henri de les accepter.

torité, ni assez de connoissances pour concilier les esprits et les desseins, sur-tout dans des temps aussi difficiles que ceux où l'on se trouvoit. Il remarquoit qu'il leur seroit impossible d'évaluer les revenus du royaume, sans tomber dans beaucoup d'erreurs; que cependant ce seroit à eux à faire cette estimation, et, par conséquent, au roi à choisir les parties qui lui conviendroient, pour faire les quinze millions qu'on lui destinoit. Il assuroit que les recherches, qu'il avoit faites dans quatre généralités, le mettoient en état de donner au roi des éclaircissemens pour bien faire son choix ; que les revenus qu'il lui conseilleroit de choisir, augmenteroient d'un tiers avant qu'il fût peu ; que la levée en seroit facile sans oppression, et qu'au contraire, ceux qui resteroient au conseil de raison, iroient toujours en diminuant, seroient difficiles à percevoir, et attireroient les plaintes du peuple.

Succès de cet avis.

Henri étoit trop éclairé pour ne pas sentir la justesse de toutes ces réflexions. Le conseil de raison fut donc établi. Mais à peine subsista-t-il trois mois. Ceux qui le composoient, connurent à l'épreuve combien ils s'étoient trompés ; et se trouvant dans des embarras d'où ils ne pouvoient sortir, ils vinrent supplier le roi de se charger lui-même de tous ses revenus.

L'année suivante les Espagnols surprirent Amiens. Quelqu'importante que fût cette place, il n'y avoit point de garnison. C'est une condescendance que le roi avoit eue pour les bourgeois, qui croyoient pouvoir se défendre eux-mêmes. La grande difficulté étoit de trouver des fonds, pour faire le siége de cette ville. Rosny les trouva malgré les traverses du conseil des finances. Les troupes furent toujours bien payées, et l'armée ne manqua de rien. Le reste dépendoit de la conduite et du courage du roi. Amiens fut donc repris. Henri montrant Biron qui s'étoit signalé à ce siége, disoit : Messieurs, voilà le maréchal de Biron, que je présente volontiers à mes amis et à mes ennemis.

1597. Amiens surpris par les Espagnols. Henri le reprend.

Mercœur, qui étoit encore cantonné en Bretagne, se soumit enfin, et obtint des conditions avantageuses, en donnant sa fille unique à César, fils de Gabrielle et de Henri. La même année, le roi voulant éta-

Mercœur se soumet. Édit de Nantes. Paix de Vervins.

1598.

blir la paix dans le royaume, donna l'édit de Nantes, par lequel il accorda la liberté de conscience aux Huguenots, les déclara capables de tout emploi, charge et dignité. Il faut lire le discours qu'il fit aux députés du parlement qui refusoit de vérifier cet édit. Vous le trouverez dans le père Daniel, et vous verrez plus de sagesse dans la seule tête de Henri, que dans tous les parlemens ensemble. Vous apprendrez en même temps comment un roi peut parler tout-à-la-fois avec bonté et avec fermeté; et comment, en protégeant la religion qu'il professe et qu'il chérit, il sait encore être le père de ceux de ses sujets qui la méconnoissent. Le traité de Vervins suivit de près l'édit de Nantes.

CHAPITRE II.

De Henri IV, depuis la paix de Vervins jusqu'à sa mort.

Henri IV mérite bien de nous faire ou- Il faut considérer Henri dans la paix.
blier le reste de l'Europe. Il s'est élevé au-dessus des factions; il a, pour ainsi dire, enchaîné les vents : mais les temps sont orageux encore. Voyons comment il achèvera d'assurer le calme, quel ordre il établira dans la paix, quels seront ses desseins, avec quelles mesures il en préparera le succès. Cette partie de son histoire n'est pas la moins intéressante, ni la moins instructive. Si jusqu'ici il n'avoit été qu'un grand capitaine, il pourroit vous rester quelque inquiétude sur la conduite qu'il va tenir : mais vous vous rassurerez, si vous considérez la politique franche, sage, éclairée, avec laquelle il a manié les esprits.

Il eût préféré les hasards de la guerre, comme plus conformes aux habitudes qu'il avoit contractées.

Je ne suis pas en peine d'arracher toutes semences de guerre, disoit-il à Rosny : mais désormais il me faudra vaquer à la justice, aux lois, à la discipline, à l'agriculture, au commerce, aux finances, au soulagement des peuples, et à tout ce qui fait fleurir les états. Je l'avoue, accoutumé dès l'enfance aux fatigues, je me sens quelque éloignement pour ces occupations sédentaires; j'aimerois mieux vêtir un harnois, et me voir encore parmi les hasards des combats; et je me trouverois plus mal à mon aise en temps de paix qu'en temps de guerre, si je ne comptois pas sur vous et sur quelques autres, tels que Bellievre, Villeroi, Silleri, etc.

Comment Henri formoit des desirs, et se proposoit d'en former un jour des desseins.

Ambitieux de la vraie gloire, il vouloit malgré sa répugnance pour les occupations sédentaires, être grand dans la paix : chose plus difficile que de l'être dans la guerre, sur-tout quand la paix, sans avoir encore étouffé tout esprit de dissentions, ne laisse voir de toutes parts que confusion, désordres et ruines. Lorsqu'il étoit le plus loin du trône, il ne desiroit d'y monter, que parce qu'il desiroit de faire le bonheur des peuples ; et parmi ses méditations, il formoit les idées les plus relevées. Rosny, avec lequel il s'entretenoit à ce sujet, deux jours après la bataille d'Ivri, fut étonné, et parut désapprouver des pensées dont le succès étoit bien au-dessus des moyens de Henri. O mon ami ! lui dit le roi, je vois bien que vous confondez mes desirs avec mes desseins : il ne faut pas cependant les confondre. On peut desirer et desirer sans bornes, pourvu qu'on n'entreprenne rien témérairement. Je puis donc vous répondre que mes desirs ne deviendront des desseins, que lorsque je pourrai me flatter de réussir. J'attendrai les circonstances, je les ferai naître, si je puis ; je méditerai, je consulterai, je prendrai toutes les mesures nécessaires, j'étudierai les obstacles, je chercherai les moyens de les surmonter, je ne hasarderai rien ; et consultant toujours les rapports de ma position avec tout ce qui m'environne, je n'entreprendrai jamais au-delà de mes forces. Il y a lieu de présumer que, si je me conduis avec circonspection, sans rien précipiter, et sans trop entreprendre à-la-fois, je pourrai aller de projets en projets, quoique jusqu'à présent, je n'ai encore été que de desirs en desirs.

Il ne faut pas perdre de vue cette différence entre les desirs et les desseins de Henri : car autrement on seroit exposé à le critiquer, comme un homme qui se repaît de projets chimériques.

Ses desseins sur l'agriculture et sur le commerce ;

La paix avec l'Espagne le mettoit dans une situation à pouvoir former des desseins. Il en avoit plusieurs.

1°. Faire fleurir l'agriculture, les manufactures, et le commerce. Pour cela, il falloit que les laboureurs, les artisans et les commerçans, pussent se flatter de jouir avec sécurité des fruits de leurs travaux et de leur industrie. Il se proposoit donc de leur ôter l'appréhension, où ils sont en général, de voir augmenter les impôts à proportion de leur aisance. Il vouloit les défendre contre les soldats, trop accoutumés depuis tant de guerres à piller les bourgeois des villes et les gens de la campagne : il vouloit les garantir des extorsions et des violences de ceux qui seroient capables d'abuser de son nom : il vouloit enfin les protéger contre les seigneurs puissans qui les avoient vexés jusqu'alors.

2°. Faire des réglemens pour l'administration de la justice, afin qu'elle se rendit également à tous, sans être dispendieuse pour l'état, ni pour les particuliers. *Sur l'administration de la justice ;*

3°. Marquer la subordination, en fixant les distinctions et les honneurs suivant la naissance et le mérite; en sorte que chaque condition fût considérée à proportion de son utilité; que tous les citoyens, les plus petits comme les plus grands, fussent également protégés par les lois; et que n'entreprenant point les uns sur les autres, chacun se tînt à sa place. *Sur la subordination des citoyens ;*

4°. Accoutumer les gens de guerre à une discipline exacte: et afin de leur ôter tout prétexte d'user de violence, et tout sujet de mécontentement, ne leur faire jamais attendre la paie, et les récompenser chacun suivant ses services. *Sur les gens de guerre ;*

5°. Rétablir les fortifications des places frontières, et remplir les arsenaux d'armes de toute espèce. *Sur les moyens de défendre le royaume ;*

6°. Soumettre les ecclésiastiques à l'observation des canons, mettre un frein à leur avidité, détruire leur luxe, éteindre parmi *Sur le clergé ;*

eux tout faux zèle, tout fanatisme, et les forcer à prêcher d'exemple.

Sur les moyens d'éteindre l'esprit de faction.
7° Achever d'arracher jusqu'au germe des dissentions. Car les ligueurs étoient plutôt domptés que dissipés. Les Français accoutumés à voir des révolutions, ne les craignoient plus; beaucoup même en desiroient dans l'espérance de changer leur fortune; et la tranquillité publique leur étoit odieuse. Ainsi, quoique personne n'osât remuer ouvertement, plusieurs étoient impatiens de remuer, et n'attendoient que des nouveautés.

Sur les Finances.
8°. Enfin corriger tous les abus en matière de finances, recouvrer les fermes et les domaines aliénés, les mettre en bon ordre, les ménager, et mesurer la dépense sur la recette ; non seulement afin de ne se trouver jamais dans la nécessité de mettre de nouveaux impôts, mais encore afin de pouvoir décharger les peuples des tailles et de toute imposition personnelle.

Il desiroit de former une ligue pour abaisser la maison d'Autriche.
C'est ainsi que les desseins du roi embrassoient la justice, la milice, la police et les finances. Il est évident que l'exécution auroit établi la tranquillité dans l'état, fait fleurir tous les arts utiles, et assuré le bon-

heur des peuples sur de solides fondemens. Mais il falloit encore affoiblir les ennemis du royaume, afin de leur ôter la puissance et la volonté d'en troubler le repos par leurs intrigues. Dans cette vue, Henri méditoit de former une ligue avec les puissances qui appréhendoient de tomber sous la tyrannie de la maison d'Autriche, ou qui pouvoient s'élever en l'abaissant.

Ce dessein demandoit de grands préparatifs; par conséquent beaucoup de temps, et encore plus de prudence. Il n'y auroit eu que du danger à se hâter, avant d'avoir pris toutes ses mesures. Il falloit donc que le royaume, devenu tranquille et florissant, mît le roi en état d'agir avec toutes ses forces, sans craindre de s'épuiser, et que des négociations dirigées par les intérêts de toutes les puissances, l'assurassent de pouvoir régler tous les mouvemens du corps des ligués.

Précautions qu'il falloit prendre à cet effet.

L'état des choses, en 1598, ne laissoit voir que des difficultés dans l'exécution de ce projet. Cependant ce n'étoit pas là le terme des desirs de Henri. Voulant assurer la tranquillité en Europe, comme dans ses

Il droiroit de former une république de toutes les puissances de l'Europe.

propres états, il ne croyoit pas faire assez en abaissant la maison d'Autriche, s'il ne prenoit des mesures pour l'agrandissement de toute autre puissance, et il desiroit de faire une république de tous les peuples chrétiens de l'Europe.

<small>Au premier coup d'œil, ce désir ne paroissoit pas pouvoir devenir un dessein.</small>

Au premier coup-d'œil, il paroît chimérique de penser que ce desir puisse jamais devenir un dessein. Comment concilier tant d'intérêts contraires ? Comment étouffer des haines nourries par plusieurs siècles de guerres ? La différence des religions, que le fanatisme armoit les unes contre les autres, étoit seule un obstacle qu'il ne paroissoit pas possible de surmonter. Mais, Monseigneur, ne nous hâtons pas de juger. Voyons quelle idée Henri se formoit de cette république, les mesures qu'il se proposoit pour la former, et par quels degrés il devoit en amener à-peu-près l'exécution.

<small>Il divisoit l'Europe en quinze dominations.</small>

Il divisoit l'Europe en quinze dominations : cinq électives, les états du pape, l'empire, la Pologne, la Bohême et la Hongrie : six héréditaires, la France, l'Espagne, l'Angleterre, le Danemarck, la Suède et la Lombardie, dont on devoit faire un royaume pour la maison de Savoie : et quatre républiques, Venise avec le titre de seigneurie ; une autre qu'il nommoit ducale, composée des états de Gênes, de Mantoue, de Parme, de Modène, de Luques, de la Mirandole, de Final, de Monaco, etc. : la confédérée, qui étoit celle des Suisses, et la provinciale, formée des dix-sept provinces des Pays-Bas.

Bien convaincu que la puissance ne croît pas à proportion de l'étendue des états, et qu'on s'épuise en voulant conserver des provinces éloignées toujours difficiles à défendre, Henri renonçoit à tous les droits de sa maison sur l'Italie, à toutes conquêtes nouvelles ; et ne songeant point à reculer les bornes de ses états, il ne vouloit avoir, dans la république, que l'autorité que les confédérés lui accorderoient à la pluralité des voix. Or il ne craignoit pas que ses vues pussent paroître suspectes, car sa franchise et sa probité étoient reconnues.

Il renonçoit à tout agrandissement.

Comme les puissances héréditaires sont celles qui peuvent suivre avec plus de facilité des projets d'agrandissement, il étoit important de les contenir, afin qu'aucune

Il forçoit toutes les puissances héréditaires à y renoncer.

d'elles ne pût s'élever au-dessus des autres. Il devoit donc être arrêté qu'on n'ajouteroit rien à leurs états, et qu'elles resteroient telles qu'elles étoient. L'exemple de modération, que leur donnoit Henri, soutenu de l'intérêt commun de toutes les autres puissances, paroissoit mettre un frein suffisant à leur avidité.

Il dépouilloit la maison d'Autriche, pour former les dominations électives et les républiques. Mais on projetoit de grands changemens, par rapport aux dominations électives, et aux républiques : car, soit pour les former, soit pour les accroître, la maison d'Autriche devoit être dépouillée de tout ce qu'elle possédoit hors de l'Espagne. Elle devoit l'être du royaume de Naples, en faveur du pape; de la Sicile, destinée aux Vénitiens; de la Lombardie, dont on faisoit un nouveau royaume héréditaire pour les ducs de Savoie; de la Hongrie et de la Bohême, auxquelles on devoit ajouter l'Autriche, la Carinthie, la Croatie, la Carniole, etc., pour en faire deux états puissans; du Tirol, de l'Alsace et de la Franche-Comté, qu'on se proposoit de joindre à la république confédérée des Suisses, et des dix provinces qu'Alexandre Farnèse avoit conservées aux Espagnols dans les Pays-Bas, et qu'on projetoit d'unir aux États-Généraux.

Ces états électifs et républicains, assez puissans par leur union pour empêcher l'agrandissement des autres, étoient tous de nature à ne pouvoir jamais s'agrandir. Des limites certaines, marquées entre les quinze dominations, paroissoient devoir prévenir tout sujet de guerre ; et s'il naissoit encore quelques différends, ils devoient être jugés dans des conseils établis à cette fin.

Ces puissances unefois formées ne pourroient plus rien acquérir.

Quant à ce qui regarde le culte, Henri eût voulu que la république chrétienne n'eût professé que la religion catholique. Mais considérant les progrès du luthéranisme et de la prétendue réforme, il les trouvoit si bien établis, qu'il ne croyoit pas pouvoir tenter de les détruire sans exposer l'état et l'église même à de grands maux; et il se proposoit de chercher quelque tempérament, pour porter ces trois religions principales à se tolérer. Dans les pays où elles formoient trois partis puissans, il vouloit qu'elles fussent toutes trois également permises : mais de ceux où il n'y en avoit alors qu'une,

Il vouloit porter les trois religions à se tolérer.

il excluoit absolument les deux autres. Le luthéranisme et le calvinisme, par exemple, n'auroient pu être introduits ni en Espagne ni en Italie.

Ces desirs devoient porter Henri à de grandes choses, surtout aidé de Rosny, qu'il faut connoître plus particulièrement.

Vous concevez qu'en 1598 la plupart de ces projets n'étoient encore que des desirs, et c'est ainsi que nous les devons considérer nous-mêmes, tant que Henri n'en pourra pas tenter l'exécution. Nous prévoyons cependant que, s'il ne fait pas tout ce qu'il desire, il fera certainement de grandes choses : car ses desirs le mettent au moins dans le bon chemin. Peu capable de s'égarer dans la route qu'il vouloit s'ouvrir, il fut encore assez heureux pour trouver un excellent guide dans Rosny. Il faut que je vous fasse connoître plus particulièrement ce grand ministre : car vous jugeriez mal des projets que je viens d'exposer, si vous ne connoissiez pas également le caractère et l'esprit des deux hommes qui les méditoient ensemble.

Éducation de Rosny.

Henri, ayant découvert de bonne heure des dispositions dans le jeune Rosny, lui fit abandonner toutes ses études de collége; et, voulant qu'il fût élevé comme lui-même, il chargea Chrétien de l'instruire dans l'histoire et dans les mathématiques. Depuis douze ans jusqu'à seize, Rosny apprit sous ce maître à lire avec réflexion, à faire des extraits de ses lectures, et à contracter toutes les bonnes habitudes de l'ame et de l'esprit. Chrétien a donc eu la gloire de former deux grands hommes. C'est qu'il a eu du mérite lui-même : mais vous conviendrez aussi qu'il a eu du bonheur.

A l'âge de seize ans, Rosny prit le parti des armes ; et quoique d'une ancienne famille, alliée même de la maison des Bourbons, il ne servit d'abord qu'en qualité de soldat, apprenant à obéir pour commander un jour. Il faisoit alors un journal des choses qu'il observoit, il y joignoit des réflexions de Henri et de quelques autres personnes instruites, il continuoit ses extraits dans les momens qu'il pouvoit donner à la lecture, et il se formoit insensiblement à la guerre et à toutes les parties du gouvernement. {.sidenote}A seize ans, il prend le parti des armes, et achève lui-même son éducation.

Depuis 1577 jusqu'en 1596, il servit le roi sans recevoir aucune récompense, soit parce que, dans cet intervalle, Henri pouvoit peu par lui-même, soit parce qu'il n'osoit {.sidenote}Fortune que Henri lui fait.

pas faire pour Rosny tout ce qu'il auroit desiré. Dans la suite, il le fit surintendant des finances, grand-voyer particulier de France, voyer de Paris, grand-maître de l'artillerie, gouverneur du Poitou, surintendant des fortifications et bâtimens, gouverneur de Mante et de Jargeau, capitaine-lieutenant de la compagnie des gendarmes de la reine, gouverneur de la bastille, duc et pair, son principal ministre, et il l'enrichit. Mais pour juger Rosny, il faut moins considérer les places qu'il a remplies, que la manière dont il s'est élevé.

Sagesse avec laquelle Henri se conduisait à cet égard.

Sous les rois Charles VIII, Louis XII, François Ier, Henri II, François II, Charles IX, et Henri III, les emplois et les dignités s'acquéroient par l'intrigue : quelquefois on les accumuloit tout-à-coup sur un homme, qui n'avoit d'autre titre que trop de complaisance pour les vices du prince; et un courtisan pouvoit aspirer à la plus grande fortune, pourvu qu'il *n'eût ni honneur ni humeur*. A mesure que Henri IV fut plus maître de dispenser les charges de l'état, il se fit une loi de les donner au mérite, qu'ils avoit discerner.

Il n'avança donc Rosny que parce qu'il le connoissoit. Il l'éprouvoit avant de l'employer ; et quoiqu'il le comblât de confiance et de faveurs, sa confiance et ses faveurs ne furent jamais précipitées. Aussi trouva-t-il toujours en lui un ministre qui remplit toute son attente.

Nous avons des mémoires de Rosny sur les desseins de Henri. Il les avoit rédigés d'après ses conversations avec le roi, et il y avoit joint ses propres réflexions. Rien n'est plus sage. Tout est prévu, tout est préparé ; de sorte que des entreprises qui paroissoient chimériques, deviennent simples et faciles. Je serois trop long, si je voulois entrer dans des détails : mais pour vous faire voir dans quel esprit Rosny traitoit les affaires du gouvernement, je vais rapporter quelques-unes de ses maximes. Je les choisirai parmi un grand nombre toutes excellentes, que vous trouverez dans ses mémoires.

Les mémoires de Rosny sont rédigés d'après les conversations qu'il avoit eues avec le roi.

I.

Quelque habile qu'on soit, on aura difficilement des succès, si on ne rapporte pas

Maximes qu'on y trouve.

toutes ses opérations à un but fixe et déterminé, si on ne sait pas les conduire sans précipitation et par degrés jusqu'au terme qu'on médite, et si on ne sait pas prévoir et saisir le moment d'agir à propos.

2.

Il est très-dangereux de juger vaguement de l'avenir : car s'il arrive dans les entreprises des cas inopinés, on pourra bien n'avoir pas la liberté d'agir, ni même le pouvoir de délibérer.

3.

Il faut bien connoître les lieux, les temps, les personnes, les caractères, les esprits : et on doit moins considérer ce que feront les hommes, en supposant qu'ils se conduiront bien, que ce qu'ils feront, en supposant en eux les passions qu'on leur connoît.

4.

L'ambition conseille mal sur toutes ces choses. Comme elle nous cache les obstacles, elle nous engage témérairement ; et il arrive que nous échouons, ou que nous sommes dans l'impuissance de soutenir nos premiers succès Charles VIII, Louis XII, François Ier, Charles-Quint, Philippe II, en sont des exemples.

5.

Mais trop de circonspection ne conseille pas mieux. Alors on ne voit que les inconvéniens dont on est menacé; on redoute jusqu'aux plus petits; on ne porte pas la vue plus loin; on s'aveugle sur les moyens de les éviter. En un mot, on ne voit que le présent, et on ne se prépare pas des avantages dans l'avenir.

6.

Lorsqu'on forme des projets, il ne faut donc ni trop se flatter, ni trop désespérer. Le succès en paroît-il assuré ? il y faut chercher et trouver des difficultés, afin de n'être pas arrêté par des cas inopinés. Paroît-il incertain ? il faut employer toutes les ressources de son esprit, pour applanir d'avance les obstacles. Car l'homme prudent ne se décourage jamais, et ne laisse jamais rien au hasard, lorsqu'il a le temps de concerter ses démarches.

7.

L'ignorance, la vanité, la prospérité, la pusillanimité, la paresse, les dissipations, les plaisirs sont les écueils des entreprises. Voilà où vont échouer d'âge en âge ceux qui gouvernent : ils ne songent point à s'instruire par les naufrages des autres : ils se brisent tous au même écueil et par la même imprudence : et nous voyons des débris de toutes parts. Que leurs fautes soient donc des leçons pour nous ; et que les expériences du passé nous apprennent à nous conduire dans l'avenir. Mais observons sur-tout la différence des circonstances : car il n'est par toujours sûr que ce qui a réussi, doive réussir encore.

8.

L'administration est toujours mauvaise, lorsque les affaires sont examinées tumultuairement, conduites inconsidérément, entreprises sans avoir pourvu à tout.

9.

Mais de quelque précaution qu'il faille

user, pour ne rien précipiter, il est certain que la pire de toutes les résolutions est de n'en prendre aucune. Il est donc quelquefois nécessaire de laisser quelque chose au hasard.

10.

Que vos ennemis ne vous préviennent jamais. Tout le péril est souvent dans le retardement. Quand les conjonctures sont pressantes, ce n'est pas le moment de délibérer : il faut agir, et s'attendre à trouver dans son courage de quoi surmonter les obstacles qu'on n'a pas eu le temps de prévoir.

11.

Que vos alliés, sans méfiance, comptent toujours sur vous ; et que vos ennemis ne puissent pas vous refuser leur estime.

12.

Soyez donc franc, vrai, sincère. Que vos engagemens soient inviolables. Exercez-vous à toutes les vertus : ayez l'ambition d'être aimé et considéré. Que ce sentiment se montre dans vos actions, dans vos discours, dans votre contenance et jusques dans les mouvemens qui vous échappent. Car les hommes se hâtent de juger sur l'extérieur : ils se préviennent favorablement ou défavorablement, et les premiers jugemens font souvent la réputation.

13.

Ne comptez sur vos alliés, que lorsqu'ils ont des intérêts communs avec vous ; et jugez de ce qu'ils feront, moins par les choses qu'ils promettent, que par la connoissance de ce qu'ils peuvent.

14.

Ne vous engagez donc pas dans une entreprise où vous ne pourriez réussir sans leurs secours, et où ils vous abandonneroient par impuissance.

Henri avoit péché contre cette maxime, en déclarant la guerre à l'Espagne ; et l'aveu qu'il en faisoit, ne permet pas de croire qu'il fût capable de retomber dans une pareille faute. Il avoit d'ailleurs fait cette démarche comme malgré lui, et pour céder aux conseils de ceux qui l'importunoient. Mais cela même donna lieu à une nouvelle maxime. C'est :

15.

Que la raison, la prudence, la capacité et le mérite des personnes doivent seuls présider aux délibérations, et qu'on n'y doit faire entrer pour rien la faveur, la haine, l'envie, la complaisance et l'importunité.

16.

Aimez les intérêts de vos alliés comme les vôtres; et par conséquent, avant de contracter des alliances, voyez quelles sont les puissances dont vous pouvez embrasser les intérêts sans vous nuire à vous-même : ou, si vous devez faire des sacrifices, considérez si vous y trouverez des avantages qui vous dédommagent suffisamment.

17.

Étudiez donc les états de vos voisins : connoissez-en le gouvernement, la situation, les forces, les richesses, la foiblesse, les intrigues, les factions, les vues, le caractère de ceux qui ont le plus d'influence, leur esprit, leurs talens, leurs desseins, leurs jalousies, etc. Sachez comment on y délibère, comment on prend des résolutions, comment on est capable de les soutenir. D'après cela vous choisirez vos alliés, et vous saurez de quelle manière vous pouvez négocier avec eux.

18.

Mais si vous voulez donner du prix à votre alliance, il faut valoir par vous-même; et il faut savoir ce que vous pouvez tout seul, si vous voulez juger de ce que vous pourrez avec le secours de vos alliés.

19.

Étudiez donc vos provinces. Voyez à quoi elles sont propres par le sol, par la situation, par l'industrie des habitans. Connoissez le caractère de vos sujets, leurs mœurs, leurs vertus, leurs vices. Démêlez les particuliers qui se distinguent dans les différentes classes. Punissez, récompensez.

Employez, après avoir éprouvé. Encouragez les talens, le mérite, la naissance; distribuez les emplois avec discernement. Faites le cens de votre peuple.

20.

Pour avoir observé une fois, on ne peut pas se flatter d'avoir tout vu. Tout change d'ailleurs; et, quand on supposeroit que rien n'eût échappé, il faudroit, par conséquent, observer encore. Quelque sage que soit le plan que vous vous serez fait, il sera dangereux de s'obstiner à le suivre, lorsque les circonstances ne seront plus entièrement les mêmes. Changez-le donc, ou modifiez-le, à mesure que vous observerez des changemens ; dussiez-vous abandonner tous vos anciens projets, pour en former de nouveaux.

21.

Ne changez cependant qu'avec raison. Ne passez pas légèrement de dessein en dessein. Souvent ce qui paroît difficile, et qu'on abandonne, devient facile avec le temps, et on se trouve des ressources qu'on n'avoit pas prévues.

22.

C'est sur-tout l'état mobile des choses qu'il faut étudier, afin de n'être jamais surpris lorsque les changemens surviennent : alors, soit que le temps amène des avantages ou des abus, vous pourrez recueillir les uns et remédier aux autres.

23.

Il est beau de se faire le plan le plus parfait, pourvu qu'on mette une différence, comme Henri, entre les desirs et les desseins. Desirez donc le plus grand bien; mais ne tentez que ce que vous pouvez exécuter. Car plus les entreprises sont grandes, plus il est honteux de s'y être engagé inconsidérément. En se compromettant de la sorte on ruine sa réputation; on perd par conséquent de son autorité, et il arrive qu'on trouve, jusques dans les plus petits projets, des difficultés qu'on ne peut vaincre.

24.

Quand la corruption est parvenue à un

certain point, la vie d'un homme, quelqu'habile qu'il soit, ne suffit pas pour corriger tous les abus. Considérez donc ce que vous pouvez; faites-le, et mettez vos successeurs en état de faire davantage.

25.

Le gouvernement est bon, lorsqu'il n'y a point d'hommes ni de champs inutiles : il est moins bon, à proportion qu'il y a plus d'hommes désœuvrés, et de champs incultes.

Ces maximes, Monseigneur, ne sont pas dans les mémoires de Rosny avec les mêmes expressions ni avec le même ordre ; mais l'esprit s'y trouve, et il se trouve encore dans sa conduite et dans celle de Henri. Vous pouvez juger par-là qu'ils ont prévu l'un et l'autre les difficultés que nous pourrions faire contre les grands projets de Henri ; et que ce n'est pas sans fondement, qu'ils ont eu quelque espérance de réussir. Connoissant donc le but auquel ils ont rapporté toutes leurs opérations, il ne le faut pas perdre de vue, si vous voulez

Ces maximes font connoître comme il doit se proposer d'arriver à son but.

bien juger des dernières années de ce règne. C'est une chose qui mérite d'être observée, qu'un plan d'administration bien fait et bien suivi : les exemples n'en sont pas communs dans l'histoire.

Conversation de Henri avec Rosny, sur le choix de sa femme.

Il n'y a qu'un défaut dans nos desseins, disoit le roi, en causant sur ce sujet avec Rosny, et je perds courage quand j'y pense. C'est que je ne sais pas quel sera mon successeur. Je crains qu'au lieu de m'imiter, il ne ruine tout ce que j'aurai fait. Je vois déjà les prétentions des princes du sang, et les factions qui renaissent. Des enfans m'ôteroient toutes ces craintes. Je pourrois former des élèves dignes du trône : je m'en flatterois au moins. Mais je n'en ai point, et j'ai une femme qui ne m'en donnera pas. Il est vrai que mon mariage est nul : il sera bientôt déclaré tel. Cependant je ne serai guère plus avancé : car je tomberai dans l'embarras d'avoir à choisir une autre femme. Si j'en prends une qui ne soit pas féconde, je me serai marié inutilement, et si elle n'est pas aimable, je me serai marié pour mon malheur. Je voudrois sept choses dans une femme : de la beauté, de la chasteté, de la complaisance, de l'esprit, de la fécondité, de la naissance et de grands états. Mais, mon ami, je crois que cette femme n'est pas encore née : voyons ce qui peut me convenir, parcourons ensemble toute l'Europe, ou plutôt je vais la parcourir tout seul, car j'y ai plus pensé que vous. Il parcourut donc, et le résultat fut que sa femme n'étoit pas encore née.

Sire, répondit Rosny, tout ce que je puis conclure de vos discours, c'est que vous ne trouvez point de femme, et que cependant vous voulez vous marier : deux choses assez difficiles à concilier. Mais, puisque parmi ce que vous connoissez, vous ne trouvez rien qui vous puisse convenir, je vous conseillerois de faire publier que toutes les jolies filles de votre royaume eussent à se rendre à Paris. Vous mettriez à part celles dont la figure vous plairoit davantage. Vous les confieriez à des femmes prudentes, qui observeroient leur humeur, leur caractère, leur esprit; et sur leur rapport vous en choisiriez une. Car pour moi je ne vois pas qu'il soit bien nécessaire que votre femme ait de la naissance et des états; et je crois que vous devez être content, si elle est belle, aimable et féconde.

Or, dit le roi, puisque vous ne demandez que ces trois conditions, laissons votre assemblée de filles, qui me fait rire, et qui en feroit rire d'autres. J'ai trouvé ce qu'il me faut. Je connois une personne belle, aimable et féconde; et vous la connoissez aussi. *Il faut que je ne la connoisse pas aussi bien que votre majesté; car je ne la devine pas.* Rosny soupçonnoit bien cependant que c'étoit Gabrielle. Vous la devineriez, si vous vouliez, reprit Henri; et vous faites l'imbécille, parce que vous voulez que je la nomme. Hé bien! c'est ma maîtresse. Ce n'est pas que je pense à l'épouser; mais je voudrois savoir ce que vous en diriez. *Je dirois, sire, que vous auriez peu d'égard à ce que vous devez à votre personne et à votre état.* Mais encore, quels sont les inconvéniens qui suivroient ce mariage? car je veux que vous me parliez librement, puisque je vous ai choisi pour me dire mes vérités.

Outre que vous vous exposeriez à être blâmé de tout le monde, répondit Rosny, et à vous repentir vous-même, lorsque l'illusion dissipée vous laisseroit voir votre honte, je ne vois pas comment vous régleriez les droits de vos enfans. Le premier, quoique né dans un double adultère, pensera devoir être votre successeur, parce qu'il est l'aîné. Le second, qui va naître dans un simple adultère, se croira plus légitime, et voudra se placer lui-même sur le trône. Cependant l'un et l'autre seront traités de bâtards par les enfans qui naîtront après votre mariage. Or je n'imagine pas comment vous préviendrez les troubles que produiront de pareilles prétentions; et je vous y laisserai penser, avant de vous en dire davantage. Ce ne sera pas trop mal fait, repartit le roi; car vous en avez assez dit pour la première fois. Je vous promets de ne point faire part de notre conversation à ma maîtresse, de peur de vous mettre mal avec elle. Quoiqu'elle vous aime et vous estime encore davantage, elle a toujours quelque scrupule sur le traitement que vous me conseilleriez de faire à ses enfans. Elle me dit quelquefois que vous préférez mes états et ma gloire à mes plaisirs et à ma personne même : en quoi elle a raison et vous aussi.

Si cette conversation laisse entrevoir dans Henri des foiblesses qui contribuèrent à ses malheurs, et qui, par conséquent, doivent être mises sous vos yeux, elle fait respecter en lui l'amour qu'il montre pour la vérité. Il remporte au moins une sorte de victoire sur ses passions, puisqu'il permet à un ministre fidelle de les combattre, et qu'il l'en chérit davantage.

Il fait une promesse de mariage à Henriette d'Entragues, et il épouse Marie de Médicis.

1599.

Cependant Gabrielle parloit et se conduisoit, comme si elle eût été assurée d'être bientôt reine, lorsque sa mort dissipa les appréhensions de ceux qui s'intéressoient véritablement au roi. Henri eut à peine recouvré sa liberté, qu'il s'engagea de nouveau; et Henriette d'Entragues, dont il devint amoureux, lui arracha une promesse de mariage. Honteux de montrer cette nouvelle foiblesse à Rosny, il ne put jamais prendre sur lui de la cacher à un homme vrai, dont les conseils lui étoient nécessaires. Il la lui montra donc avec une sorte de confusion, et Rosny lui parla avec franchise. Sur ses entrefaites, son mariage avec Marguerite de Valois ayant été déclaré nul, il épousa Marie de Médicis. Nous n'aurons que trop occasion de parler de cette femme et de cette maîtresse, et Henri nous prouvera que, plus on a de passion pour ce sexe dangereux, moins on est heureux dans le choix. Passons aux affaires d'état.

Il est impossible à un prince d'exécuter de grandes choses, lorsqu'il doit plusieurs fois ses revenus, et que ses sujets sont accablés sous le faix des impôts. Alors l'agriculture est à peine cultivée, le commerce languit, l'industrie est éteinte ; et le prince est d'autant plus impuissant, que ses peuples sont plus misérables. Il faut donc commencer par acquitter les dettes de l'état, et par soulager les peuples.

Les dettes avoient plusieurs causes. Henri en avoit lui-même contracté avec les puissances étrangères, qui lui avoient donné des secours ; et avec les principaux chefs de la ligue, qu'il avoit achetés chèrement. Ses prédécesseurs en avoient fait de plus grandes à force de profusion ; et le désordre des finances avoit mis au pillage les revenus de la couronne et les biens des sujets. Comme cette dernière cause est celle qui fait principalement la misère des peuples, et, par conséquent, la misère des souverains, il est nécessaire de vous en donner quelque idée.

Quatre choses à considérer dans les finances,

Il y a quatre choses à considérer dans les finances. 1°. Jusqu'où le peuple peut contribuer aux besoins de l'état : car il ne doit pas payer au-delà de ses facultés. 2°. Quelles sortes d'impositions on doit préférer : doit-on les mettre sur les terres, sur les personnes, sur l'industrie, sur les consommations, etc. ? car le choix n'est pas indifférent. 3°. Comment la levée des impôts doit se faire, afin que la perception soit la moins dispendieuse : car ce que la perception coûte de trop, n'enrichit pas le souverain, et cependant les sujets se ruinent. 4°. L'usage qu'on doit faire des sommes qui restent, les frais de perception ayant été prélevés : car si on les dépense sans économie, elles ne suffiront pas aux besoins de l'état, et il faudra charger encore les peuples.

Et auxquelles les prédécesseurs de Henri n'avoient pas pensé.

Voilà quatre choses auxquelles on n'avoit eu aucun égard sous les prédécesseurs de Henri IV. Les peuples payoient plus qu'ils ne pouvoient : on les surchargeoit indifféremment de toutes sortes d'impositions, sans considérer combien elles étoient onéreuses. La perception des deniers étoit très-dispendieuse ; et les revenus de l'état étoient dissipés.

Pendant long-temps les rois de France ont été bornés au seul revenu de leur domaine, qui consistoit en fonds de terre et en droits seigneuriaux. Seulement dans des cas extraordinaires, la nation leur accordoit des subsides, et leur permettoit pour un temps limité de lever un certain impôt sur les denrées et marchandises, sur les fonds de terre, ou sur les feux, etc.

Premier revenu des rois de France.

Charles VII, qui imposa le premier la taille, la rendit perpétuelle après avoir chassé les Anglais, c'est-à-dire, lorsque la paix rendoit cet impôt moins nécessaire, et qu'on devoit s'attendre à le voir supprimé. Cependant il ne trouva point d'opposition dans le peuple, que la taille chargeoit peu : en effet elle ne produisoit alors que dix-huit cent mille livres. Mais Louis XI la porta jusqu'à quatre millions sept cent quarante mille livres ; Charles VIII à cinq millions

La taille étoit devenue perpétuelle sous Charles VII ; depuis elle avoit augmenté d'un règne à l'autre, les impositions s'étoient multipliées, et les rois n'en étoient pas plus riches.

huit cent trente mille ; Louis XII à sept millions six cent cinquante mille ; et François Ier. à quinze millions sept cent trente mille. Ce que ce dernier roi fit de plus mal, remarque Rosny qui désapprouvoit cet impôt, c'est qu'il donna l'exemple à ses successeurs de charger les peuples, sans alléguer d'autre raison, que *tel est notre bon plaisir.* En effet depuis on a toujours augmenté les anciennes impositions, et on en a imaginé de nouvelles. Vous croiriez peut-être que les revenus nets de la couronne s'en sont accrus. Il est cependant certain qu'ils ont été en diminuant d'un règne à l'autre, depuis François Ier. jusqu'à Henri III inclusivement. C'est que, *plus les potentats s'arrogent d'autorité, et entreprennent de faire des levées tortionnaires sur leurs sujets, plus ont-ils de desirs déréglés, et, par conséquent, s'engagent à des dépenses excessives*, ruineuses pour eux, comme pour leurs sujets. C'est une observation que Rosny faisoit faire à Henri.

<small>Deux sortes de taille, dont l'une est une source d'injustice.</small>

Il y a deux sortes de tailles en France : l'une réelle, l'autre personnelle. La première se lève dans les généralités, dont on a fait le cadastre; et chacun sait ce qu'il doit, parce que les fonds de terre paient au prorata les uns des autres. Il n'en est pas de même dans les généralités où il n'y a point de cadastre. Rien n'y est réglé, et ceux qui sont chargés de la perception, taxent arbitrairement chaque particulier. C'est pourquoi cette taille se nomme personnelle. Si vous considérez combien cet impôt doit occasionner d'injustices, de fraudes et de vexations, vous comprendrez pourquoi un des desirs de Henri étoit de le supprimer entièrement.

Outre les tailles, il y avoit encore d'autres impôts, nommés aides, gabelle, entrées, etc. Plusieurs gouverneurs et plusieurs grands en levoient eux-mêmes à leur profit. Quelquefois ils le faisoient de leur propre autorité, d'autres fois en vertu des édits qu'ils avoient surpris par intrigue. Il ne dépendit pas d'eux que cet abus ne subsistât sous l'administration de Rosny. Le comte de Soissons tenta d'obtenir du roi une imposition de quinze sous sur chaque ballot de toile, qui entroit dans le royaume, ou qui en sortoit; disant qu'il n'en tireroit que dix mille écus, quoique Rosny pensât qu'elle en produiroit près de trois cent mille. Dans le même temps, des courtisans sollicitoient pour obtenir plus de vingt autres édits, tous à charge au peuple. Rosny alloit sortir pour faire des remontrances sur de pareilles vexations, lorsqu'il vit arriver chez lui mademoiselle d'Entragues, alors marquise de Verneuil, qui étoit du nombre des intéressés. Comme il ne lui cacha point son dessein : En vérité, lui dit-elle, le roi seroit bien bon, s'il mécontentoit tant de gens de qualité pour satisfaire vos fantaisies ! Et à qui, ajouta-t-elle, voudriez-vous que le roi fît du bien, si ce n'est à ses parens, à ses courtisans et à ses maîtresses ? Madame, vous auriez raison, répondit Rosny, si le roi prenoit cet argent dans sa bourse : mais il n'y a nulle apparence qu'il veuille le prendre dans celle des marchands, des artisans, des laboureurs et des pasteurs. Ces gens-là qui le font vivre et nous tous ; ont assez d'un seul maître, et n'ont pas besoin de tant de courtisans, de princes et de maîtresses.

Il y avoit bien d'autres abus dans les impositions. Nous nous bornerons pour le présent au peu que je viens de dire, parce que nous pourrons traiter quelque jour cette matière. Passons aux abus qui se commettoient dans la levée des impôts.

Quand on n'y employeroit que des personnes fidelles, le trop grand nombre est un abus, parce qu'il multiplie les frais sans nécessité; mais cette supposition n'est pas dans la nature. Il est au contraire certain que, plus il y aura de gens de finance, plus il y aura d'hommes avides de s'enrichir. Ils s'enhardiront dans les malversations par l'impuissance où sera le gouvernement de veiller sur un si grand nombre : et l'exemple entraînera même peu-à-peu ceux qui se seroient contentés d'un gain légitime. Chacun fera ce qu'il verra faire. L'usage de piller deviendra insensiblement un droit, parce qu'on raisonnera sur ce sujet comme sur beaucoup d'autres, et l'honnête homme ne passera que pour une dupe.

Abus dans la levée des impôts.

Les fermes, par exemple, ne rapportoient pas au roi la moitié de ce qu'elles coûtoient au peuple. Il y en avoit plusieurs raisons : la première, c'est que les fermiers, au lieu de percevoir par eux-mêmes les impôts, les affermoient à un grand nombre de sous-fermiers, qui gagnoient sur eux, comme ils gagnoient eux-mêmes sur le prince. La seconde, c'est que les fermes étoient toujours adjugées à la compagnie qui donnoit le plus aux courtisans, et par conséquent, le moins au roi. Les grands, ceux-mêmes qui entroient au conseil, étoient intéressés dans les fermes : ils en partageoient les profits ; tous étoient financiers. La troisième, qui est une conséquence de la seconde, c'est que les fermiers du roi pouvoient commettre impunément toutes sortes de vexations, toujours sûrs de trouver des protecteurs, et d'avoir pour eux le conseil des finances. Ils obtenoient même des édits pour s'autoriser à commettre impunément des extorsions. Enfin ils étoient obligés d'entretenir des milliers d'hommes aux portes des villes, afin qu'on ne fraudât pas leurs droits, et un plus grand nombre dans les campagnes, afin d'empêcher la contrebande.

Alors il n'y avoit point d'emploi dans les finances qui ne pût enrichir celui qui l'obtenoit. Chacun en briguoit : le courtisan faisoit un trafic de son crédit : il ne s'en cachoit seulement pas : et cela s'appeloit faire des affaires.

Rosny ayant fait défense aux sous-fermiers de payer aux fermiers, leur ordonna de lui communiquer les sous-baux, et d'en faire voiturer le montant au trésor de l'épargne. Par ce moyen, il connut le produit des fermes, les profits des fermiers et ceux des courtisans. Il mit ensuite les fermes à l'enchère, et elles furent presque doublées.

Il nous reste à considérer les abus dans la dernière partie des finances, c'est-à-dire, dans l'usage des revenus de l'état.

Non seulement les rois avoient aliéné presque tout leur domaine, ils avoient encore engagé une partie des tailles, aides, gabelles et autres impositions. C'étoient les grands du royaume, et des princes étrangers, qui jouissoient de ces revenus. Chacun d'eux affermoit sa partie à des compagnies différentes; ce qui multiplioit les régisseurs et les vexations.

Avant Henri IV, la dissipation des revenus étoit l'effet de plusieurs abus, et en produisoit d'autres.

Les dettes de cette espèce que l'état avoit contractées, montoient à cent cinquante millions, et en y joignant les autres, il devoit deux cent quatre-vingt-seize millions.

six cent vingt mille deux cent cinquante-deux livres. Cependant les revenus de Henri en 1585, n'étoient que de vingt-trois à vingt-quatre millions. Cet exposé fait voir combien les deniers publics avoient été mal administrés.

Il est vrai que les besoins de l'état avoient mis dans la nécessité de contracter des dettes : il est vrai aussi que la plus grande partie provenoit du peu d'économie des prédécesseurs de Henri, de la prodigalité sur-tout du dernier roi, des malversations du surintendant François d'O, et, après lui, de celles du conseil des finances. Les choses étoient au point que l'état devoit beaucoup plus qu'il n'avoit emprunté. Car, parmi les créanciers, les uns n'avoient prêté qu'une partie de la somme qu'ils prétendoient leur être due; et d'autres n'avoient rien prêté. Chacun profitant de la licence des temps, se portoit pour créancier sur de faux titres ou sur les plus légers. S'il étoit rejeté, il vendoit sa créance à vil prix à un membre du conseil, ou à un seigneur accrédité; et dès-lors la dette étoit reconnue, et l'état payoit.

Il étoit d'autant plus difficile de remonter à la source de ces abus, et de remédier à tous, que le conseil s'étoit appliqué à mettre beaucoup de confusion dans les finances. C'étoit un vrai chaos. On ne voyoit point le rapport de la dépense à la recette. Les revenus paroissoient toujours engagés d'avance; et pour le courant d'une année, on anticipoit sur une autre ou sur plusieurs. Par ce moyen, les auteurs de ce désordre détournoient à leur profit une partie des deniers publics, et il falloit continuellement faire de nouvaux emprunts.

La misère publique, qui croissoit avec ce désordre, devenoit un Pérou pour les gens de finance. Il est certain que le peuple, appauvri par les guerres et par les impôts, étoit souvent dans l'impuissance de payer entièrement la taille. Il y avoit donc des non-valeurs inévitables. Mais sous ce prétexte, les receveurs, chargés de lever cette imposition, faisoient passer pour non-valeur des sommes qu'ils ne recevoient pas dans le temps, et dont ils se faisoient payer ensuite à leur profit. En 1598, il étoit dû vingt millions d'arrérages sur les tailles de 1594, 1595, 1596. Le roi en fit une remise entière à ses sujets. Par cette générosité, il leur donna beaucoup plus de vingt millions ; car il les délivra des frais qu'on n'auroit pas manqué de leur faire pour les forcer à payer.

{Plan de Rosny pour remédier à ces abus.} Pour corriger les abus que je viens d'exposer, et beaucoup d'autres dont je ne parle pas, le plan de Rosny fut, 1°. de faire une recherche exacte de tous les revenus du royaume; d'en découvrir l'origine et la nature, les frais qu'il en coûte pour la perception, la charge dont ils sont au peuple, l'utilité dont ils sont à l'état, et de faire ensuite des réglemens en conséquence.

2°. De faire un état bien circonstancié des domaines aliénés, des revenus engagés, des rentes constituées sur les tailles, gabelle, aides, etc., des gages et droits affectés aux offices de toute espèce, en un mot, de toutes les dettes, pour connoître ce qu'il convenoit de régler, de diminuer ou d'acquitter peu-à-peu suivant les circonstances.

3°. Enfin, de faire un dénombrement de tous les officiers employés dans la maison du roi, dans le militaire, dans l'administration de la justice, dans la police et dans les finances ; en remarquant ceux qui sont nécessaires, et ceux qu'on peut retrancher comme inutiles. Ce dernier objet n'étoit pas un des moins importans : car depuis François Ier, les rois, pour trouver promptement des fonds, avoient créé et vendu un grand nombre d'offices. La justice, la police et les finances n'en étoient pas mieux administrées ; au contraire. Cependant tous ces nouveaux officiers étoient à charge à l'état, par les gages qu'on leur payoit, par les droits qu'ils exigeoient en exerçant leurs offices, enfin par les exemptions dont ils jouissoient, et dont le faix retomboit sur le peuple.

Pour exécuter ce plan, Rosny fut obligé de voir presque tout par lui-même, trouvant trop peu d'intelligence ou trop peu de probité dans ceux qu'il pouvoit employer. Engagé dans un travail immense, il avoit encore à vaincre les difficultés que faisoient naître ceux qui s'intéressoient aux désordres. Les princes, les ministres, les courtisans, les financiers, les gens de robe, toutes les sangsues du peuple s'élevoient

Difficultés dans l'exécution de son plan.

contre son administration. Il falloit qu'il fût sourd à tous ces cris: il falloit que Henri le fût lui-même. Si le roi eût molli, Rosny n'eût fait que de vains efforts.

<small>On voit dans ses mémoires les opérations qu'il a faites d'année en année.</small>

Dans ses mémoires, que les hommes d'état ne sauroient trop étudier, vous verrez les opérations qu'il a faites d'année en année. Vous en trouverez un exposé plus abrégé dans les *Recherches et considérations sur les finances de France*. C'est l'ouvrage d'un homme connu par plusieurs autres, et qui me paroit fort instruit dans ces matières. Pour moi, je me bornerai à vous faire voir quel a été le fruit des travaux de Rosny dans le cours de près de quinze ans, c'est-à-dire, depuis 1595, qu'il fut chargé des finances, jusqu'en 1610.

<small>Effet de l'ordre rétabli dans les finances.</small>

On est étonné des ressources qu'il se procura, en rétablissant l'ordre : jugez-en par les effets. Il employa douze millions pour remplir les arsenaux de munitions, d'artillerie et d'armes de toute espèce : cinq et davantage, pour les fortifications des places frontières : autant pour les ponts, chemins, chaussées, rivières, etc.: six en bâtimens et en églises : deux en meubles, et six en divers dons faits par le roi. Cependant il diminua les tailles de cinq millions, réduisit plusieurs autres impôts à la moitié, augmenta les revenus de la couronne de quatre millions, acquitta des dettes pour cent, racheta des domaines aliénés pour trente-cinq, et il se trouva dans les coffres du roi, soit en réalité, soit en crédit, quarante-un millions soixante-quatorze mille livres.

Puisque Rosny, en corrigeant, les abus, soulageoit les peuples, payoit les dettes, fournissoit à plusieurs dépenses extraordinaires, augmentoit les revenus de la couronne, et amassoit encore plus de quarante millions, vous pouvez juger combien les deniers publics avoient été dissipés auparavant, et combien ils le seront toutes les fois qu'on les abandonnera aux courtisans qui font des affaires. Mais c'en est assez sur ce sujet.

Le traité de Vervins ayant assuré la paix, on fit une réforme des troupes. Elle ne fut pas aussi considérable que l'économie de Rosny l'eût desiré, parce que les militaires, qu'on avoit besoin de ménager, voulant tous avoir des places et des gouvernemens, on fut obligé, par égard pour eux, de conserver bien des garnisons inutiles.

Sentimens du roi dans une maladie qui faisoit craindre pour sa vie.

Vers ce temps, le roi étant tombé dangereusement malade, disoit souvent à Rosny : mon ami, je n'appréhende nullement la mort: vous le savez mieux que personne, m'ayant vu en tant de périls, dont je me fusse bien pu exempter. Mais je ne nierai pas que je n'aie regret de sortir de cette vie, sans avoir remis le royaume dans la splendeur que je m'étois proposée, et sans avoir témoigné à mes peuples, en les gouvernant bien et soulageant de tant de subsides, que je les aimois comme mes propres enfans.

Les politiques d'Europe insèrent dans les traités de pacification, des articles qui laissent subsister des prétextes de guerre.

L'ambition aveugle souvent les princes sur leurs vrais intérêts. Au lieu de desirer la paix pour faire fleurir leurs états, ils ne la font d'ordinaire que forcés. En la signant, ils méditent une nouvelle guerre; et s'ils ont inséré dans le traité quelque article, qui puisse un jour leur en fournir le prétexte, ils s'applaudissent. Depuis que cette politique règne en Europe, les différentes puissances n'ont travaillé qu'à s'épuiser réciproquement : toutes ont fait des pertes, et elles ne se sont pas dédommagées par les avantages alternatifs qu'elles ont eus les unes sur les autres. Car en acquérant une nouvelle province, on ne recouvre pas les anciennes, qui sont véritablement perdues, si elles sont dépeuplées par la guerre, et par la misère qui la suit, et qui dure. Le traité de Vervins ne permit pas une longue paix.

Pendant les troubles de la ligue, le duc de Savoie s'étoit emparé du marquisat de Saluces. Il eût été facile aux députés du roi à Vervins d'obtenir la restitution de ce marquisat : mais ils n'insistèrent pas, soit par négligence, soit par des motifs qu'il seroit plus odieux de leur imputer, et dont on les a cependant soupçonnés, parce qu'ils avoient été ligueurs eux-mêmes, et attachés à la maison de Savoie. Cet article fut remis par le traité à l'arbitrage du pape.

Le traité de Vervins avoit été fait dans cet esprit.

L'entremise du pape ayant été inutile, le duc de Savoie, qui se voyoit pressé, vint en France, sous prétexte de traiter lui-même avec le roi, et, dans le vrai, pour gagner du temps et pour intriguer : car il y avoit encore des ligueurs à la cour,

Le duc de Savoie négocie pour ne pas rendre le marquisat de Saluces.

quoiqu'il n'y eut plus de ligue. Il paroît qu'il mit plusieurs personnes dans ses intérêts, et que dès-lors il débaucha le maréchal de Biron. Cependant il fut obligé de promettre qu'il restitueroit dans trois mois le marquisat de Saluces, ou qu'il donneroit en échange la Bresse et quelques autres terres.

<small>Henri lui fait la guerre, quoique toute la cour, Rosny excepté, s'opposât à cette entreprise.

1600.</small>

Les trois mois étant expirés, le duc de Savoie prit de nouveaux délais, pour manquer encore à sa parole, et le roi lui déclara la guerre. Rosny, qui avoit tout préparé, pressoit, et ne vouloit point perdre de temps : cependant toute la cour, pleine d'intrigans, s'opposoit à cette entreprise. Les uns étoient vendus au duc de Savoie et à l'Espagne : d'autres craignoient de nouveaux succès, qui devoient rendre l'autorité du roi plus absolue : quelques-uns étoient jaloux de Rosny, qui, comme grand-maître de l'artillerie, auroit la principale conduite de cette guerre, parce qu'il étoit très-vraisemblable que tout s'y passeroit en siéges : un grand nombre enfin vouloit la paix, parce qu'ils préféroient les plaisirs aux fatigues. Tout le monde chercha donc à dissuader le roi. La marquise de Verneuil fit encore plus d'instances que les autres : Henri n'écouta que Rosny, et marcha.

On étoit au mois d'août. Il importoit au duc de Savoie de gagner l'hiver, afin que l'Espagne, dont les résolutions sont toujours lentes, eût le temps de lui envoyer des secours. Le retardement étoit au contraire ce qui pouvoit nuire le plus à la France : et il valoit mieux alors attaquer avec quatre mille hommes, que l'année suivante avec trente mille.

Il importoit au duc de Savoie de temporiser, et à Henri de hâter.

Rosny fut obligé de revenir de Lyon à Paris, pour faire de nouveaux fonds, et pour hâter l'artillerie. Mais le roi continua sa marche, malgré les artifices dont on usa pour le retarder. Il donna une partie de ses troupes au maréchal de Biron, qu'il envoya dans la Bresse. Avec l'autre, il entra dans la Savoie. Chambéry lui ouvrit ses porte; et Lesdiguières et Créqui soumirent toute cette province, à la réserve du château de Montmélian, de Charbonnière et du fort de S^{te}. Catherine. La Bresse ne fit pas plus de résistance.

Conquête dans la Savoie.

Alors le duc de Savoie redoubla les né-

Le duc de

<small>Savoie intrigue pour retarder Henri.</small> gociations, ou plutôt les intrigues. Il offrit l'échange ou la restitution : tout parut d'accord : les otages furent envoyés de part et d'autre ; et le roi dépêcha courier sur courier, pour avertir Rosny de suspendre. *Sire, lui répondit Rosny, je supplie votre majesté de m'excuser, si je n'obéis pas à ses ordres : car je sais, à n'en pouvoir douter, que M. de Savoie ne veut que vous tromper, à quoi beaucoup de ceux qui sont auprès de vous, ne lui nuisent pas.* En effet, peu de jours après, il reçut cette lettre du roi : *Mon ami, vous avez bien deviné : car M. de Savoie se moque de nous. Partant, venez en diligence, et n'oubliez rien de ce qui est nécessaire pour lui faire sentir sa perfidie. Adieu.*

<small>Prise de Montmélian.</small> Quand Rosny fut arrivé, on agita dans le conseil si on feroit le siége de Montmélian et des autres forts. C'étoit le sentiment de Rosny, de Lesdiguières et de Créqui, qui les connoissoient bien. Tous les autres s'y opposèrent, assurant que la saison étoit trop avancée, et qu'il ne seroit pas possible de s'en rendre maître avant l'hiver. Je vois bien qu'on veut en effet gagner l'hiver, ré-

pondit Rosny : mais je les aurai plutôt pris que je ne vous aurois accordés. Voilà le plan de Montmélian, voilà par où et comment je veux l'attaquer : disputez là-dessus : je vais tout disposer pour le siége. Le roi le laissa faire, et tout réussit, malgré la résistance des fortifications, des garnisons et du conseil.

Le duc de Savoie fut forcé de penser sérieusement à la paix, et la médiation du pape ayant été acceptée, les députés se rendirent à Lyon, où ils traitèrent avec le légat. La négociation traîna : elle se rompit même au moment qu'on paroissoit d'accord. Enfin Rosny la reprit lui-même, conclut le traité, et la paix se fit par un échange qu'on jugea avantageux à la France et au duc de Savoie. Elle fut signée au mois de janvier. Les traverses qu'essuie ce ministre en toute occasion, vous font voir combien les meilleurs sujets ont de peine à bien servir les meilleurs rois. Jugez donc à quoi sont exposés les peuples, quand un prince foible n'est entouré que de courtisans sans mérite et sans vertus.

Sans être profond en politique, on peut,

La paix se fait.

1601.

L'Espagne et la

France ne peuvent être amies. avec un peu de géographie, juger si deux puissances sont faites pour être amies ou ennemies. Il est, par exemple, bien évident, qu'indépendamment des guerres qui avoient semé la méfiance et la haine entre la France et l'Espagne, ces deux puissances, par la seule position de leurs états, ne pouvoient contracter d'alliance solide. Autant l'une ambitionnoit de subjuguer les Provinces-Unies, autant il importoit à l'autre d'en défendre la liberté. Réciproquement suspectes par des intérêts aussi contraires, elles auroient donc vainement tenté de s'unir: jamais elles n'auroient agi de concert, parce que chacune auroit toujours craint l'agrandissement de son allié. C'étoit le sentiment de Rosny. Mais Villeroi et Silleri ne cessoient de le combattre, trop prévenus peut-être pour l'Espagne, dont ils n'avoient que trop approuvé l'alliance dans les temps de la ligue. De ce que ces deux couronnes ont été ennemies, disoient-ils, ce n'est pas une raison pour qu'elles le soient encore. Qu'elles unissent leurs forces, elles donneront la loi à l'Europe. Il est donc de leur intérêt de les unir.

Cependant depuis que Villeroi et Silleri répétoient ce mauvais raisonnement, qui n'étoit pas fait pour tromper Henri, les Espagnols n'avoient cessé d'agir sourdement, pour soulever les grands du royaume. C'est qu'en effet de ce qu'ils avoient été ennemis de la France, c'étoit une raison pour qu'ils le fussent encore. On découvrit leurs intrigues avec le maréchal de Biron, le duc de Bouillon, le comte d'Auvergne, le prince de Joinville, etc. Ils firent l'impossible pour empêcher la conclusion du traité avec le duc de Savoie; et n'ayant pas réussi, ils formèrent sur Marseille une entreprise, dont ils n'eurent que la honte. Henri dissimula : mais je jure, disoit-il, que si j'ai une fois rétabli l'ordre dans mon royaume, je leur ferai une guerre si terrible, qu'ils se repentiront de m'avoir mis les armes à la main.

Les Espagnols intriguoient pour soulever les grands du royaume.

Le roi veillant à tout par lui-même, voulut visiter sa frontière de Picardie : car il étoit sur-tout important de n'avoir rien à craindre de ce côté. Lorsqu'il étoit à Calais, Élisabeth se rendit à Douvres. Tous deux auroient fort desiré de se voir; et ils

réot. Dans un voyage en Picardie, Henri apprend qu'Élisabeth a les mêmes desseins que lui, pour abaisser la maison d'Autriche.

ne purent, par les difficultés que les ministres, de part et d'autre, trouvèrent dans le cérémonial. Ils se visitèrent par leurs ambassadeurs.

Rosny passa sans titre en Angleterre, comme par curiosité. Son voyage cependant avoit un motif secret. Il s'agissoit d'avoir des éclaircissemens sur une lettre, dans laquelle Élisabeth parloit de quelque grand dessein, qu'elle ne pouvoit communiquer qu'au roi. Cette reine ne cacha pas à Rosny qu'elle vouloit parler d'une ligue contre la maison d'Autriche, comme elle en avoit déjà fait quelque ouverture en 1598, et elle lui demanda si les affaires du roi lui permettoient de s'engager dans une pareille entreprise. Rosny lui répondit qu'il y avoit encore bien des mesures à prendre; et ils concertèrent ensemble le grand projet dont j'ai parlé. Henri fut enchanté d'apprendre qu'Élisabeth entroit tout-à-fait dans ses vues. Elle étoit absolue chez elle: elle avoit eu de grands succès sur l'Espagne : aucune puissance n'étoit donc plus capable de seconder le roi.

Henri a la foiblesse de faire Peu après le retour de Henri, la reine

accoucha d'un fils à Fontainebleau. Le roi, <small>tirer l'horoscope de son fils.</small>
qui se proposoit de lui donner une bonne
éducation et de bons exemples, eut la foiblesse d'en faire tirer l'horoscope par la
Rivière, son médecin. Les temps de troubles sont favorables à ce préjugé ; comme
alors toutes les fortunes sont chancelantes,
chacun craint, chacun espère, et ces deux
sentimens rendent crédule. Il arrive encore
que ceux qui abusent de la crédulité des
peuples, peuvent souvent rencontrer autant par raison que par hasard : car il suffit
de juger de l'avenir d'après les circonstances présentes, et les caractères connus.
L'astrologue gagne à tout cela. On ne hasardoit pas beaucoup de prédire que le dauphin seroit d'un caractère tout différent de
celui de son père, qu'il aimeroit ses opinions, et qu'il s'abandonneroit aussi à celles
des autres, puisqu'il paroissoit devoir monter jeune sur le trône ; que sous son règne
les Huguenots, qui n'avoient de protecteurs que Henri, seroient persécutés ; qu'il
auroit des guerres ; que tous les bons établissemens seroient détruits ; et que Louis,
c'étoit le nom du Dauphin, feroit beaucoup

parler de lui dans la chrétienté. Donnant ensuite quelque chose au hasard, on pouvoit bien ajouter qu'il vivroit âge d'homme, qu'il régneroit plus long-temps que Henri, qu'il feroit de grandes choses, qu'il auroit de grands succès, qu'il auroit des enfans, et qu'après lui les choses empireroient encore. Voilà tout ce qui fut prédit. Henri en eut de l'inquiétude : cependant il auroit pu deviner tout cela aussi bien que son astrologue.

1602. Conspiration de Biron.

On découvrit l'année suivante une conspiration qu'on prévoyoit depuis quelque temps, sans l'avoir lue dans le ciel. Rosny en avoit eu de violens soupçons pendant les guerres de Savoie. Les principaux auteurs étoient le maréchal de Biron, le duc de Bouillon, et le comte d'Auvergne, frère utérin de la marquise de Verneuil.

Biron, brave, grand homme de guerre, comblé des bienfaits du roi, et toujours mécontent, avoit l'ambition d'être souverain, la folie de s'abandonner aux projets les plus chimériques, et l'imprudence de cacher mal ses desseins et ses intrigues. Il devoit épouser une fille du duc de Savoie, à laquelle le roi d'Espagne offroit de céder toutes ses prétentions sur la Bourgogne ; et comptant sur les armées que ces deux princes lui promettoient, et sur les grands dont il connoissoit l'inquiétude, il ne se proposoit pas moins que de diviser la France en une multitude de souverainetés. C'est pendant la guerre de Savoie qu'il tramoit cette conspiration. Déconcerté par le traité de paix, il en eut quelque repentir ; et il en avoua quelque chose au roi, qui lui pardonna.

Il renoua cependant, ou plutôt il continua ses intrigues. Le roi sut qu'il jetoit des semences de sédition dans quelques provinces, et qu'il avoit pour complices le duc de Bouillon et le comte d'Auvergne : il en eut des preuves de la main même de Biron.

Ce maréchal étoit dans son gouvernement de Bourgogne, que Rosny avoit adroitement dégarni d'artillerie, d'armes et de munitions. Se voyant donc sans défense, et comptant qu'on n'avoit pas de quoi le convaincre, il obéit aux ordres qui le pressoient de se rendre auprès du roi.

Henri, sans lui montrer combien il étoit

instruit, ne lui cacha pas qu'il avoit des soupçons ; il lui offrit d'oublier tout, s'il vouloit lui-même ne rien cacher. N'ayant rien obtenu, il fit venir Rosny. Mon ami, lui dit-il, ce malheureux maréchal veut se perdre, je voudrois cependant lui pardonner, et lui faire autant de bien que jamais. Il me fait pitié, et mon cœur ne peut se résoudre à faire du mal à un homme qui a du courage, qui m'a bien servi, et avec qui j'ai vécu familièrement. Voyez-le donc, arrachez-lui l'aveu de ses intrigues, et faites que je lui puisse pardonner.

Les efforts de Rosny ayant été inutiles, le roi en fit encore lui-même, tout aussi inutilement. Biron fut donc livré à la justice, et perdit la tête. Le comte d'Auvergne, qui avoit été arrêté, obtint sa grâce. Il offrit de découvrir les desseins des Espagnols, et de continuer ses intelligences avec eux, afin d'avertir de tout ce qu'ils pourroient entreprendre. D'ailleurs la marquise de Verneuil intercéda pour lui. Le duc de Bouillon s'échappa, et ne revint point. Quant aux autres complices, le roi feignit de ne les pas connoître : porté à la clémence, il se flatta que le supplice du maréchal de Biron les contiendroit.

Peu de jours après l'exécution de ce maréchal, le roi étant venu trouver Rosny à l'arsenal : Vous voyez, lui dit-il, l'ingratitude de ceux à qui j'ai prodigué des honneurs et des richesses. Que n'ai-je pas fait pour le maréchal, pour le comte d'Auvergne et pour le duc de Bouillon ? Cependant ils n'ont cessé de remuer, jusques-là qu'ils se sont abandonnés aux projets les plus extravagans. Faut-il donc qu'il y ait des ames que les bienfaits mêmes ne puissent attacher à leurs devoirs ? Si je vous parle ainsi, ce n'est pas que je pense que vous avez besoin d'une leçon. Nous nous sommes assez éprouvés l'un et l'autre. Mais j'aurois des reproches à me faire, si je ne vous déclarois pas quelles sont mes intentions à votre égard, et je veux que vous me déclariez les vôtres avec la même franchise. Je vous estime, je vous aime, j'ai pour vous la plus grande confiance, je vous conserverai ces sentimens, je vous distinguerai en cela de tout autre, comme vous le méritez. Je veux vous élever à tous les honneurs ; mais je veux aussi que

Franchise de Henri avec Rosny.

votre fortune dépende de ma bienveillance; que vous soyez par moi tout ce que vous serez, et que vous ne désiriez rien au-delà de ce que le bien de mon royaume, ma gloire et ma sûreté me permettront de faire. Ne vous attendez donc pas que je vous confie de fortes places, où vous pourriez être quelque chose sans moi, et vous rendre redoutable en vous joignant aux Huguenots, ou à quelque autre faction. Vous n'êtes pas capable, je le sais, de former aucun desir qui puisse me faire prendre la moindre inquiétude. Mais un roi, par son inconsidération, fait naître quelquefois une ambition déréglée dans l'ame des meilleurs sujets; et il est lui-même la première cause des crimes dont il les punit. Vous le savez; j'ai toujours été entouré d'ennemis, d'ingrats, d'amis infidelles; je le suis encore : cependant je deviens vieux, et ma défiance croît avec l'âge. Voilà mon ame : je vous la découvre avec franchise, afin de concerter ensemble une conduite qui écarte de nous tout ombrage et toute inquiétude. Dites-moi donc librement, si vous approuvez ma façon de penser.

Rosny ne put qu'applaudir, et applaudit sincèrement à la sagesse, à la prudence et à la franchise de Henri. Il lui témoigna combien il étoit sensible à sa confiance et à ses bienfaits. Il le supplia seulement de n'ajouter jamais foi aux calomnies et aux faux rapports. Ce n'est pas, ajouta-t-il, que je redoute les accusations, ni que je desire que votre majesté les rejette : car un prince sage ne doit pas mettre toute sa confiance dans un seul homme, et fermer absolument ses oreilles à tous les autres. Ce que je souhaite, c'est que vous me communiquiez les inquiétudes qu'on vous donnera contre moi, et que vous me jugiez toujours d'après ma conduite.

Réponse de Rosny.

Henri rétablit les jésuites, qui avoient été bannis à l'occasion de Jean Chatel, fanatique qui avoit attenté à la vie du roi en 1594. On accusoit leur doctrine d'avoir armé ce misérable. Si c'est avec fondement, ce qui est aujourd'hui une question fort indifférente, on peut dire pour leur excuse, que leur doctrine étoit celle de beaucoup d'autres ; et qu'en ce cas, ils n'étoient pas les seuls qu'il auroit fallu bannir. Henri

1605.

Henri rétablit les jésuites qui avoient été bannis.

leur pardonna, comme on pardonne à des ennemis qu'on redoute, et qu'on se flatte de gagner : mais ces corps ont un esprit qu'on ne gagne pas, ou qu'on ne gagne que pour le temps où l'on ne contrarie pas leurs intérêts.

<small>Jean Chatel et Pierre Barrière, qui été les instrumens des conspirations qui se tramoient.</small>

En 1593 Pierre Barrière avoit été exécuté pour le même crime. Il est vraisemblable que ces deux hommes étoient sans le savoir, l'instrument des conspirations qui se tramoient. Philippe II, qui avoit voulu faire empoisonner Élisabeth, fut vivement soupçonné de les avoir fait agir. Laissons ces horreurs.

<small>A la mort d'Élisabeth, Rosny passa à Londres, sous prétexte de complimenter Jacques.

1603.</small>

La même année du rétablissement des jésuites, le roi fit une grande perte par la mort d'Élisabeth. Il la regretta sincèrement, et parce qu'il lui avoit des obligations, et parce qu'il comptoit sur elle pour ses grands desseins. Jacques, fils de Marie Stuart, venoit de monter sur le trône sans obstacles. Le prétexte de le complimenter sur son avénement fournissoit une occasion de sonder son caractère, son esprit et ses vues, et de négocier en même temps avec les autres puissances, dont les ambassadeurs se trouveroient à Londres. Rosny, plus capable qu'aucun autre de remplir cet objet, et seul confident des desseins du roi, fut choisi : il partit malgré les affaires dont il étoit chargé et qui paroissoient devoir souffrir de son absence. Il faut voir dans ses mémoires les instructions qui lui furent données, la conduite qu'il tint, et ses dépêches. Cela seul suffiroit pour donner une grande idée du roi et du ministre. Le fruit de cette négociation fut un traité d'alliance entre la France et l'Angleterre, tendant sur-tout à protéger les États-Généraux, et des ouvertures faites avec plusieurs puissances pour l'abaissement de la maison d'Autriche.

La France devenoit tous les jours plus calme et plus florissante. Le roi, adoré de ses peuples, étoit respecté et recherché par les puissances étrangères. Tout paroissoit répondre à ses desirs, et conspirer pour l'exécution de ses grands desseins. Mais pendant que ses vertus répandoient le bonheur autour de lui, et devenoient le plus solide appui de la tranquillité de l'Europe, il étoit malheureux lui-même dans son domestique.

<small>Le roi, dans son domestique, ne jouissoit pas du repos qu'il procuroit à ses sujets.</small>

La marquise de Verneuil l'amusoit quelquefois par son esprit : d'ailleurs elle étoit d'un caractère à lui donner bien des chagrins. Fière, haute et insolente, elle parloit de Marie de Médicis avec les termes les plus injurieux. Sous prétexte de la promesse de mariage dont j'ai parlé, elle se croyoit reine elle-même avec bien plus de droit, et regardoit ses enfans comme seuls légitimes.

Marie ne cessoit de se plaindre. Elle pouvoit se venger de sa rivale en lui enlevant le cœur du roi. Henri eût renoncé à toutes ses amours, s'il eût trouvé quelques douceurs auprès de sa femme. Mais lorsqu'il vouloit s'en rapprocher, il en étoit toujours repoussé par l'humeur qu'elle lui montroit, et par une froideur plus offensante encore.

S'il retournoit à la marquise, il éprouvoit d'autres peines. Le mépris qu'elle affectoit pour la reine, n'étoit pas la seule chose qui l'offensoit. Cette femme n'avoit pas même la complaisance d'écarter de chez elle des personnes suspectes, que le roi n'aimoit pas, et dont il savoit n'être pas aimé. Elle paroissoit dédaigner un cœur dont elle étoit assurée. Elle le dédaignoit : elle étoit infidelle, et elle entretenoit, par d'Entragues et par le comte d'Auvergne, des intelligences avec l'Espagne. Tout cela étoit vrai, et Henri n'en avoit que trop de violens soupçons.

Marie avoit amené ave elle une Léonora Galigaï, fille de sa nourrice, et un Baptiste Concini, petit-fils d'un secrétaire du duc de Toscane : deux espèces également nées pour l'intrigue. Comme Léonora gouvernoit entièrement l'esprit de sa maîtresse, Concini l'épousa; et ils songèrent à s'élever à la plus grande fortune, sans être difficiles sur les moyens. N'ignorant pas qu'ils étoient désagréables au roi, il s'appliquèrent uniquement à gagner toute la confiance de la reine. Ils flattèrent sa jalousie, ils entretinrent son aigreur; ils lui inspirèrent tous les jours un nouvel éloignement pour son époux. Soutenus par la faveur de Marie, il semble que leur ambition devoit être satisfaite ; cependant il cherchèrent à se faire encore de nouveaux appuis, par des intelligences avec l'Espagne. Le roi, qui n'ignoroit pas toutes ces intrigues, souffroit ces

La Galigaï et Concini entretenoient ces troubles domestiques.

deux créatures par égard pour sa femme, desirant, mais inutilement, qu'elle les renvoyât elle-même.

Ce prince, dont la sagesse et le courage avoient dissipé toutes les factions, les voit donc renaître dans son domestique. Qu'il aille chez sa femme ou chez sa maîtresse, il est entouré d'espions, qui ont intelligence avec ses ennemis; et il ne peut trouver le repos qu'il fait goûter à ses sujets. C'étoit sa faute, Monseigneur; s'il eût su vaincre ses passions, il eût été plus heureux; mais tous les partis que ses amours font naître et fomentent, troublent ses jours, et les abrégeront peut-être.

<small>1604. Conspiration entre l'Espagne.</small> Cependant d'Entragues et le comte d'Auvergne remuoient sourdement, et la marquise de Verneuil méditoit de se retirer en Espagne avec ses enfans. Les Espagnols continuoient sur le plan de Philippe II; c'est-à-dire, qu'ils saisissoient toutes les occasions de troubler, sans avoir de but fixe, sans prévoir s'ils en retireroient quelques avantages, et sans avoir même de moyens pour assurer leurs entreprises. Avec une conduite aussi inconsidérée, ils entroient au

hasard dans tous les projets, quelque absurdes qu'ils fussent. Or ils s'imaginoient qu'ayant les enfans de la marquise, ils pourroient se prévaloir de la promesse de mariage, pour élever des prétendans contre les fils légitimes du roi.

Leurs mesures, mal prises, furent bientôt déconcertées. D'Entragues, le comte d'Auvergne, et la marquise, ayant été arrêtés, Henri les remit au parlement, avec un Anglais, nommé Morgan, qui avoit été l'agent de la négociation. Comme les preuves ne parurent pas suffisantes contre la marquise, elle fut reléguée dans un couvent, avec un plus amplement informé; et le parlement condamna les autres à perdre la tête. Le roi, trop foible ou trop indulgent, commua la peine de mort du comte d'Auvergne et du père de la marquise, en une prison perpétuelle, et celle de Morgan, en un bannissement perpétuel. Peu de temps après il permit à d'Entragues de se retirer dans une de ses terres. Enfin il rappela la marquise, et la fit déclarer innocente.

Trop grande clémence de Henri.

1605.

Toutes les conspirations n'étoient pas encore éteintes. Le duc de Bouillon qui

Le duc de Bouillon remuoit sourde-

ment pour soulever les Huguenots. professoit toujours la religion prétendue réformée, n'avoit jamais renoncé au projet de se rendre chef des Huguenots. Il avoit trempé dans la conspiration du maréchal de Biron, et dans celle du comte d'Auvergne ; il entretenoit des correspondances avec l'Espagne : et il répandoit dans les provinces des hommes à lui, afin de porter les esprits à la révolte. Mais la circonspection avec laquelle il se conduisoit, n'avoit pas permis de se saisir d'aucun écrit de sa main, et il étoit difficile de le convaincre.

Cependant les Huguenots prenoient l'alarme dans la Guienne, le Querci, le Limousin, la Saintonge, l'Anjou, le Poitou et les autres provinces méridionales. Persuadés, par les émissaires du duc de Bouillon, que le roi les vouloit exterminer insensiblement, ils s'assembloient, ils cabaloient, ils faisoient des brigues, on n'entendoit que des murmures et des plaintes ; les plus modérés faisoient tous les jours de nouvelles demandes pour leur sûreté, et présentoient continuellement des requêtes au roi.

Le roi les rassure en donnant le gouver- Pour les rassurer, Henri avoit donné le gouvernement de Poitou à Rosny. En effet il ne pouvoit pas trouver un meilleur garant de la bonne volonté qu'il conservoit pour eux. Ce ministre, huguenot lui-même, devenant le dispensateur des graces que le roi auroit occasion de leur accorder, devoit gagner de plus en plus leur confiance. Henri n'étoit pas capable d'oublier les obligations qu'il avoit aux Huguenots; et quand il les auroit oubliées, il étoit trop sage, pour vouloir renouveler les désordres qu'il avoit dissipés. Rosny pouvoit donc facilement faire évanouir leurs craintes et leur persuader qu'ils n'avoient d'autre intérêt, que de rester inviolablement attachés à leur roi, de ne chercher d'autre protection que la sienne, et de mettre toute leur sûreté dans sa bienveillance et dans sa parole.

Nomement de Poitou à Rosny.

Les Huguenots avoient des députés à la cour pour y veiller à leurs intérêts. Voulant les changer, ils demandèrent la permission de s'assembler. Le roi la leur accorda, à condition que l'assemblée se tiendroit à Châtellerault; qu'un homme de qualité de leur religion y assisteroit en son nom; que les provinces n'y dé-

Il leur permet de s'assembler à Châtellerault.

puteroient chacune que deux personnes, et qu'il ne s'y traiteroit que de la nomination des députés pour résider à la cour.

Ils montroient du mécontentement et de la défiance.

Par l'édit de Nantes, les Huguenots avoient obtenu des places de sûreté. Ils paroissoient vouloir en obtenir de nouvelles : ils paroissoient même vouloir former une république. Ces bruits faisoient craindre cette assemblée. Mais cette république étoit une chimère, et un plus grand nombre de places de sûreté n'auroit fait que diviser leurs forces et les affoiblir : car ils n'auroient eu ni assez de troupes ni assez d'armes pour les défendre. Cependant ces projets qui montroient leur défiance et leur mécontentement, méritoient par cette seule raison l'attention du roi. D'ailleurs Henri n'en prenoit point d'inquiétude : il lui auroit été trop facile de les soumettre, s'il eût été forcé d'armer contre eux.

1605. Rosny, qui se trouve à l'assemblée, dissipe leurs soupçons et les ramène à leur devoir.

Rosny fut choisi pour se trouver à l'assemblée de Châtellerault. Son adresse à manier les esprits regagna tous les cœurs. Les choses se passèrent comme on l'avoit desiré. Il ne resta plus de soupçons. Les Huguenots rentrèrent entièrement dans le devoir; et le roi, qui leur laissa les places de sûreté pour quatre nouvelles années, parut leur accorder cette grace à la considération de Rosny. Par-là il augmenta leur confiance pour son ministre, et il s'assuroit lui-même de leur fidélité.

Pendant cette assemblée le duc de Bouillon continuoit toujours ses pratiques. Le roi sut que les factieux avoient traité avec les Espagnols pour leur livrer Marseille, Toulon, Béziers, Narbonne, et Leucate. Il marcha lui-même : tout fut déconcerté. Les plus coupables perdirent la tête et les autres se soumirent. *Factieux punis.*

Il ne restoit plus à réduire que le duc de Bouillon. Le roi arma, résolu de l'aller chercher à Sedan. Cependant il voulut auparavant, conformément au dessein qu'il formoit depuis long-temps, faire Rosny duc et pair; et saisissant cette occasion afin de faire voir aux Huguenots que, s'il attaquoit le duc de Bouillon, c'étoit uniquement pour punir un rebelle, il érigea la terre de Sulli en duché-pairie. C'est ainsi que par sa sagesse, ses bienfaits étoient tout-à-la- *Rosny fait duc et pair.*

fois une récompense et un acte de politique. Quoiqu'il ait comblé le duc de Sulli de confiance, d'honneurs et de richesses, rien n'est plus admirable que la prudence avec laquelle il a su lui donner à propos.

1605. Le duc de Bouillon rat.or‑ et se soumet‑ tre.

Bouillon, voyant avancer le roi, se hâta de négocier. Il s'humilia devant lui : il le reçut dans Sedan, et il lui remit le château, pour le tenir avec une garnison pendant quatre ans. Tels furent les articles qu'on rendit publics : mais on étoit convenu que le roi rendroit le tout en peu de jours. Le duc soumis et rentré en grace, vint à la cour quelque temps après, et fut reçu avec distinction ; l'ame de Henri ayant toujours pour maxime de gagner ses ennemis à force de bontés.

Henri n'ima‑ ginoit pas qu'il fût fait pour se reposer un jour.

Un roi qui veut gouverner lui-même, se tromperoit bien, s'il comptoit, comme Pyrrhus, sur un temps où il pourra dans le repos ne s'occuper que de ses plaisirs. Il faut n'être rien dans ce monde, et ne se mêler de rien, pour jouir de ce bonheur stupide : encore en sommes-nous retirés malgré nous-mêmes, par le choc et le frot‑

tement de tout ce qui se meut autour de nous ; et ce sont les momens les moins malheureux. Faits pour tenir plus ou moins à ce qui nous environne, nous ne trouverions que de l'ennui, si nous ne cherchions les plaisirs que dans un repos qui nous séparevoit de tout.

Henri étoit trop convaincu de cette vérité, pour s'abandonner aux illusions de Pyrrhus. Jeté dès sa jeunesse dans un chaos de tourbillons, heurté, poussé dans tous les sens, ce n'est qu'à force d'activité et de prudence, qu'il avoit peu-à-peu rétabli l'ordre et le calme. Tout étoit donc dans le repos ; mais Henri ne se reposoit pas lui-même. Il savoit que les affaires surviennent continuellement les unes après les autres ; et toute son attention étoit seulement qu'elles ne s'accumulassent pas. Ainsi, bien loin d'envisager un temps où il seroit sans occupations, il s'en formoit toujours d'avance de nouvelles et de plus grandes ; cependant avec la précaution sage d'aller par degrés, et de ne jamais trop entreprendre à-la-fois. Voilà le repos des grands hommes : de nouveaux projets sont le délassement de

Au contraire, les projets qui s'offroient toujours à son ame active, lui préparoient toujours de nouvelles occupations.

ceux qu'ils ont exécutés : l'action leur est nécessaire.

Il pensoit que pour étouffer jusqu'au germe des factions, il suffisoit de faire aimer le gouvernement.

Ayant enfin réduit tous les factieux par sa prudence, par son activité et par ses bienfaits, il ne voyoit plus qu'un reste d'humeur, qu'il pouvoit se flatter de détruire. Il comparoit les mauvais sujets à ces poisons que la médecine peut employer avec succès, et toute son application étoit de les rendre utiles. Il pensoit sur-tout que le plus sûr moyen de rendre les peuples meilleurs, c'est de leur faire aimer le gouvernement, en les rendant heureux. C'est pourquoi, dans les temps de tranquillité, il s'appliquoit plus que jamais à la police de son royaume.

Il s'appliquoit donc à faire fleurir l'agriculture et les arts;

Il faisoit fleurir l'agriculture; il favorisoit les arts et les lettres; il établissoit des manufactures. Sa marine, qu'il avoit rétablie, protégeoit les vaisseaux marchands; et le commerce intérieur devenoit tous les jours plus facile, parce que Henri rendoit les rivières navigables, qu'il bâtissoit des ponts et qu'il réparoit les chemins. Il commença le canal de Briare, pour communiquer de la Seine dans la Loire; et il en vouloit faire un autre de l'Aude à la Garonne, pour joindre en quelque sorte les deux mers. Rien ne me paroît plus sage que les réglemens qu'il projetoit, pour corriger les longueurs, les formalités, les frais et tous les abus dans l'administration de la justice. Vous les trouverez dans les mémoires de Sulli.

On eût dit que l'ame de Henri se multiplioit dans ses sujets. L'activité se répandoit par-tout : les peuples devenoient insensiblement appliqués, laborieux, industrieux. Les Français étoient enfin des citoyens, eux qui, quelques années auparavant, sans mœurs, sans patrie, vivoient de brigandages; tout le royaume bénissoit la main qui le gouvernoit.

Et les Français devenoient citoyens.

Cependant les courtisans et tous les intrigans de cour ne cessoient de calomnier le ministre, qui l'aidoit presque seul dans ses projets et dans ses établissemens. Le roi, que les calomnies ne ménageoient pas, consoloit Sulli, en lui rapportant les propos auxquels il étoit exposé lui-même, et le rassuroit par la confiance qu'il lui avoit donnée, et qu'il lui conservoit. Il naissoit

S'il avoit quelquefois des vivacités avec Sulli, qui contrarioit ses goûts, il l'en aimoit davantage.

pourtant quelquefois entre eux de petites altercations : mais elles se dissipoient facilement, parce qu'elles n'avoient pour causes que les oppositions que Henri trouvoit dans son ministre. Sulli lui faisoit des remontrances assez vives, lorsqu'il n'approuvoit pas ses goûts. Le roi l'ayant un jour quitté avec humeur, parce qu'il avoit été contredit, vint le lendemain pour lui proposer des choses sur lesquelles il s'attendoit encore à de nouvelles contradictions. Sire, lui dit Sulli, apparemment que votre majesté a bien pensé à ce qu'elle veut, et je n'ai qu'à obéir. Je vois bien, reprit le roi, que vous êtes encore fâché d'hier : mais je ne le suis pas, moi. Embrassons-nous. Je veux me fâcher, je veux que vous le souffriez ; et je veux que vous me contrariez, pour me fâcher encore. Car, si vous aviez plus de complaisance, vous me seriez peu attaché, et vous ne m'aimeriez guère. Nos dépits, lui disoit-il quelquefois, ne doivent jamais passer les vingt-quatre heures.

Calomnie du jésuite Cotton, contre ce ministre. Les jésuites voyoient avec chagrin à la tête des affaires un huguenot zélé pour le service du roi ; ils auroient mieux aimé un catholique intrigant. Il y avoit plusieurs provinces qui refusoient de le recevoir, et la ville de Poitiers avoit sur-tout fait de grandes difficultés. Le père Cotton, que le roi avoit pris pour confesseur, voulut lui faire entendre que toutes ces oppositions étoient l'ouvrage de Sulli, gouverneur de Poitou. Henri, ayant rejeté cette calomnie, qu'il reprochoit à ce jésuite de croire trop facilement; Dieu me garde, dit Cotton, de parler mal de ceux à qui votre majesté donne sa confiance. Mais enfin je suis en état de justifier ce que j'avance. Je le prouverai par des lettres de M. de Sulli. Je les ai vues, et je les ferai voir à votre majesté. Il fut pris au mot, et il promit de les apporter : il vouloit cependant être cru sur sa parole ; mais le roi demandoit les lettres, et Cotton vint le lendemain lui dire qu'elles avoient été brûlées par mégarde.

C'est ainsi qu'on hasardoit souvent des calomnies contre ce sage ministre, et quelques-unes laissoient quelquefois des nuages, qui duroient vingt-quatre heures. On imagina de nouveaux artifices.

Les princes, les jésuites, les ministres, *Artifices qu'on emploie pour*

rendre Sulli sus-
pect au roi, et
qui eut quelque
effet.
1604.

les financiers, les brouillons, tous les courtisans en un mot, qui s'étoient toujours appliqués à le noircir, commencèrent à ne parler de lui qu'avec de grands éloges. Jusqu'alors il avoit paru sévère, dur, brutal même : tout-à-coup il étoit devenu doux, honnête, prévenant. On ne parloit plus que du grand nombre d'amis qu'il acquéroit tous les jours, de sa considération chez l'étranger, de son crédit parmi les huguenots, de son courage, de son esprit, de ses talens, de ses ressources, etc. Le roi, qui n'étoit pas en garde contre cet artifice, fut étonné de ce concert de louanges. Il ne comprenoit pas comment Sulli pouvoit avoir acquis tant de personnes de différens caractères, auparavant ses ennemis déclarés ; il appréhenda d'avoir fait naître, par trop de faveur, l'ambition dans l'ame de son ministre ; et il montra quelque inquiétude. Aussitôt on lui communiqua des libelles contre Sulli : c'étoient des calomnies hors de toutes vraisemblances, et qui n'auroient fait aucune impression, si l'esprit du roi n'eût été préoccupé.

1605

Sulli desirant d'éclaircir cette intrigue,

écrivit au roi, et en reçut une réponse, qui désavouoit toute inquiétude, et qui cependant en laissoit soupçonner. Mais comme on lui promettoit un éclaircissement à la première entrevue, il résolut d'attendre, et il attendit inutilement : car on ne lui parla de rien. Cependant Henri se trouvoit le plus embarrassé : il auroit voulu que Sulli eût parlé le premier, et Sulli s'obstinoit à se taire. Enfin le roi rompit le silence. Un jour que le surintendant le quittoit : vous n'avez rien de plus à me dire, lui dit-il ; mais moi, il faut que je vous parle. Je ne puis souffrir le froid avec lequel nous vivons depuis un mois. Je vois que je me suis laissé prendre aux artifices de vos ennemis, qui sont les miens. Je vais donc vous ouvrir mon cœur, ouvrez-moi le vôtre. Honteux d'avoir été trop crédule, il lui rendit toute sa confiance, et il ne fut plus possible aux courtisans de l'altérer. Il est difficile de choisir ses ministres; et quand on a bien choisi, il l'est encore plus de s'en tenir à son choix. Réfléchissez là-dessus, Monseigneur, et tenez-vous en garde contre les intrigues.

Henri avançoit par des négociation la révolution qu'il desiroit.

Plus tout florissoit au-dedans du royaume, plus le roi portoit son attention au-dehors. Il ménageoit ses anciens alliés, il en acquéroit de nouveaux; il maintenoit la paix entre eux : devenu l'arbitre de leurs différends, il les unissoit de plus en plus; et préparant de loin les conjonctures favorables à ses desseins, il avançoit insensiblement les temps qu'il desiroit. Une lettre que Sulli, étant à l'assemblée de Châtellerault, écrivoit au roi au mois d'août, nous apprend où en étoient alors toutes ces négociations, dont le but étoit toujours le desir de former la république chrétienne. Il rappelle au roi les conversations qu'il avoit eues à ce sujet avec Élisabeth, lorsqu'il passa par ses ordres à Douvres. Il lui rappelle encore, qu'ayant été envoyé ambassadeur en Angleterre, il communiqua les intentions de sa majesté au roi Jacques, ainsi qu'aux députés du roi de Danemarck, de celui de Suède, des Vénitiens, du comte Maurice et des états-généraux; que long-temps après son retour, il en fit part au landgrave de Hesse et au prince d'Anhalt, envoyés des protestans d'Allemagne auprès du roi ; que dans la suite, il s'en ouvrit encore avec le député du duc de Savoie, et qu'il en dit même quelque chose au nonce. Or toutes ces puissances approuvoient les vues de Henri, et offroient de les favoriser.

Pendant les années 1605 et les suivantes, les négociations continuèrent, toujours par l'entreprise de Sulli : car les autres ministres n'étoient pas dans l'entière confidence du roi. Elles se faisoient avec beaucoup de précautions. Henri, qui ne s'ouvroit pas de tous ses desseins avec Villeroi et Silleri, n'avoit garde de les communiquer indifféremment à toutes les puissances, avec lesquelles il traitoit. Son plan de conduite étoit de ne les leur déclarer que les uns après les autres, et qu'autant que les circonstances seroient favorables à l'exécution. Il vouloit que le succès du premier dessein préparât le succès du second, et ainsi de suite ; en sorte qu'il fût toujours le maître de temporiser, ou même de s'arrêter, si des obstacles imprévus ne lui permettoient pas de continuer sans exposer son royaume. Car il avoit pour maxime, que les plus grands

Avec quelle sagesse il conduisoit ces négociations.

projets déshonorent un prince, s'ils deviennent ruineux pour son peuple.

Elles devoient nécessairement produire quelque grande révolution.

Ainsi, quoique la république chrétienne fût le premier desir du roi, elle étoit cependant le dernier dessein qu'il devoit former. Il falloit bien des mesures et bien des préparatifs avant d'oser l'entreprendre : il falloit sur-tout que les puissances qui se seroient unies, sans porter leur vue si loin, se trouvassent trop engagées pour reculer. Mais quel que fût l'événement, il est au moins certain que Henri ne risquoit rien ; et que la circonspection avec laquelle il se conduisoit, devoit produire quelque chose d'utile et de grand. Il faut bien se souvenir qu'en se préparant à tout, on ne devoit tenter un dessein, qu'autant que celui qui le devoit précéder, se trouveroit exécuté, ou seroit sur le point de l'être.

Instructions données aux ambassadeurs.

Vous trouverez dans les mémoires de Sulli, les instructions données aux ambassadeurs qui furent envoyés aux États Généraux et aux princes d'Allemagne. Ce sont des modèles. Ces ministres, avant de partir conférèrent ensemble pour en bien saisir l'esprit, et reçurent du roi et de Sulli tous les éclaircissemens, dont ils pouvoient avoir besoin. Rendus dans les cours où ils devoient négocier, ils se communiquoient réciproquement leurs observations; et chacun d'eux rendoit compte au roi de ce qu'il avoit fait. Par ce concert, un même esprit dirigeoit toutes leurs opérations.

Paroissant n'avoir d'autre objet que de renouveler les anciennes amitiés, alliances et confédérations, et s'en tenant d'abord à des propositions générales, sans montrer aucun dessein particulier, ils devoient ensuite, comme d'eux-mêmes, jeter dans la conversation quelques propos, pour sonder l'esprit et les intentions des différens princes : s'ouvrant plus ou moins, suivant qu'ils leur trouveroient des dispositions plus ou moins favorables, et ne hasardant rien sans de nouveaux ordres, lorsqu'ils les soupçonneroient tout-à-fait contraires aux vues du roi.

L'Angleterre, les Pays-Bas et l'Allemagne avoient en général trop d'intérêt à l'abaissement de la maison d'Autriche, pour se refuser aux desseins de Henri. Les Vénitiens et le duc de Savoie s'étoient dé-

Dispositions où étoient les puissances de l'Europe.

clarés. Les propositions qu'on vouloit faire aux Suisses, étoient si avantageuses, qu'on ne pouvoit présumer aucune résistance de leur part. Le pape, qui ne se déclaroit pas encore ouvertement, laissoit voir qu'il se joindroit à la ligue, aussitôt qu'il en verroit les premiers succès. Les rois de Danemarck et de Suède y étoient entrés. Enfin les peuple de Hongrie, de Bohême, de Moravie, et autres, las du joug de la maison d'Autriche, attendoient avec impatience les effets de cette association.

<small>Au-dehors comme au-dedans du royaume, tout paroissoit préparer l'exécution des grands projets de Henri.</small>

Quelque bon ordre que le roi eût mis dans ses états, il eût été trop foible pour une si grande entreprise, s'il eût été privé de tout secours étranger : mais aussi, avec un grand nombre d'alliés, il eût été foible encore, si son royaume n'eût pas été tranquille et puissant. Ce qui paroissoit lui répondre du succès, c'est que par les mesures qu'il avoit prises, tout, au-dehors et au-dedans, concouroit à ses desseins : il avoit d'ailleurs de grands fonds amassés dans le cours de plusieurs années, une grande provision d'armes et de munitions, d'excellens soldats, son nom, son courage et ses talens.

Toutes ces négociations, qui auroient réussi par la seule sagesse avec laquelle elles étoient conduites, devinrent encore plus faciles par des circonstances, qui furent pour le roi l'occasion d'une nouvelle gloire.

Le sénat de Venise avoit porté des décrets pour empêcher que les ecclésiastiques n'acquissent peu-à-peu tous les biens de la république, et ne remplissent les villes et la campagne d'églises et de monastères. Dans le même temps on avoit arrêté deux scélérats, l'un chanoine, l'autre abbé; et on les avoit remis au juge laïc, pour leur faire leurs procès. Paul V, qui raisonnoit sur les principes de ses prédécesseurs, fulmina une excommunication contre le sénat qui refusoit de révoquer ses décrets, et de remettre les deux prisonniers entre les mains du nonce. On arma de part et d'autre, et toute l'Italie attendoit avec inquiétude la résolution que prendroient la France et l'Espagne. Philippe III eût voulu entretenir ou même accroître ces troubles : mais Henri s'étant porté pour médiateur, fit sentir au pape qu'il avoit été trop vîte et trop loin, et termina tout différend. Le sénat applaudit à la sagesse du roi; toute l'Italie crut lui devoir son repos; et le pape fut bien aise de pouvoir, en sauvant l'honneur du saint siége, lever une excommunication, dont il étoit plus embarrassé que les Vénitiens.

<small>Arbitre entre les états généraux et le roi d'Espagne, il fait conclure une trève de douze ans.</small>

Cette affaire étoit à peine finie, que les états généraux et le roi d'Espagne eurent aussi besoin de la médiation de Henri.

L'archiduc Albert d'Autriche, successeur d'Alexandre Farnèse au gouvernement des Pays-Bas, avoit épousé Isabelle, fille de Philippe II, et en avoit eu pour dot la Bourgogne et les Pays-Bas, à condition que ces provinces retourneroient à l'Espagne, s'il n'avoit point d'enfans de sa femme. Comme les Hollandais ne craignoient rien tant que la domination espagnole, ce mariage fut pour eux une nouvelle raison de défendre courageusement leur liberté contre l'archiduc. Cette guerre, qui duroit encore, est sur-tout célèbre par la résistance d'Ostende, dont Albert ne se rendit maître qu'après trois ans de siége. Mais cette perte coûta moins aux Hollandais qu'aux Espagnols, qui en firent d'ailleurs beaucoup d'autres. On prévoyoit dès-lors qu'ils seroient bientôt contraints les uns et les autres de mettre bas les armes par épuisement, et que le roi de France deviendroit leur arbitre.

Henri, qui ne perdoit pas de vue ses desseins, et qui vouloit rendre les Espagnols moins difficiles, commença par faire une ligue offensive et défensive avec les États-Généraux, pour assurer le traité de paix qu'on méditoit. La négociation traîna. Le prince Maurice s'opposoit à la paix, parce qu'il prévoyoit qu'il perdroit de sa considération et de son autorité. Le roi d'Espagne vouloit traiter avec les Hollandais comme avec des sujets, et les Hollandais vouloient être reconnus pour libres et indépendans. Ces difficultés furent vaincues. On fit une trêve de douze ans, et l'Espagne reconnut les Provinces-Unies pour libres et indépendantes.

1609.

Jean-Guillaume, duc de Clèves, de Juliers et de Berg, étant mort peu de temps après la conclusion de ce traité, plusieurs princes prétendirent à sa succession. L'empereur Rodolphe II. qui évoqua la cause à son tribunal, fit mettre ces trois duchés en

Il avoit tout préparé pour ses grands desseins, lorsque la succession aux duchés de Clèves et de Juliers lui fournit l'occasion d'agir.

séquestre, en attendant un jugement définitif. Comme on avoit lieu de craindre qu'il ne voulût s'en saisir pour quelqu'un de sa maison, l'électeur de Brandebourg et le comte Palatin de Neubourg, dont les droits paroissoient les mieux fondés, implorèrent la protection du roi.

Henri n'attendoit alors qu'une occasion, pour entamer ses grands desseins. Assuré de beaucoup d'alliés, il avoit des fonds pour soutenir la guerre pendant trois ou quatre ans, sans mettre d'impôts ; et si elle duroit davantage, ce qui n'étoit pas à présumer, Sulli répondoit de trouver des fonds extraordinaires qui ne chargeroient point le peuple. Il employa donc tout l'hiver à ses préparatifs ; et il pourvut au gouvernement du royaume, pour le temps qu'il seroit absent. Son dessein étoit de donner le titre de régente à la reine, et de former un conseil auquel il laisseroit ses instructions, et qui attendroit ses ordres dans les cas extraordinaires.

1610. Plan de ses opérations. Il alloit ouvrir la campagne au printemps. Pendant que Lesdiguières, avec douze mille hommes de pied et deux mille chevaux, se seroit joint aux troupes du pape, des Vénitiens et du duc de Savoie, il devoit lui-même, avec trente-six-mille hommes de pied, et huit mille chevaux, marcher au secours des héritiers légitimes du duc de Clèves, qui avoient quarante mille hommes de pied et douze mille chevaux, et à qui le comte Maurice amenoit quinze mille hommes de pied et deux mille chevaux.

Les trois duchés ayant été remis à l'électeur de Brandebourg et au comte de Neubourg, les princes d'Allemagne, comme on en étoit convenu, devoient supplier le roi d'appuyer la requête qu'ils vouloient présenter à l'empereur, et par laquelle ils demandoient que l'élection du roi des Romains fût libre, et que les états et villes de l'empire, rentrassent dans toutes leurs immunités. L'électeur de Bavière auroit été élu roi des Romains, et on auroit arrêté qu'à l'avenir la couronne impériale n'auroit jamais passé successivement sur deux têtes d'une même maison.

Lorsque toutes ces choses auroient été terminées, les états de Bohéme et de Hongrie devoient aussi se mettre sous la protection du roi, et présenter une requête à l'Empereur, afin de recouvrer la liberté d'élire eux-mêmes leurs souverains, et d'obtenir qu'il réunît à ces deux royaumes les provinces qui en avoient autrefois fait partie.

Le roi ayant appuyé toutes ces demandes, par sa présence et par ses armées, seroit revenu du côté de Bâle et de Strasbourg, où les Suisses devoient le supplier de joindre à leur association toutes les provinces qui le desircroient, et particulièrement le Tirol, l'Alsace et la Franche-Comté.

Henri se rendoit ensuite dans le Piémont, où, après avoir assuré la Lombardie au duc de Savoie, il cédoit au pape et aux Vénitiens ses droits sur les royaumes de Naples et de Sicile. Enfin il formoit de la même manière la république provinciale, composée des dix-sept provinces et de quelques autres états.

<small>La maison d'Autriche étoit sans force contre la ligue qui se mois de se for- mer.</small> Toutes ces mesures avoient été concertées d'avance avec les puissances intéressées. Cependant la maison d'Autriche étoit

hors d'état de résister à cette ligue. Sans armées, elle n'avoit point de ressource en elle-même. Philippe III, inappliqué, se livroit à tous ceux qui le gouvernoient, et leur abandonnoit un soin dont ils s'acquittoient mal, pour s'oublier lui-même dans des plaisirs et dans des frivolités. Rodolphe II se piquoit d'être astronome, chimiste, souffloit, et vouloit de faire de l'or. L'archiduc Albert, son frère, avoit quelqu'avantage sur eux, parce qu'il étoit au moins un prince médiocre.

Il y a donc tout lieu de présumer que la maison d'Autriche auroit été réduite à l'Espagne, comme on l'avoit projeté. Mais lorsque Henri alloit commencer cette grande entreprise, la république chrétienne ne pouvoit être encore qu'un de ses desirs. Je doute qu'il en eût jamais pu former le dessein avec quelque apparence de succès. Il paroît que le conseil qu'il vouloit établir, auroit été peu propre à maintenir la paix dans la chrétienté : car des puissances armées peuvent soutenir leurs prétentions par les armes, et, par conséquent, elles seront plus capables de se soumettre au jugement d'un

Cependant la république chrétienne ne pouvoit être encore qu'un des desirs de Henri.

tribunal. Il faudroit que la plus grande partie des ligués fût toujours disposée à protéger les arrêts qui seroient rendus. Il faudroit donc qu'il n'y eût jamais entr'eux ni division, ni jalousie, ni ambition. Si Henri eût formé cette république, il est au moins certain qu'elle n'auroit pas subsisté après lui.

<small>Le public ne devinoit point les desseins de Henri.</small>

Il faut que les négociations eussent été conduites avec bien du secret : car lorsque la campagne alloit s'ouvrir, le public ne formoit encore que des conjectures sur les desseins de Henri. Les grands de la cour, quoique les plus curieux, n'en pénétroient pas davantage. Ils voyoient confusément que la maison d'Autriche étoit menacée, mais ils ne pouvoient deviner ni le but que le roi se proposoit, ni les moyens qu'il s'étoit préparés; et dans cette incertitude, ils paroissoient plutôt craindre que desirer des succès.

<small>Le roi ne trouvoit plus d'obstacles que dans les intrigues de sa maîtresse et de sa femme, et des créatures qui leur étoient dévouées.</small>

Ce n'étoit pas assez d'avoir acquis des alliés puissans, et d'avoir arraché toute semence de guerres civiles : le roi, pour être heureux, comme le lui disoit Sulli, et pour n'être point traversé dans ses entreprises, avoit encore besoin de n'être pas troublé par des dissentions domestiques. Car les petites tracasseries, d'abord concentrées dans le palais, sont le germe des factions, qui tôt ou tard déchirent un royaume. Cependant la reine et la marquise de Verneuil, toujours animées l'une contre l'autre, continuoient de diviser la cour; et Henri ne savoit comment se démêler des querelles de ces deux femmes. S'il en eût été aimé, il eût eu de l'empire sur elles : mais l'ambition étoit le seul principe de leur jalousie et de leurs intrigues.

Non seulement la marquise de Verneuil n'aimoit pas le roi, elle en parloit même souvent avec peu d'égards. Ménageant encore moins la reine, elle en méprisoit les enfans, et elle mettoit les siens bien au-dessus. Enfin elle cherchoit un appui dans la maison de Lorraine, dans les Guises, et dans d'autres qui avoient été long-temps les ennemis déclarés de l'état.

La reine, qui fatiguoit le roi de ses plaintes, et qui ne cherchoit pas à lui plaire, se livroit tous les jours davantage à Concini et à Léonora. Ces deux domestiques, insolens par l'empire qu'ils avoient sur leur maîtresse, osoient menacer, si le roi usoit de violence pour les chasser de la cour et du royaume.

Henri, qui s'entretenoit de ces choses avec Sulli, confident de tous ses secrets, eût voulu que cet homme sage eût persuadé à la marquise de Verneuil de prendre un autre ton et une autre conduite. Il eût desiré sur-tout que Sulli eût engagé la reine à montrer plus de douceur et de complaisance, et à renvoyer ce couple qui lui étoit désagréable. J'ai un pressentiment, disoit-il, que cet homme et cette femme causeront un jour de grands maux : car ils montrent des desseins bien au-dessus de leur condition. Cependant je ne veux pas user moi-même d'autorité contre eux, parce que je me verrois bientôt forcé à les traiter avec la dernière rigueur, ou condamné à vivre dans des appréhensions que je vous laisse à conjecturer.

Sulli se promettoit peu de succès dans cette négociation, dont le roi le chargeoit auprès de la reine et de la marquise de Verneuil. En effet, elle n'étoit pas de nature à réussir. Au contraire, les esprits s'aigrirent encore; et les brouilleries allèrent en croissant pendant les années 1608, 1609, et le commencement de 1610.

En 1609, l'ambassadeur de France à Madrid se plaignit du peu de confiance que le roi montroit à son égard. Il avoit découvert qu'on traitoit d'une alliance entre les deux cours, par l'entremise de l'ambassadeur de Toscane, qui étoit à ce sujet en correspondance avec Concini et Léonora. Il parloit aussi d'autres personnes qui se mêloient de cette négociation, et qu'il ne nommoit pas, parce qu'il n'en avoit pas encore assez de certitude. Cependant aux propositions qu'elles faisoient, et à leur assurance, il ne pouvoit douter qu'elles ne fussent autorisées par le roi.

Il découvre une négociation avec l'Espagne.

En cherchant les personnes que l'ambassadeur ne nommoit pas, Henri ne put s'empêcher de soupçonner la reine et Villeroi, qu'il savoit desirer l'alliance avec l'Espagne et désapprouver toutes les autres. Cependant il ne comprenoit pas comment on osoit traiter ainsi avec confiance, sans son aveu, et contre sa volonté connue. On compte apparemment, disoit-il, qu'il me reste peu de jours à vivre. En effet le bruit court que je ne passerai pas ma cinquante-huitième année. C'est la prédiction, dit-on, d'une dévote qui étoit en France il y a peu de temps, et qui, par cette raison, conseilloit à ma femme de se faire couronner. La reine veut faire revenir cette dévote : mais je ne le souffrirai point, non plus que ce couronnement, auquel je vois qu'elle s'opiniâtrera à la sollicitation des Concini.

Il consent au couronnement de la reine, lorsque tout lui donnoit de l'inquiétude pour ses jours.

Les troupes étoient au rendez-vous sur la frontière de Champagne. Cependant Henri, cédant à l'obstination de la reine, consentit au couronnement, et retarda son départ. Ce fut à regret. Ce sacre, disoit-il à Sulli, sera cause de ma mort. Ils me tueront; ils n'ont plus d'autre ressource, et je ne sortirai jamais de cette ville. En effet il n'avoit que trop éprouvé de quoi étoient capables l'Espagne et sa faction. Il voyoit des parties et des intrigues jusques dans son domestique. Il y avoit déjà eu plus de cinquante conspirations contre sa vie. Enfin on lui donnoit avis qu'il s'en tramoit une nouvelle. Ce n'est pas qu'on puisse accuser nommément qui que ce soit. L'horreur croîtroit encore, si on pensoit à ceux sur qui les soupçons tomberoient. Mais au moins tout prouve que les inquiétudes du roi n'étoient pas sans fondement.

Le jeudi 13 mai, le couronnement de la reine s'étoit fait à S. Denis, et son entrée solemnelle devoit se faire le dimanche suivant. Le vendredi, Henri sortit pour aller à l'arsenal voir Sulli, qui étoit indisposé, et pour jeter en passant un coup-d'œil sur les apprêts qui se faisoient pour l'entrée. Il avoit à côté de lui le duc d'Épernon. Sur le devant du carrosse étoit Liancourt et Mirebeau; et aux portières Lavardin, Roquelaure, Montbason et la Force. Le carrosse ayant été arrêté dans la rue de la Ferronnerie par un embarras de charrettes, les valets de pieds prirent par le charnier des Innocens; et François Ravaillac, qui le suivoit, saisissant le moment où personne ne l'empêchoit d'approcher, monta sur les rayons de la roue, et frappa le roi de deux coups de poignard, dont le second fut mortel. Il en porta encore un troisième, que Montbason reçut dans sa manche. Ainsi périt le meilleur des rois, pour qui tous les bons Fran-

1610. Il est assassiné.

çais auroient voulu répandre leur sang.

Cet attentat a été l'effet d'une conspiration.

Sulli ne doutoit pas que cet assassinat ne fût l'effet d'une conspiration. Péréfixe dit qu'elle se tramoit depuis long-temps dans les pays étrangers; et ce qui paroît une preuve, c'est le soin qu'on a eu de faire disparoître l'original des interrogatoires. Cependant quelques-uns croient que Ravaillac n'avoit point de complices, parce qu'ils prétendent qu'il l'a déclaré lui-même, sans varier. Quand cela seroit, ce ne seroit pas une preuve qu'il n'y a pas eu de conspiration. Il faudroit seulement conclure que les conspirateurs n'ont pas été assez maladroits pour lui conseiller d'assassiner; et que connoissant à quoi son fanatisme le pouvoit porter, ils se sont bornés à lui persuader que le roi armoit pour détruire la religion catholique. Or c'est le bruit qu'on faisoit courir. Au reste, quels ont été ces conspirateurs? On l'ignore.

Éloge de Henri IV.

Combien de traverses, combien d'obstacles, combien de périls j'ai mis sous vos yeux, Monseigneur! mais aussi quel courage, quelle prudence, quelle sagesse! Il falloit toutes les vertus de Henri. Voyez les factions qui l'enveloppent dès son enfance. Tout est parti, et chez les Huguenots et chez les Catholiques. Il faut vaincre ses ennemis; et, ce qui est plus difficile, il faut conserver des amis que l'ambition divise, et s'attacher des chefs qui craignent ses succès et son agrandissement. Il est appelé au trône : mais ses sujets le méconnoissent. Son courage, sa générosité, sa franchise les soumettent à sa grande ame : mais le royaume est ruiné; les factions durent encore, et les périls les suivent. Cependant tout fleurit bientôt, et Henri est au moment de donner la loi à l'Europe.

Forcé de bonne heure, par les circonstances, à ne jamais rien négliger, il s'étoit fait une habitude de tout prévoir, de tout observer, et d'être à tout. Le moment favorable ne pouvoit lui échapper, et son expérience lui avoit appris à se préparer de loin des succès. Sa vigilance rendoit ses ministres fidelles, exacts, actifs. Il leur donnoit ses ordres, et il les éclairoit. Il les suivoit dans les opérations, et il les dirigeoit. Les affaires qui se succédoient avec rapidité, se terminoient de même. Rien ne languissoit; et les entreprises, qui se préparoient successivement par l'ordre avec lequel il savoit les conduire, devenoient plus faciles, lors même que devenant plus grandes, elles paroissoient devoir trouver plus d'obstacles. Quelles qu'aient été ses foiblesses, il faut lui rendre justice : jamais l'amour ne lui a fait négliger les soins du gouvernement. Encore faut-il convenir qu'après avoir été vingt-huit ans sans avoir de femme, il en prit une qu'il n'a pu aimer. Si Marie de Médicis eût été d'un autre caractère, Henri eût renoncé à toutes ses amours. Il l'assuroit, et il le pensoit au moins : car il étoit vrai. Ajoutons à ces éloges une observation de Péréfixe : c'est que la douceur avec laquelle il traita les Huguenots, en convertit plus de soixante mille. Il mourut dans la cinquante-huitième année de son âge, et dans la vingt-unième de son règne.

On a douté sans fondement des desseins de Henri.

Je ne dois pas finir, Monseigneur, sans vous avertir que les desseins de Henri paroissent si chimériques, que les meilleurs écrivains modernes les regardent comme des idées vaines, qui ne sont jamais entrées

MODERNE. 467

dans la tête de ce prince. J'ai peur qu'ils n'en jugent eux-mêmes sur des notions trop vagues, et qu'ils ne se soient pas donné la peine d'étudier le plan que Henri s'étoit fait. Il faut ou que Henri ait eu ces desseins, ou que Sulli les lui ait attribués faussement, ou que les compilateurs des mémoires les aient imaginés. Il n'y a que la lecture des mémoires, et une lecture faite de suite et avec attention, qui puisse lever ces doutes. Mais les meilleurs écrivains se contentent quelquefois de parcourir. Comme ils aiment mieux écrire que lire, ils jugent avant d'avoir lu, et leur jugement n'en est pas plus sûr. Il me semble que les desseins de Henri n'ont rien de chimérique dans l'exposition que j'en ai faite. Cependant je n'ai rien dit que d'après Sulli, et je suis bien assuré de n'avoir pas parlé d'après ses seuls compilateurs. (1)

_____

(1) On pourroit soupçonner que c'est après la bataille d'Ivri en 1590, que Henri communiqua pour la première fois des projets au duc de Sulli. Il falloit bien qu'il parlât de choses qui parussent chimériques, puisque, pour se justifier, il distingua entre ses desirs et ses desseins : mais

les compilateurs des mémoires ne disent point quel étoit alors le sujet de la conversation. Ils disent au contraire, qu'autant qu'ils peuvent le savoir, le roi ne s'ouvrit sur ses grands desseins qu'à son retour de la guerre de Savoie. En effet, c'est depuis ce temps qu'il paroît s'en être occupé plus sérieusement ; et tous les mémoires où Sulli les expose, sont postérieurs à l'année 1600. Lorsque Henri avoit eu sur ce sujet une conversation avec Sulli, il le chargeoit de faire un mémoire où le plan de ses projets fût exposé dans tous ses détails. Nous en avons au moins huit, en forme de lettres adressées au roi par Sulli. On y trouve beaucoup de répétitions : mais on y voit aussi le développement et le progrès des idées et des négociations. Dans tous, la république chrétienne est le premier desir en intention et le dernier dessein en exécution. C'est le but auquel on rapportoit tout : mais Sulli remarque souvent que par les mesures que le roi prenoit, il seroit toujours le maître de s'arrêter où il voudroit, et de n'aller d'entreprises en entreprises qu'autant que les circonstances lui seroient favorables. Quand on doit se conduire avec autant de sagesse, il est permis de former des desseins même chimériques, à plus forte raison, est-il permis d'avoir pour but de tous ses desirs, un bien qu'on ne pourra peut-être jamais faire.

Henri rejeta lui-même l'idée de sa république chrétienne, la première fois qu'elle s'offrit à son esprit. Cependant il s'y arrêta dans la suite, persuadé que ses desirs devoient le mener à quelque chose de grand. Mais les premières personnes, auxquelles il s'en ouvrit, crurent qu'il badinoit, ne pouvant imaginer qu'il eût véritablement de pareilles vues. Sulli, qui lui rappelle ces choses dans un de ses mémoires, convient en effet que les desseins de Henri doivent paroître extraordinaires ou mêmes extravagans; et il dit souvent que pour en juger, il faut bien méditer la manière dont ils devoient être conduits. Le roi étoit si éloigné de rien précipiter, qu'en 1603 ses desseins n'étoient encore pour lui que des desirs; et jusqu'alors, il n'en avoit fait des ouvertures à quelques puissances, que dans la seule vue de sonder les esprits.

Outre les mémoires, dont j'ai parlé, il y a encore plusieurs conversations de Sulli avec le roi, celles qu'eut ce ministre avec la reine Élisabeth, les instructions qui lui furent données pour son ambassade auprès du roi Jacques, et les instructions des ambassadeurs envoyés depuis en Allemagne. Les desseins que j'ai attribués à Henri, sont encore répétés et développés dans toutes ces pièces. Je ne vois donc pas comment il pouvoit rester quelque doute.

Fin du quatrième volume.

TABLE DES MATIÈRES.

HISTOIRE MODERNE.
LIVRE ONZIÈME.

CHAPITRE PREMIER.

Des principaux états de l'Europe depuis l'avénement de Charles-Quint à l'empire jusqu'au concile de Trente, pag. 1.

François I et Charles-Quint briguent l'empire. Celui-ci paroissoit un chef moins redoutable. Il est élu. Les électeurs lui font jurer une capitulation. Sujets de-guerre entre François et Charles. Embarras de Léon X entre ces deux princes. L'un et l'autre recherchent Henri VIII, qui peut faire pencher la balance. Entrevue de François I et de Henri VIII. Charles-Quint gagne la confiance de Henri et de Wolsei. Troubles dans les états de Charles-Quint. Il tient une diète à Worms; il cède l'Autriche à Ferdinand son frère. État des choses en 1524. Charles-Quint, occupé de ses affaires pendant que François est à ses plaisirs, forme une ligue de toutes les puissances. La confiance que François donne à sa mère est funeste à la France. Il devoit se tenir sur la défensive dans l'assurance de diviser bientôt ses ennemis. Pour avoir tenu une conduite différente, il est vaincu et fait prisonnier. La France se trouvoit épuisée. Mais l'empereur étoit sans ressources. Après les plus grands succès, il ne peut rien entreprendre. Il craignoit Soliman II, qui avoit eu des succès, et à qui les troubles de l'Allemagne paroissoient en préparer de nouveaux. L'Italie forme une ligue contre lui. Il aliène Henri VIII qui fait alliance avec la France. Conduite de Charles-Quint avec son prisonnier. Le roi recouvre la liberté. Les états de Bourgogne réclament contre l'aliénation de cette province. La guerre finit par la désunion des ligués. Mort du duc de Bourbon. Sac de Rome. Depuis la victoire de Pavie, Charles-Quint est moins grand. La diversion que Soliman II faisoit en Hongrie avoit forcé Charles-Quint à la paix. Les Luthériens protestent dans la diète de Spire. Ils présentent leur confession de foi à celle d'Augsbourg. Ils forment la confédération de Smalcade. Ils font la loi à Charles-Quint. Combien il se trompoit, lorsqu'il se flattoit de subjuguer les princes de l'empire en semant les divisions. Progrès du luthéranisme en France. Circonstances qui lui sont favorables. François I fait brûler en France les Protestans, qu'il protège en Allemagne. Le luthéranisme avoit aussi des partisans en Angleterre, et l'ouvrage de Henri VIII

contre Luther, en augmente le nombre. Henri VIII
avoit épousé Catherine veuve de son frère et tante
de Charles-Quint. Il a des scrupules sur son mariage. Il devient amoureux d'Anne de Boulen. Alors plus scrupuleux, il sollicite son divorce. Situation embarrassante de Clément VII. Il songe
à se faire un mérite de son refus auprès de l'empereur. Pour cela il feint de se prêter au divorce.
Mais il s'y refuse, lorsqu'il a obtenu de Charles-
Quint tout ce qu'il desire. Henri consulte les universités sur son divorce. Il casse son mariage, et
le pape l'excommunie. Mais les circonstances sont
toutes en sa faveur, et le parlement lui donne une
jurisdiction spirituelle sans bornes. On applaudit
en général à ce changement : mais les plus sages
en prévoient les conséquences. Il étoit à craindre
que le peuple séduit n'abandonnât la vérité comme
l'erreur. Les Anglais n'ont point de plan de réforme, et s'accordent seulement à rejeter l'autorité de l'église. Alors chacun devient juge de la
doctrine. Chacun se fait une profession de foi, ou
croit d'après sa nourrice. Cependant Henri se proposoit de conserver la foi Catholique. Le parti des
Catholiques, et le parti des Protestans flattent
Henri, chacun dans l'espérance de le gagner. Plus
il montre de déférence, plus il accroit son autorité, et il sévit impunément contre les uns et
contre les autres. Imposture d'Élisabeth Barton,
nommée la sainte fille de Kent. Elle fut l'occasion
de la suppression des ordres monastiques. A la naissance du luthéranisme il faut connoître les royaumes du nord. Ils étoient électifs. Marguerite, la
Sémiramis du nord. Dans les états de Calmar, elle

fait la réunion des trois royaumes. Après elle, cette réunion est une source de guerres. La Suède rompt l'union. Léon X l'excommunie. Perfidie de Christian II, le Néron du Nord. Après la victoire, il s'autorise de la bulle de Léon pour commettre des cruautés. Il fait égorger quatre-vingt-quatorze sénateurs ou gentils-hommes de Suède. Gustave Wasa dans la Dalécarlie. Il se rend maître de la Suède. Les états de Danemarck déposent Christian II. Circonstances favorables aux luthéranisme. Comment il s'établit dans le nord. Depuis 1535 jusqu'à la mort de François I, la France n'offre rien d'important. Henri VIII fait périr sur l'échafaud Anne de Boulen, et il épouse Jeanne Seymour. Il casse son mariage avec Anne de Clèves. Il fait périr Catherine Howard. Il épouse Catherine Par. Ses décisions capricieuses et changeantes en matière de religion ne trouvent point de résistance. Avec des vertus, il n'a été qu'un tyran. Fausse politique de Charles-Quint. Ses succès en Afrique. Ses revers dans la guerre qu'il fait à François I. Il passe par la France pour aller soumettre les Gantois. Il perd une flotte, pendant que son frère est défait par les Turcs. Nouvelle guerre bientôt terminée. Convocation du concile de Trente.

CHAPITRE II.

Du luthéranisme vers les temps du concile de Trente, pag. 62.

Il étoit facile de prévenir les erreurs où Luther n'étoit pas encore tombé. Leon devoit prévoir que la persécution porteroit à tout oser un homme que les diètes approuvoient et l'élection de Saxe protégeoit. Au lieu d'un concile, qui pouvoit encore étouffer l'hérésie, on fait brûler les livres de Luther. C'est alors qu'il devient hérésiarque. Le nombre de ses partisans est si grand qu'on n'ose plus sévir. Adrien VI demande que la diète de Nuremberg sévisse contre Luther. Aveux de ce pape. La diète répond par un mémoire qui contient cent griefs contre la cour de Rome. Luther se prévaut des aveux d'Adrien VI. Clément VIII et Paul III s'occupoient peu des maux de l'église. Ni le pape ni l'empereur ne vouloient sérieusement un concile. L'ambition de Charles-Quint entretenoit tous les désordres. Temps où Charles-Quint voudroit le concile. Les Protestans ne veulent pas qu'il se tienne en Italie, parce que le pape seroit juge et partie, et ils veulent qu'il se tienne en Allemagne, où ils seront juges et parties. Imprudence de Paul III, qui le convoque à Mantoue. Il s'ouvre à Trente; mais les Protestans ne le reconnoissent pas. Si le concile n'extirpe pas l'hérésie, quel parti faudra-t-il prendre? Faut-il exterminer les Turcs, les Perses, les Indiens et les Chinois, parce qu'ils ne sont pas Chrétiens? Au temps du concile de Trente les Protestans étoient des nations. On armera contre les Protestans, l'événement fera voir on a eu raison.

CHAPITRE III.

Depuis l'ouverture du concile de Trente jusqu'à la mort de Henri II, roi de France, pag. 75.

Ambition peu raisonnée de Charles-Quint. Charles-Quint et Paul III ne pensoient ni l'un ni l'autre à donner la paix à l'église. Conduite équivoque de Charles-Quint, avec la diète de Worms et avec le concile de Trente. Les pères de Trente en sont offensés. Mais Paul III dissimule, parce qu'il veut obtenir des principautés pour ses fils. Il donne le duché de Parme à Pierre-Louis Farnèse. Charles-Quint paroît vouloir que le concile commence par la réforme. Les pères conviennent de traiter tout-à-la-fois du dogme et de la réforme. Paul III en est effrayé sans fondement. Charles-Quint cesse de dissimuler avec les Protestans. C'est qu'il venoit de faire une ligue avec le pape. Mais en armant contre les Protestans, il dissimule que la religion en est le prétexte. Il prend pour prétexte une guerre civile. Cependant une bulle de Paul III déclare qu'on arme pour soumettre les Protestans à l'église. Les Protestans laissent échapper l'occasion d'écraser l'empereur. Maurice se rend maître de la Saxe que l'électeur lui avoit confiée. Jean Frédéric est fait prisonnier; et la Saxe est assurée à Maurice. Le landgrave de Hesse se livre, et Charles-Quint se croit maître dans l'empire. Le concile étoit suspendu. L'empereur et le pape se désunissoient. Charles-Quint persécute pour faire recevoir son *interim*. Il met la division dans sa maison et force les princes à se réunir. L'Angleterre ne pouvoit donner des secours aux Protestans qui cherchoient l'appui d'une puissance étrangère. L'hérésie y faisoit des progrès pendant la minorité d'Édouard VI. Sous prétexte de réformer, on y supprimoit tout culte extérieur. La régence qui vouloit prendre un juste milieu, mécontentoit toutes les sectes. Il y avoit encore bien des troubles. Henri II entre dans la ligue des Protestans d'Allemagne. Maurice en étoit le chef. Sécurité de l'empereur qui porte la guerre en Italie. Maurice se déclare. Fuite d'Inspruck. Transaction de Passaw. Henri II avoit conquis les trois évêchés. L'empereur lève le siége de Metz. Il continue de faire la guerre à Henri II. Édouard VI étoit mort regretté. Marie, fille de Catherine d'Arragon, lui avoit succédé. Son mariage avec Philippe. Combien les Anglais craignoient la maison d'Autriche. Marie entreprend de rétablir la religion catholique. Sa passion pour Philippe. Elle tente inutilement de le faire reconnoître roi d'Angleterre. Réconciliation trop précipitée de l'Angleterre avec l'église. Persécutions en Angleterre, dans les Pays-Bas et en France. La diète d'Augsbourg assure en Allemagne la liberté de conscience. Charles-Quint abdique ses états. Trève avec la France. Fin de la guerre d'Italie. Il abdique l'empire. Les intrigues de Paul IV font recommencer la guerre. Marie donne des secours à Philippe. Bataille de S. Quentin, où le connétable de Montmorenci est fait prisonnier. Le duc de Guise enlève Calais aux Anglais. Prétentions de Paul IV, à l'occasion de l'abdication de Charles-Quint à l'empire. Elles étoient conformes aux préjugés des électeurs ecclésiastiques, et de Ferdinand, même. Charles-Quint fait ses obsèques la veille de sa mort. Pertes faites pendant son règne. Paix de Cateau-Cambresis. Mort de Henri II.

CHAPITRE IV.

Des principales puissances de l'Europe pendant le règne de François II, roi de France, p. 113.

A la fin du quinzième siècle les puissances de l'Europe ne connoissoient ni leurs intérêts ni leurs forces. On craignoit une puissance, parce qu'elle osoit entreprendre. Elle osoit entreprendre, parce qu'on la craignoit. Dans le seizième siècle avec la même ignorance, elles n'ont que de l'inquiétude, et ne forment que des entreprises ruineuses. On diroit que le hasard dirige toutes leurs démarches. Elles sentent le besoin de faire des alliances, et n'en savent pas faire. L'art de négocier n'est pour elles que dissimulation, et fausseté. Les temps les plus malheureux sont les plus instructifs. C'est de Londres qu'il faut considérer les malheurs du reste de l'Europe. Prison d'Élisabeth. Pourquoi Philippe II lui avoit fait rendre la liberté. Amour des Anglais pour elle. Sa générosité. Conduite imprudente et orgueilleuse de Paul IV. Élisabeth trouvoit les esprits soumis à ses volontés, et disposés à la réforme. Et ne précipitant rien, elle réussit à rendre sa religion dominante. Le parlement la déclare juge suprême en matière de religion, et elle nomme une commission pour exercer son autorité. Les factions de la cour de Henri II devoient avoir des suites funestes. Sous François I, les femmes avoient commencé à jouer un rôle à la cour.

Ce prince y avoit attiré les prélats et les beaux esprits. Ce que devoit produire cet assemblage. Les mœurs de la cour de François I ont été favorables à la propagation du luthéranisme. Pourquoi les prélats de la cour donnoient des conseils sanguinaires à François I. Comment le père Daniel juge de la religion de François I. Ce jugement n'est qu'une prostitution. Henri II a été encore plus sanguinaire que François I. Deux factions principales divisoient la cour de François I. Deux factions divisoient aussi celle de Henri II. Sous François II les Bourbons forment une nouvelle faction. Celle des Guises a pour appui Marie Stuart, et Catherine de Médicis se joint à eux. Cependant le calvinisme faisoit des progrès rapides. Le parlement représentoit l'inutilité des supplices. Jugement du père Daniel sur les remontrances du parlement. Henri II prend ses victimes dans le parlement. La condamnation d'Anne Dubourg va faire prendre les armes aux Huguenots. Cependant l'Angleterre étoit tranquille, quoiqu'elle eût changé quatre fois de religion. Condé chef des Huguenots. On pouvoit déjà prévoir les calamités qui menaçoient la France. Conspiration des Huguenots contre les Guises. Elle est éventée. Condé arrêté, est remis en liberté. Catherine de Médicis, en croyant ménager les deux partis, déplaît à tous deux. Le chancelier de l'Hôpital empêche d'établir l'inquisition en France. Assemblée de Fontainebleau. Résultat de cette assemblée. Condé arrêté et condamné dans les états d'Orléans. La mort de François II lui rend la liberté. Le gouvernement toujours plus divisé par les factions, dégénère en anarchie. Les baillis d'épée perdent l'administration de la justice : Causes qui concouroient à produire des guerres civiles. Les Pays - Bas qui avoient fait partie de la France, en avoient été séparés. Les souverains n'y avoient pas une autorité absolue. L'*interim* de Charles - Quint y commence les désordres. Le caractère des Flamands ne les portoit pas à la révolte. Ces peuples avoient des priviléges, qui bornoient l'autorité du souverain. Comment Philippe II, eût pu accroître son autorité. Il emploie d'autres moyens. Établissement de l'inquisition. Objet de ce tribunal. Comment il procède. Ce tribunal est odieux par sa nature. Premier acte des inquisiteurs. Pourquoi ce tribunal s'établit sans obstacle en Espagne. Vœu de Philippe II. *Auto-da-fé* dont il goûte le spectacle. Jugement de l'inquisition contre des personnes qui avoient été attachées à Charles-Quint. Cruautés de Philippe qui gouverne en inquisiteur. Il auroit dû prévoir la difficulté d'établir l'inquisition hors de l'Espagne. Le cardinal Granvelle se rend odieux aux Flamands, qui craignoient déjà Philippe et l'inquisition. Ils demandent qu'on retire les troupes espagnoles. Philippe est forcé à y consentir. La crainte de l'inquisition fait embrasser le luthéranisme aux Flamands. Ils le défendront avec fanatisme. En Allemagne Ferdinand est forcé à confirmer la paix de religion.

CHAPITRE V.

Des principales puissances de l'Europe depuis l'avénement d'Élisabeth au trône d'Angleterre jusqu'à la paix de Vervins, pag. 165.

La mort de François II dissipe les projets du duc de Guise sur l'Angleterre. Marie Stuart se prépare à retourner en Écosse. Le calvinisme avoit dès sa naissance porté de nouveaux troubles en Écosse sous Jacques V père de Marie. Après la mort de Jacques, Marie de Lorraine sa veuve se saisit de la régence. Les Calvinistes d'Écosse conjurent la ruine des Catholiques, lorsqu'ils apprennent les persécutions que Marie, reine d'Angleterre, fait aux Protestans. Marie de Lorraine est trop foible pour combattre le fanatisme qui passe d'Angleterre en Écosse. A l'avénement d'Elisabeth les Protestans écossais se flattent de trouver une protection dans cette reine. Jean Knox allume encore leur fanatisme. Il les arme, et les grands sont à leur tête. Ils publient un acte, par lequel ils ôtent la régence à Marie de Lorraine et ordonnent aux troupes françaises de sortir du royaume. Elisabeth leur donne des secours. Traité conclu à Edimbourg avec les rebelles. Ils abolissent dans un parlement la religion catholique. Marie Stuart arrive en Ecosse. Sa présence paroît calmer le fanatisme ; mais ce n'est que pour un moment. Elle recherche l'amitié d'Elisabeth, qui est son ennemie par politique et par jalousie. Elle négocie avec elle sans succès. Combien Elisabeth étoit jalouse de son autorité. C'est pourquoi elle se résolut à vivre dans le célibat, sans néanmoins ôter toute espérance à ceux qui aspiroient à sa main. Dans des circonstances, bien différentes de celle de Marie Stuart, elle fait de grandes choses. Triumvirat en France au commencement du règne de Charles IX. Catherine de Médicis, qui craint les triumvirs, veut s'attacher le roi de Navarre. Colloque de Poissi. Conversion du roi de Navarre qui s'unit aux triumvirs. Alors Catherine passe dans le parti des Huguenots et fait donner un édit en leur faveur. Philippe II désapprouve cet édit. Les chefs des deux partis se retirent de la cour. Commencement de la guerre civile. Condé, à la sollicitation de Catherine, arme contre les triumvirs, qui se sont saisis de la personne du roi. Il obtient des secours d'Elisabeth, à qui il livre le Havre. Bataille de Dreux où Condé et le connétable sont faits prisonniers. Le duc de Guise assassiné par Poltrot. Les deux partis ayant fait la paix reprennent le Havre. Fin du concile de Trente. Élisabeth fait la paix avec la France. Elle donne de fausses marques d'amitié à Marie Stuart. La reine d'Écosse épouse le lord Darnley. Élisabeth, qui avoit paru approuver ce mariage, veut l'empêcher. Sa conduite enhardit les mécontens à se révolter. Ils sont forcés à se retirer en Angleterre. Élisabeth les désavoue, quoiqu'elle leur eût promis des secours. Le cardinal de Lorraine empêche Marie de traiter les rebelles avec clémence. Alors l'entrevue de Bayonne et d'autres circonstances effrayoient les Huguenots de France. Marie convoque un parlement pour juger les rebelles. Mais elle va devenir criminelle. Caractère de Henri son mari. La reine d'Écosse accorde imprudemment trop de confiance à David Rizzio. Henri fait assassiner Rizzio. Marie ne respire que la vengeance. Elle pardonne à tous, et regagne la confiance de son mari pour se venger sur lui. Mais lorsqu'elle lui a fait faire des démarches qui le rendent méprisable, elle s'en sépare. Elle accouche d'un fils. Effet que produit sur Elisabeth la nouvelle de ces couches. Les Anglais demandent qu'Élisabeth se marie ou règle la succession. Les vœux d'un grand nombre se déclaroient pour Marie. Caractère de Botwel. Il assassine Henri, et Marie l'épouse. Soulèvement des Ecossais. Marie prisonnière. Elle est forcée à signer son abdication. Élisabeth s'attendrit sur son sort, et veut lui procurer la liberté. Un parti se forme en faveur de Marie. Elle est délivrée : mais son parti est vaincu, et elle fuit en Angleterre. Élisabeth refuse de la voir, jusqu'à ce qu'elle se soit justifiée, à quoi Marie consent. Murrai, régent d'Écosse, vient à Londres. Marie veut retirer son consentement. On confère sur les accusations. Les conférences ayant été rompues, Marie demande inutilement des secours, ou la permission de se retirer en France. Alors la guerre avoit recommencé en France et dans les Pays-Bas. Le comte d'Egmont avoit porté au roi d'Espagne les plaintes des Flamands. Philippe II consulte des théologiens dont il ne suit pas les conseils. Cependant l'entrevue de Bayonne effrayoit les Flamands que Marguerite cherchoit en vain à ramener. Ils lui demandent la liberté de conscience. Ligue des Gueux. Soulèvement des Flamands. Le duc d'Albe est envoyé dans les Pays-Bas. Despotisme du duc d'Albe. Marguerite se retire. Cruautés du duc d'Albe. La terreur qu'elles répandent en France cause le soulèvement des Huguenots. Condé est à leur tête. Bataille de S. Denis. La reine de Navarre amène son fils à la Rochelle. Condé perd la vie à la bataille de Jarnac. Bataille de Montcontour. Paix qui fut prise pour un piége. Conduite de Philippe II dans cette dernière guerre. Conduite d'Elisabeth avec les Huguenots et avec les Flamands. Elle se saisit d'une somme que Philippe envoyoit au duc d'Albe. Cependant elle affermissoit son autorité. Elle défend au parlement de délibérer sur les affaires d'état. Stricland propose un bill pour rectifier la liturgie. La chambre des communes demande la permission de délibérer sur ce bill. Elisabeth défend à Stricland de reparoître au parlement ; ce qui soulève les esprits. Après bien des contestations, on suspend toute délibération. Élisabeth profite de ce moment pour permettre à Stricland de retourner au parlement. Quelques membres disent que le droit d'accorder des priviléges exclusifs est une partie de la prérogative. D'autres traitent ces discours de flatterie ; mais enfin tous se soumettent. C'est dans ce parlement que la reine achève de rendre son autorité tout-à-fait absolue. Elle agissoit et parloit, comme bien convaincue que sa prérogative n'avoit pas de bornes. Quoiqu'elle abusât quelquefois de son pouvoir, elle étoit aimée. Toute la résistance du dernier parlement venoit des Puritains dont le fanatisme sera funeste à l'Angleterre. Alors Pie V formoit le projet d'ôter l'empire de la Méditerranée aux Turcs. Les Vénitiens et Philippe entrent dans ses vues. Bataille de Lépante. Dans ce même temps la cour de France ne s'appliquoit qu'à dissiper les craintes des Huguenots. Elle ouvre une negociation avec Élisabeth. Elle feint de vouloir declarer la guerre à l'Espagne. Charles IX donne sa sœur Marguerite à Henri, et c'est alors qu'on egorge les Huguenots. Consternation de la cour de Londres à cette nouvelle. Joie de Philippe. A ce massacre Élisabeth juge ce qu'elle doit attendre de Charles, de Philippe, et songe à leur donner de l'occupation chez eux. La S. Barthelemi, qui ne pouvoit être utile à la religion, rend les Huguenots plus puissans que jamais. L'armée du duc d'Anjou se ruine devant la Rochelle, qui capitule. Catherine de Médicis s'unit au duc de Guise et au cardinal de Lorraine. Parti des mécontens ou des politiques. Mort de Charles IX. Henri III revient de Pologne. Raisons qu'il avoit d'user de modération. Il fait la guerre aux Huguenots. Il demande la paix, il ne l'obtient qu'en subissant la loi. Le roi de Navarre se met à la tête des Huguenots, et obtient des conditions encore plus avantageuses. La ligue se forme. Henri, forcé par les états de Blois, devient chef de la ligue. Nouvelle paix dont les conditions sont moins favorables aux Huguenots. Mais les deux partis traitoient de mauvaise foi et avec défiance. Entre ces deux partis, Henri, qui n'étoit rien, s'abandonnoit à ses plaisirs. Elisabeth ménageoit la France par de feintes négociations, et donnoit des secours aux Huguenots. Le duc d'Albe avoit avancé le moment, où elle pourroit en donner aux Flamands sans se compromettre. La Hollande et la Zélande lui offrent la souveraineté. Elle la refuse, et offre sa médiation. Pacification de Gand, ou traité des provinces qui s'unissent pour la défense de la liberté. D. Juan viole le traité qu'il a ratifié; et Élisabeth donne des secours aux Flamands. Alexandre Farnèse, gouverneur des Pays-Bas. Association de sept provinces. Mathias et le duc d'Anjou tentent de se faire des souverainetés dans les Pays-Bas. Le prince d'Orange, premier Stathouder, est assassiné. Maurice son fils lui succède. Avantageuse situation d'Élisabeth au milieu des troubles de l'Europe. Elle est cependant forcée à sévir contre le fanatisme. Elle use d'abord de modération. Le parlement l'autorise à plus de violence. Mais les persécutions ne causent point de séditions. Les états-généraux offrent la souveraineté de leurs provinces à Henri III, et puis à Élisabeth. Le duc de Guise aspire au trône. Les prédicateurs déclament contre Henri III, qui se rend tous les jours plus méprisable. Henri III est forcé de se joindre aux ligueurs. Le roi de Navarre appelle au futur concile d'une bulle de Sixte V. Ligue des seize. Le roi de Navarre défait les ligueurs à Coutras. Mais les Allemands, qui viennent à son secours, sont défaits par le duc de Guise, et il ne peut tirer parti de la victoire. La ligue des seize accuse Henri III d'avoir appelé les Allemands au secours des Huguenots. On l'insulte publiquement. On lui demande de se déclarer ouvertement pour la ligue. Il veut montrer de la fermeté, et il est sur le point d'être enlevé. Forcé à s'enfuir, il se retire à Chartres, où il signe l'édit de réunion. Il fait assassiner aux états de Blois le duc de Guise et le cardinal de Lorraine; et il rend les rebelles encore plus audacieux. Il est poignardé. Une partie du conseil d'Élisabeth lui conseilloit de refuser la souveraineté des Provinces-Unies, et de ne point se mêler dans la guerre des Pays-Bas. Une autre partie lui conseilloit d'accepter la souveraineté. Elle la refuse, et s'allie des états-généraux. Elle leur envoie des secours. Elle porte la guerre en Amérique. Expérience de Drake, qui a le commandement de la flotte. Ses succès engagent les Anglais à former de nouvelles entreprises sur l'Amérique. Mais Marie Stuart donnoit de l'inquiétude à Elisabeth. Toute l'Europe s'intéressoit au sort de cette princesse, et ce fut la cause de plusieurs conspirations. Norfolk, qui aspire à la main de Marie, est enfermé dans la tour. Soulèvement dans le nord. Élisabeth rend la liberté à Norfolk. Pour prévenir les conspirations, Élisabeth feignoit de vouloir rétablir Marie sur le trône. Le duc d'Albe trame une nouvelle conspiration, encore découverte. Une commission juge Marie, et la condamne à perdre la tête. Un parlement demande l'exécution de cette sentence. Elisabeth feint de s'y refuser : mais elle désiroit qu'on vainquît sa répugnance. Bruit qu'elle fait courir à cet effet. Ses ministres vont en avant. Marie Stuart apprend sa sentence. On lui dit de se préparer à la mort pour le lendemain. Sa fermeté et son sang froid. Sa mort. Faux regrets d'Elisabeth. Philippe faisoit alors des préparatifs contre l'Angleterre. Il ne suit pas les conseils d'Alexandre Farnèse, et sa flotte, qu'il nomme *invincible*, est ruinée. Il réussisoit mieux à soulever l'Irlande contre l'Angleterre. Le gouvernement des Anglais avoit rendu barbares les peuples de cette île. Sans prendre part aux questions qui troubloient l'église, les Irlandois haïssoient la réforme, parce qu'ils haïssoient les Anglais. Élisabeth n'avoit pas assez de troupes pour les soumettre. Philippe leur envoyoit des secours pour les entretenir dans la révolte. Mais sa puissance s'affoiblissoit, et cependant il se flattoit encore de disposer de la France. Il est vrai que Henri IV trouvoit de grands obstacles ; mais il les surmonte. Vainqueur, il abjure. Tout se soumet. Pertes que font les Espagnols. Paix de Vervins. Jugement sur Philippe.

LIVRE DOUZIÈME.

CHAPITRE PREMIER.

De Henri IV jusqu'à la paix de Vervins,
pag. 292.

Un prince doit étudier la vie de Henri IV pour apprendre à l'imiter. Henri, fils d'Antoine de Bourbon et de Jeanne d'Albret, descendoit de S. Louis. Sa naissance. Son éducation. A l'âge de quinze ans il voyoit en capitaine expérimenté. Prisonnier à la cour de Charles IX, il est exposé à des périls, et il n'échappe pas à tous. Il ne faut pas craindre pour lui ceux qu'on peut éviter avec une conduite prudente et courageuse. Il faut craindre les plaisirs avec lesquels Catherine de Médicis tendoit des pièges et tramoit des intrigues. Henri fut donc sensible à l'amour, et le fut pour toute sa vie:

mais il aima toujours ses devoirs, c'est-à-dire, les fatigues, les périls et la gloire. Jamais capitaine n'en a donné tant de preuves. Cependant il ne lui auroit pas suffi d'avoir tous les talens militaires. Son activité et sa prévoyance pouvoient sans doute beaucoup. Mais ses autres vertus pouvoient davantage, et il leur dut la couronne. Henri aimoit le duc de Guise, parce qu'il l'estimoit. Mais il ne pouvoit aimer le duc d'Alençon, qu'il méprisoit. Marguerite sa femme, tâchoit de l'en rapprocher. Mais toute union offensoit Catherine de Médicis. Générosité de Henri envers le duc d'Alençon. Le duc d'Alençon se met à la tête des mécontens. Catherine s'en applaudit, et attend avec impatience que Henri quitte aussi la cour. Quoique l'amour le retînt, il s'échappe, et les Huguenots le reconnoissent pour chef. Pour suivre l'histoire de Henri IV, il faut connoître Rosny. Rosny ayant été présenté à Henri par son père, part pour Paris. Danger que court Rosny pendant le massacre de la S. Barthélemi Lorsque Henri s'échappa de la cour. Il quitta Paris pour le suivre. Sensible à l'amour, Rosny plaît à Henri par ce foible : mais il lui plaît encore plus par ses vertus. Intrigues de Catherine et de Marguerite parmi les fêtes. Une raillerie inconsidérée fait perdre la Réole à Henri. Guerre des amoureux. Conférences de Coutras. On fait la paix. Pendant cette paix, Henri commençoit à s'endormir dans les plaisirs. Il se réveille au bruit de ses ennemis réunis, et se fait un parti puissant. Suspension d'armes, pendant laquelle Catherine cherche inutilement à semer la division dans le parti de Henri. Bataille de Coutras. L'armée victorieuse se sépare. Henri étoit impatient de mettre ses lauriers aux pieds de la comtesse de Guiche. Il se brouille avec le comte de Soissons, qui, en recherchant son alliance, ne songeoit qu'à l'abandonner. Circonstances qui l'appellent au trône. Obstacles qui l'en éloignoient. Les seigneurs catholiques songeoient à l'abandonner, ou à se vendre cher. Le comte de Soissons, avec les autres princes du sang et une partie de la noblesse, remuent pour empêcher qu'il ne soit reconnu. Les gouverneurs des provinces songent à se rendre souverains et indépendans. Turenne s'applique à le rendre suspect aux Huguenots, qu'il flatte du vain projet de se gouverner en république. D'un autre côté les ennemis de Henri ne pouvoient pas agir de concert. Le pape n'avoit garde d'entrer dans toutes les vues du roi d'Espagne. Philippe, incapable de suivre un plan, se contrarioit lui-même dans ses projets. Il donnoit de la méfiance aux chefs de la ligue. Les chefs eux-mêmes avoient des intérêts contraires. Les gentils-hommes aussi désunis, changeoient de vues au gré des conjonctures, et souvent au gré des galanteries. Les villes avoient aussi leurs intérêts à part et pensoient à se gouverner en républiques. En peu d'années Henri rétablira l'ordre et la paix. Circonstances qui amèneront ce moment desiré. C'est dans les qualités de Henri et de Mayenne qu'il faut prévoir l'événement. Mayenne, avec du mérite, avoit dans l'ame et dans le corps une pesanteur qui le privoit de grâces et de ressort. Henri au contraire, joignoit à une activité surprenante toutes les qualités qui attirent l'estime et l'amour. Mayenne fait proclamer roi le vieux cardinal de Bourbon. Situation difficile d'où Henri sort par une retraite. Il reçoit d'Elisabeth un secours d'hommes et d'argent. Il n'avoit que peu de troupes, qu'il ne pouvoit pas même soudoyer. Sa prévoyance et sa franchise. Sa générosité après la victoire. Siége de Rouen. Retraite de Henri. Retraite du duc de Parme. Les divisions se multiplient après la mort du cardinal de Bourbon. Tiers-parti qui prétend tout concilier. Henri refuse d'entrer en négociation avec ce tiers-parti. Plan sage de Henri et de Rosny. Impuissance de Mayenne. États de Paris, où tout se passe en tumulte. Un roi qu'ils auroient élu, pouvoit devenir redoutable. Il étoit difficile qu'ils s'accordassent sur le choix. Pour embarrasser encore leurs délibérations, Henri leur propose de conférer avec eux. Les conférences se tiennent à Surenne entre les Catholiques des deux partis. Les peuples sont las de la guerre, et leurs vœux se portent sur Henri. Ils désirent sa conversion, et les Huguenots même la jugent nécessaire. Il abjure. Mayenne rompt les états. Le pape refuse d'absoudre Henri. Les villes rentrent sous l'obéissance du roi. Il ne reste plus à soumettre que Mayenne dans le gouvernement de Bourgogne; et Mercœur dans celui de Bretagne. Henri déclare la guerre à l'Espagne. C'étoit une démarche trop précipitée. Préparatifs de Philippe. On invite Henri à porter ses armes du côté de la Franche-Comté. Rosny n'est pas de cet avis. Henri a peine à le suivre: mais la belle Gabrielle l'y détermine. Avant de partir pour la Bourgogne, le roi pourvoit à la défense de la Picardie et à l'administration des affaires. Les ennemis avoient passé la Saône. Henri marche avec trois cents chevaux pour les reconnoître. Action de Fontaine-Française. Cependant Henri manquoit en Picardie, où il faisoit des pertes ; et dans son conseil, qui se conduisit mal. Mayenne se soumet. Mauvais état des finances. Henri forme un conseil de finances, et n'en est pas mieux servi. Il projette de mettre Rosny à la tête des finances. Pour prendre connoissance des abus des finances, Rosny desire de visiter quelques généralités. Henri nomme des commissions à cet effet. Assemblée des Notables tenue à Rouen, pour remédier aux désordres des finances. Conseil de raison imaginé par les Notables. Leurs propositions scandalisent tout le conseil du roi. Rosny conseille à Henri de les accepter. Succès de cet avis. Amiens surpris par les Espagnols. Henri le reprend. Mercœur se soumet. Edit de Nantes. Paix de Vervins.

CHAPITRE II.

De Henri IV, depuis la paix de Vervins jusqu'à sa mort, pag. 367.

Il faut considérer Henri dans la paix. Il eût préféré les hasards de la guerre, comme plus conformes aux habitudes qu'il avoit contractées. Comment Henri formoit des desirs, et se proposoit d'en former un jour des desseins. Ses desseins sur l'agriculture et sur le commerce. Sur l'administration de la justice. Sur la subordination des citoyens. Sur les gens de guerre. Sur les moyens de défendre le royaume. Sur le clergé. Sur les moyens d'éteindre l'esprit de factions. Sur les finances. Il desiroit de former une ligue pour abaisser la maison d'Autriche. Précautions qu'il falloit prendre à cet effet. Il desiroit de former une république de toutes les puissances de l'Europe. Au premier coup-d'œil ce desir ne paroissoit pas pouvoir devenir un dessein. Il divisoit l'Europe en quinze dominations. Il renonçoit à tout agrandissement. Il forçoit toutes les puissances héreditaires à y renoncer. Il dépouilloit la maison d'Autriche, pour former les dominations électives et les républiques. Ces puissances une fois formées, ne pourroient plus rien acquérir. Il vouloit porter les trois religions à se tolérer. Ces desirs devoient porter Henri à de grandes choses, sur-tout aidé de Rosny qu'il faut connoître plus particulièrement. Éducation de Rosny. A seize ans il prend le parti des armes, et achève lui-même son éducation. Fortune que Henri lui fait. Sagesse avec laquelle Henri se conduit à cet égard. Les mémoires de Rosny sont rédigés d'après les conversations qu'il avoit eues avec le roi. Maximes qu'on y trouve. Ces maximes font connoître comment Henri se proposoit d'arriver à son but. Conversation de Henri avec Rosny sur le choix de sa femme. Il fait une promesse de mariage à Henriette d'Entragues; et il épouse Marie de Médicis. Il vouloit acquitter les dettes de l'état, et soulager les peuples. Les dettes de l'état avoient plusieurs causes. Quatre choses à considérer dans les finances, et auxquelles les prédécesseurs de Henri n'avoient pas pensé. Premier revenu des rois de France. La taille étoit devenue perpétuelle sous Charles VII; depuis elle avoit augmenté d'un règne à l'autre; les impositions s'étoient multipliées, et les rois n'en étoient pas plus riches. Deux sortes de tailles, dont l'une est une source d'injustices. Abus dans les impôts. Abus dans la levée des impôts. Avant Henri IV la dissipation des revenus étoit l'effet de plusieurs abus, et en produisoit d'autres. Plan de Rosny pour remédier à ces abus. Difficultés dans l'execution de son plan. On voit dans ces mémoires les opérations qu'il a faites d'année en année. Effet de l'ordre rétabli dans les finances. Sentimens du roi dans une maladie, qui faisoit craindre pour sa vie. Les politiques d'Europe insèrent dans les traités de pacification des articles qui laissent subsister des prétextes de guerre. Le traité de Vervins avoit été fait dans cet esprit. Le duc de Savoie négocie pour ne pas rendre le marquisat de Saluces. Henri lui fait la guerre, quoique toute sa cour, Rosny excepté, s'opposât à cette entreprise. Il importoit au duc de Savoie de temporiser, et à Henri de hâter. Conquêtes dans la Savoie. Le duc de Savoie intrigue pour retarder Henri. Prise de Montmélian. La paix se fait. L'Espagne et la France ne peuvent être amies. Les Espagnols intriguoient pour soulever les grands du royaume. Dans un voyage en Picardie Henri apprend qu'Élisabeth a les mêmes desseins que lui, pour abaisser la maison d'Autriche. Henri a la foiblesse de faire tirer l'horoscope de son fils. Biron avoit conspiré, et le roi lui avoit pardonné. Biron conspire une seconde fois, et perd la tête, quoique Henri eût voulu lui pardoner encore. Franchise de Henri avec Rosny. Réponse de Rosny. Henri rétablit les Jésuites qui avoient été bannis. Jean Châtel et pierre Barriere ont été les instrumens des conspirations, qui se tramoient. A la mort d'Élisabeth, Rosny passe à Londres, sous prétexte de complimenter Jacques. Le roi dans son domestique ne jouissoit pas du repos qu'il procuroit à ses sujets. La Galigaï et Concini entretenoient ces troubles domestiques. Conspiration où entre l'Espagne. Trop grande clémence de Henri. Le duc de Bouillon remuoit sourdement pour soulever les Huguenots. Le roi les rassure en donnant le gouvernement de Poitou à Rosny. Il leur permet de s'assembler à Châtellerault. Ils montroient du mécontentement et de la défiance. Rosny qui se trouve à l'assemblée, dissipe leurs soupçons et les ramène à leur devoir. Factieux punis. Rosny fait duc et pair. Le duc de Bouillon est forcé à se soumettre. Henri n'imaginoit pas qu'il fût fait pour se reposer un jour. Au contraire, les projets qui s'offroient toujours à son ame active, lui préparoient toujours de nouvelles occupations. Il pensoit que pour étouffer jusqu'au germe des factions, il suffisoit de faire aimer le gouvernement. Il s'appliquoit donc à faire fleurir l'agriculture et les arts ; et les François devenoient citoyens. S'il avoit quelquefois des vivacités avec Sulli qui contrarioit ses goûts, il l'en aimoit davantage. Calomnie du Jésuite Cotton contre ce ministre. Artifice qu'on emploie pour rendre Sulli suspect au roi, et qui eut quelque effet. Henri avançoit par des négociations la révolution qu'il désiroit. Avec quelle sagesse il conduisoit ces négociations. Elles devoient nécessairement produire quelque grande révolution. Instructions données aux ambassadeurs. Dispositions où étoient les puissances de l'Europe. Au-dehors comme au-dedans du royaume tout paroissoit préparer l'exécution des grands projets de Henri. Henri médiateur entre la république de Venise et le Pape. Arbitre entre les états-généraux et le roi d'Espagne, il fait conclure une trève de douze ans. Il avoit tout préparé pour ses grands desseins lorsque la succession aux duchés de Clèves et de Juliers lui fournit l'occasion d'agir. Plan de ses opérations. La maison d'Autriche étoit sans force contre la ligue qui venoit de se former. Cependant la république chrétienne ne pouvoit être encore qu'un des desirs de Henri. Le public ne devinoit point les desseins de Henri. Le roi ne trouvoit plus d'obstacles que dans les intrigues de sa maîtresse, de sa femme et des créatures qui leur étoient dévouées. Il découvre une négociation avec l'Espagne. Il consent au couronnement de la reine, lorsque tout lui donnoit de l'inquiétude pour ses jours. Il est assassiné. Cet attentat a été l'effet d'une conspiration. Éloge de Henri IV. On a douté sans fondement des desseins de Henri.

FIN DE LA TABLE DES MATIÈRES.

www.ingramcontent.com/pod-product-compliance
Lightning Source LLC
Chambersburg PA
CBHW060221230426
43664CB00011B/1512